新时代乡村产业振兴干部读物系列

农村产业融合发展

农业农村部乡村产业发展司　组编

中国农业出版社
农村读物出版社
北　京

丛书编委会

本书编委会

主　编　韩一军　赵　霞
参　编　韩一军　赵　霞　姜利娜　纪承铭　王　允
　　　　李　钰　孙　跃

序

　　民族要复兴，乡村必振兴。产业振兴是乡村振兴的重中之重。当前，全面推进乡村振兴和农业农村现代化，其根本是汇聚更多资源要素，拓展农业多种功能，提升乡村多元价值，壮大县域乡村富民产业。国务院印发《关于促进乡村产业振兴的指导意见》，农业农村部印发《全国乡村产业发展规划（2020—2021年）》，需要进一步统一思想认识、推进措施落实。只有聚集更多力量、更多资源、更多主体支持乡村产业振兴，只有乡村产业主体队伍、参与队伍、支持队伍等壮大了，行动起来了，乡村产业振兴才有基础、才有希望。

　　乡村产业根植于县域，以农业农村资源为依托，以农民为主体，以农村一二三产业融合发展为路径，地域特色鲜明、创新创业活跃、业态类型丰富、利益联结紧密，是提升农业、繁荣农村、富裕农民的产业。当前，一批彰显地域特色、体现乡村气息、承载乡村价值、适应现代需要的乡村产业，正在广阔天地中不断成长、蓄势待发。

　　近年来，全国农村一二三产业融合水平稳步提升，农产品加工业持续发展，乡村特色产业加快发展，乡村休闲旅游业蓬勃发展，农村创业创新持续推进。促进乡村产业振兴，基层干部和广大经营者迫切需要相关知识启发思维、开阔视野、提升水平，"新时代乡村产业振兴干部读物系列""乡村产业振兴八大案例"便应运而生。丛书由农业农村部乡村产业发展司组织全国相关专家学者编写,以乡村产业振兴各级相关部门领导干部为主要读者对象,从乡村产业振兴总论、现代种养业、农产品加工流通业、乡土特色产业、乡村休闲旅游业、乡村服务业等方面介绍了基本知识和理论、以往好的经验做法,同时收集了脱贫典型案例、种养典型案例、融合典型案例、品牌典型案例、园区典型案例、休闲农业典型案例、农村电商典型案例、抱团发展典型案例等,为今后工作提供了新思路、新方法、新案例,是一套集理论性、知识性和指导性于一体的经典之作。

丛书针对目前乡村产业振兴面临的时代需求、发展需求和社会需求,层层递进、逐步升华、全面覆盖,为读者提供了贴近社会发展、实用直观的知识体系。丛书紧扣中央三农工作部署,组织编写专家和编辑人员深入生产一线调研考察,力求切实解决实际问题,为读者答疑解惑,并从传统农业向规模化、特色化、品牌化方向转变展开编写,更全面、精准地满足当今乡村产业发展的新需求。

发展壮大乡村富民产业,是一项功在当代、利在千秋、使命光荣的历史任务。我们要认真学习贯彻习近平总书记关于三农工作重要论述,贯彻落实党中央、国务院的决策部署,锐意进取,攻坚克难,培育壮大乡村产业,为全面推进乡村振兴和加快农业农村现代化奠定坚实基础。

农业农村部总农艺师

前　言

从 2015 年以来历年的中央 1 号文件、党的十九大报告及现实中的发展实践来看，农村产业融合发展将随着乡村振兴战略的深入推进而持续发展，它不仅是我国城乡一体化发展的重要组成部分，也是提高我国农民增收的重要手段和实现我国农村地区可持续发展的客观要求，最终也是促进我国实现农业现代化的重要途径，对促进我国农村产业融合发展意义重大！

在这样的时代背景下，广大基层乡村干部及相关产业管理者急需对农村产业融合发展的相关理论、政策与实践进行深入了解与学习，以满足其在实际工作中的相关需求。但是从目前来看，市场上仍然缺乏专门针对乡村干部及相关产业管理者作为读者的相关书籍。为此，农业农村部委托中国农业出版社策划出版了"新时代乡村产业振兴干部读物系列"丛书。本书为系列丛书之一，主要围绕农业产业融合发展的理论基础、政策系统梳理、发展现状、存在问题、发展模式与实践案例、发展效果评价、国际经验借鉴、发展路径及保障措施等多个方面展开深入系统的研究，为广大乡村干部及相关产业的管理者以及其他类型的读者提供相关的理论、政策与实践知识，弥补市场上相关书籍的空缺。

本书的主要特色一是满足实践需求。本书针对目前农业发展所面临的时代需求、工作需求和社会需求，层层递进，逐步升华，覆盖面广，针对当前我国农村产业融合发展的理论基础、政策梳理及具体实践展开系统编写工作。顺应社会经济发展方向，从农村产业融合发展的方方面面入手，为广大读者提供了贴近社会发展、实用直观的农村产业融合发展知识体系。二是针对性强。本书结合当前农村产业发展融合实际发展情况，给出全方位的理论、政策与实践案例解读。编写人员均有奔赴农业一线、深入实地进行有的放矢调研考察的亲身经历，了解当前农村产业融合发展的理论与实践问题，有针对性地展开编写工作，力求切实解决实际问题，为广大读者答疑解惑。三是逻辑性强。本书内容主要围绕农村产业融合发展这一主题，基于"是什么—干什么—啥效果—如何干"的逻辑展开。具有逻辑性强、指导性强的特点。

本书共分为八章。第一章是农村产业融合发展的提出，主要从我国农村产业融合发展的背景和意义分开讨论；第二章是农村产业融合发展的理论基础，主要从产业融合及农村产业融合发展的理论基础和农村产业融合发展的必然性进行分析；第三章介绍我国农村产业融合发展的政策与发展现状，主要针对我国农村产业融合发展的中央政策进行梳理，对我国农村产业融合发展的现状进行介绍并分析我国农村产业融合发展存在的问题；第四章总结我国农村产业融合发展的模式并对典型实践案例进行分析，分别选取农户主导型、农民专业合作社主导型、村集体经济组织主导型、农业龙头企业主导型对农村产业融合案例进行分析，特点进行梳理，此外，还分别从工商资本和地方政府主导的角度梳理发展特点，进行案例分析；第五章是我国农村产业融合发展的效果评价研究，在介绍我国农村产业融合发展的效果评价体系基础上，分别讨论我国农村产业融合发展与农民增收、我国农村产业融合发展与农业增效以及我国农村产业融合发展与生态改善；第六章介绍农村产业融合发展的国际经验借鉴，分别讨论日本、韩国以及荷兰的经验，并梳理可借鉴的促进我国农村产业融合发展的对策建议；第七章是推进农村产业融合发展的路径研究，分别从发觉农业的新功能新价值、培育新产业新业态、打造新载体新模式和完善联农带农利益联结机制几个方面梳理发展路径；第八章是推进农村产业融合发展的保障措施，主要从加快农村产业融合政策体系的构建、农村产业融合主体的培育和体制机制的改革与创新几个方面展开。

　　本书编写人员及具体分工情况如下：韩一军、赵霞撰写第一章、第二章；赵霞、姜利娜撰写第三章、第四章；韩一军、李钰撰写第五章；赵霞、韩一军撰写第六章；韩一军、纪承铭撰写第七章；韩一军、王允撰写第八章；孙跃参与了本书的文字审核工作。

　　由于农村产业融合发展在国内发展尚处于初级阶段，编者水平有限，殷切期望广大读者和有关专家能坦率给予批评和指正，便于我们在未来的修订工作中进一步提升和改进。

韩一军　赵霞

2021 年 4 月于北京

目　录

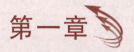

第一章
农村产业融合发展的提出

一、推进农村产业融合的研究背景

当前我国农业发展面临的突出问题主要有：一是资源环境压力大，人均资源不足、环境污染明显加剧；二是农业生产成本提高，农产品价格居高不下，农业比较利益下降；三是农业生产风险大，拓展供应链、延长产业链、提高价值链，维护农业产业安全风险大；四是农业竞争力不足，我国农业投入成本高、财政补贴压力大、农产品品质偏低等导致农产品贸易逆差难以在短时期内扭转；五是农业发展环境有待改善，中国城乡差异不仅体现在收入水平，还体现在基础设施和公共服务不对称，农村的短板一定程度上限制了农业快速发展。在此背景下，2015 年中央 1 号文件首次提出通过推进农村产业融合发展来提高农民收入、发展现代化农业。文件提出要因地制宜，发展特色农业产业；要创新驱动，拓展农业产业多功能；要双管齐下，兴乡村产业、增农民收入。2016 年中央 1 号文件再次强调，促进农业供应链拓展、产业链整合和价值链提升，才能有效实现兴乡村产业、增农民收入。2017 年中央 1 号文件开启了农村产业融合的新布局：鼓励培育新业态，壮大新产业、发展新模式。同年党的十九大指出推动农村产业融合是实现乡村产业兴旺最重要的途径之一。2018 年中央 1 号文件要求各地逐渐形成农村产业融合的发展体系，并确立了明确的目标。2019 年中央 1 号文件强调产业融合的增值收益，要让农户共享产业融合发展的成果。2020 年中央 1 号文件再次突出农村产业融合是发展富民乡村产业的重点。2021 年中央 1 号文件进一步细化了对农村产业融合的要求，提出在构建现代乡村产业体系过程中，要"推进农村一二三产业融合发展示范园和科技示范园区建设"，依托乡村特色优势资源，打造农业全产业链，让农民更多分享产业增资收益。

推进农村产业融合发展，是实现农业现代化的有效途径。从2015年开始，国家高度关注农村产业融合，并出台相关政策，农村产业融合将随着乡村振兴战略的深入推进而持续发展，未来国家将持续从制度与政策上保障农业产业的深度融合发展。农村产业融合发展的提出是中央结合当前宏观经济发展大势及农业自身发展态势提出的重要战略决策，深思熟虑且恰逢其时。推进我国农村产业融合的条件已经成熟。

（一）国民经济又好又快发展

我们要立足国情，稳中求进，全力推进改革任务：科学实施宏观调控，激发市场潜能，培育创新动能，实现经济社会持续稳定发展。

1. 经济总量快速提高 改革开放给我国经济插上了腾飞的翅膀，国内生产总值由1978年的3 645亿元跃升至2019年的988 458亿元，经济总量居世界位次从1978年的世界第十变成第二；1978—2019年期间GDP总量年均增速高达6.59%。中国经济稳步发展，为世界经济发展带来积极影响。

2. 人均经济指标发展迅速 从人均经济指标来看，我国人均GDP从1978年的156美元增长到了2019年的10 425美元，涨幅近67倍。人均国民总收入也实现同步快速增长，从1978年的190美元上升至2019年的10 410美元，按照世界银行的划分标准，已经由低收入国家跃升至中等偏上收入国家。

3. 一二三产业间的比重有所调整 1978年我国三次产业占总产值比重28.2∶47.9∶23.9；2019年这个比重变为7.1∶39∶53.9。第一产业比重快速下降，第二产业比重保持稳定，第三产业的比重增长较快。二三产业的发展进一步夯实了我国经济发展的基础，为推进我国农业现代化奠定了基础。

从上述数据可以看出，1978—2019年间我国经济总量及人均指标均得到了极大提高，为乡村振兴及产业发展积累了存量。同时，三产结构的优化为我国农村产业融合提供了技术、资金、人力资源等要素支持。

（二）农业自身发展态势较好

1. 新型经营主体是我国农村产业融合发展的主力军　随着改革开放的推进，我国的农业劳动力得到了极大的解放，农业产业发展迅猛，特别是 2001 年中国加入 WTO 后，中国经济逐渐走向了世界舞台，国外先进的生产技术和生产设备，为我国农业发展带来了新机遇。目前，全国各地正积极培育新型农业经营主体，推动农业生产经营一体化，从试点到大范围实施，农业现代化建设涌现出一批"排头兵"，他们合理使用农村资源、充分利用现代化科技、依靠现代化经营管理，持续推进农业产业化经营，将农业由"一枝独秀"发展为多行业、多产品的"百花争艳"，新型农业经营主体逐渐成为发展农村经济的重要主体，农业产业化对农户的辐射带动作用也不断增强。

推进农村产业融合发展，市场必须在资源配置中发挥决定性作用。产业融合不是简单地产业叠加，也不是创造一个全新的产业，而是结合区域特征、区域产业发展、市场需求，科学、合理、有效地将第二产业和第三产业融入第一产业发展中，实现产业链延长和价值链提升。同时，农村一二三产业融合发展融入了新科技、新思想等内容，以普通农户为代表的传统经营主体无法完全担负起农村产业融合的重任，必须依靠新型农业经营主体的力量。日本的经验表明，推进农村产业融合，不仅需要实力较强的规模化农业经营主体，还需要工商业资本的带动和协力支持。可见，在推进农村产业融合发展的过程中，需要农业产业化联合体多管齐下，实现分工协作、优势互补、齐头并进。近年来，各地按照中央要求培育的新型经营主体已经成为推动我国农村产业融合发展的主力军。

2. 农产品加工业的快速发展为农村产业融合提供了发展契机　任何产业要想实现可持续发展，都离不开加工环节的引领和带动。加快发展农产品加工业的作用主要有：一是促进农民就业增收。农产品加工业是劳动密集型产业，能带动农民就业，为农村产业融合创造良好的人力条件。二是促进农业提质增效，为农村产业融合的发展提供良好的经济支撑。发展农产品初加工，能够实现农业多层次、多环节增值，有利于缓解农产品卖难的问题。三是促进农业可持续发展。农产品加工业大部分副产物没有得到有效的利用，造成资源浪费严重，同时影响农村人居环境。通过发展农产品精深加工，对各类副产物"吃干榨尽"，极大地提高了农业资源的利用率。

3. 传统消费结构的升级为农村产业融合提供了市场空间 随着消费水平提升，人们对消费质量的要求越来越高。一方面，人们越来越追求吃得健康和吃出健康，农产品加工业有助于推动农产品市场的细化和分层，提高产品附加价值，实现质量兴农、品牌强农。同时，随着收入水平不断提升，居民的农产品需求越来越个性化，对农业的粮食安全功能、经济功能、文化功能、社会功能和环境功能需要日益凸显。另一方面，传统消费结构升级进一步倒逼农产品加工业追求农产品差异性和个性化，在市场竞争中，消费者越来越重视农产品的产地标识、产品品质和产业文化，这要求农产品加工业要与时俱进，既要不断创新加工业的"硬件设施"，也要注意提升农产品"软件设施"，实现农产品品质好、品牌大。同时，农产品加工业改革创新为农村产业融合扩展了市场空间，增加了新动能。2020 年中央 1 号文件提出，支持各地立足资源优势打造各具特色的农业全产业链，建立健全农民分享产业链增值收益机制，形成有竞争力的产业集群，推动农村一二三产业融合发展。消费者是市场经济的主体，实现农村产业融合发展，要瞄准消费者需求，深入研究消费者的行为差异，以需求为导向推动农村产业融合发展。

（三）党中央、国务院高度重视

党中央、国务院一直高度重视农业与其他产业的融合发展。在农产品市场化改革的初级阶段，我国各地积极推动农业产业化，各地根据资源禀赋和产业基础，因地制宜打造优势产业，挖掘新兴产业。1996 年第八届全国人民代表大会第四次会议明确提出，首先要稳定党在基层的基本政策，其次继续推行农村改革，接着鼓励发展多种合作和联合，最后推进农业产业化经营。我国的农业产业化程度得到了极大地提高，农业与二三产业的联系程度越来越紧密。在农业新常态的背景下，2014 年中央农村工作会议提出了一二三产业融合发展的目标，为我国农业产业化发展指明了新的方向。2015 年中央 1 号文件就推动一二三产业融合发展明确提出：第一要以让农民共享产业融合发展带来的价值增值；第二要立足资源优势，发展具有特色的、有效益的、有市场需求的产业；第三要创新，发展服务业带动就业，发展精深加工带动产业提质增效，挖掘农业多功能性，实现"农业＋"的创新驱动。2016 年中央 1 号文件明确强调要增加农民在产业价值链中的话语权；2017 年中央 1 号文件就农村产业融合异军突起作出部署：在产业融合的基础上，进一步拓展供应链、延长产业链、提升价值链，逐步壮大新业态。2018 年《乡村振兴战略规划 2018—2022 年》中首次提出产业交叉融合的理念，并在此基础上进一步强调了要壮大产业融合。2019 年中央 1 号文件再次强调乡村振兴中农民的主体地位，要让农民分享产业融合的利益。2020 年中央 1 号文件将产业融合作为发展富民乡村产业的重要抓手。从历年的政策文件中可以看出，党和国家高度重视加快推进农村产业融合发展。

目前，我国的农村产业融合发展还处在探索阶段，覆盖领域小、融合深度不足、惠及面有限。近年来，全国 70 多万个行政村都在积极探索农村一二三产业融合的发展路径，积累了丰富的经验，取得了一定的成效。今后农村产业融合发展，需要不断完善相关政策和体制，优化农村发展的环境，改善农村产业发展的硬件设施，促进农村产业融合持续健康有序地发展，让农民更好地分享农村产业融合发展的成果。

二、推进我国农村产业融合的重要意义

（一）实现农村产业融合是我国城乡一体化发展的重要组成部分

随着户籍制度改革和城乡收入差距不断拉大，我国出现农村劳动力大规模地向城市和非农业部门转移，促进了城市经济和工业化快速发展，但农村经济发展缓慢，这就是传统城乡二元经济结构，也被称为刘易斯模式。农业户口和非农业户口的户籍管理制度非常严格，而

城市的基础设施和公共服务较农村更完善，再加上城市福利制度的存在，使得城市和农村之间差距依然很大，城乡的结构性矛盾只是有所缓和并未根本消除。随着新农村建设和乡村振兴战略的号角响起，越来越多的资源向农村倾斜，农村的公路设施如"四好农村路"、通硬化路、通客车路等在不断完善；实现 4G 电网全覆盖，有条件的地区鼓励实施 5G 网络；扩大职业教育在农村的招生，解决农民工子女上学难的问题；逐步完善农村的医疗服务体系，消除县、乡、村的医疗服务空白点，优化基层医疗服务队伍建设。农村人居环境逐步改善，生活品质提高，乡村治理有效，城镇关系越来越松动，农民和工人在城乡之间进行社会结构性流动，促进了城乡深层次的交流和融合，加快了城乡一体化进程。总结国内外的发展经验让我们认识到，不能简单地围绕改造传统农业来实现农村经济的发展；不能完全局限于要求传统农民自力更生来解决城乡协调发展的问题；不能仅仅依靠政府的力量改造城乡"二元经济结构"。关系"三农"的问题要考综合考虑，多元参与、统筹协调。

从城乡收入的角度来看，城市经济的快速发展和农村经济缓慢攀升，非农经济的快速发展和农业经济的不景气形成鲜明的对比。工业化和现代化发展过程中，劳动力大规模转移到城市和非农部门，支撑城市经济高速增长。虽然大多数农民收入有所增加，但并没有改变农民的弱势地位。农村产业融合就是让城市非农部门和农村的农业部门紧密融合，就是将城市的先进科学技术、生产设备、经营管理、充裕的资本、高素质的人才等资源向农村倾斜，就是促进原有单一农业生产模式向现代化农业生产模式转变；就是要鼓励农村产业创新和城市产业下沉，既要挖掘农村发展的内在动力，又要发挥以城带乡的外在推力。通过城乡双轮驱动，进一步缩小城乡差距，让农民更多地享受到农业产业链延长带来的价值增值，同时改变农村相对落后的局面，实现城乡统筹发展。

（二）实现农村产业融合是发展现代农业的新途径

舒尔茨在《改造传统农业》一书中指出，传统农业在实现小农自给自足的基础上，很少有农业剩余，因此，对经济增长的贡献十分有限。农业现代化主要依靠物质、人力、技术、制度等一系列不断改进的要素应用于传统农业中引发的变革和更新，表现为农业劳动力素质提高、农业生产机械化等，具体体现为农业劳动生产率提高，农业产出率显著上升，农产品商品率明显提高。农村产业融合改变以往经营规模小、生产成本高、经济效益低的传统农业经济，为农业现代化建设提供产业发展的保障。

从农业现代化的基本特征来看，农业现代化的基本特征包括：一是较高的科技贡献率，表现为以现代农业科学技术为核心；二是完备的农业基础设施，表现为覆盖范围广的农田水利工程及配套设施、灵活便捷的农产品流通渠道、城乡一体化的职业教育和科研推广平台、标准化的粮棉油生产基地、严格的用材林和防护林保护；三是农业机械化水平和生产力较高，表现在农业的生产过程中因地制宜实施机械化操作，全面提高劳动生产效率；四是土地产出率较高，传统农业的小规模、分散化经营逐渐演变成土地集约经营和适度规模经营，一定程度上降低农业生产成本、全面提高土地生产效率；五是农业产业化发展，表现为瞄准区域、找准主导产业，确立市场、龙头企业和产业基地的循环发展，辐射带动农户、其他农业产业联合体的产业组织形式；六是发达的农业教育、科技推广体系，表现为农业生产者综合素质全面提升，应对市场风险的能力显著增强，农业的产前、产中和产后服务体系不断健全；七是城乡一体化，表现为劳动力转移的大规模减少、城市和乡村资源公平配置、公共服务趋同；八是农业可持续发展，表现为生态、经济、社会相协调。

（三）实现农村产业融合是社会主义新农村建设的必然要求

我国经济发展中的产业结构调整是一个缺乏市场制度的"早产儿"，农业是具有天然弱质性的基础产业，在自然再生产和经济再生产的过程，农业生产面临很多的不确定性，同时长期"二元经济结构"导致了我国农业发展不充分；农民在市场经济中处于弱势地位，在价值链中话语权甚微。因此，农业和农民是农业供给侧结构性改革的难点和重点，必须依靠政府规范和引导。

农村产业融合通过将第一产业与二三产业融合发展，加快农业产业结构调整，不仅改变了原有的农业产业模式，增加农民收入，还能够对保护环境起到一定的促进作用。从日本、韩国和台湾地区的发展经验来看，通过"亲环境农业"的发展，在农业生产的过程中加强对资源和生态环境的保护，特别是农业生产中的农药减量、化肥可控、添加剂少用、农膜治理，避免了对土壤、水源和大气的污染，将传统化学农业转变为现代绿色农业，对农村产业结构调整起到积极作用。而在我国台湾地区，通过发展"三生"农业，即实现生产、生活、生态有机结合，促进农业转型，特别是注意农业由商品产出功能为主转向非商品产出功能的特色农业，有些地方甚至用文化发展、社区管理的理念来开发建设农业旅游景点，成为我国推进农村产业融合发展的宝贵经验。

（四）实现农村产业融合是提高我国农民收入的重要手段

一方面，农村产业融合能够改变农村土地细碎化、分散化经营的现状，实现农业生产的规模化、机械化和集约化，提高产量，增加农民收入；另一方面，农村产业融合能够实现要素城乡流动，有效解决工业化和城镇化进程中带来要素分配不公的问题，缩小城乡收入差距。

农村产业融合作为产业化和"第六产业"发展的更高级阶段，能够对农业发展和农民增收起到积极的作用。日本"第六产业"不仅创造了农业发展的新模式，还大大增加了农民收入。韩国农业的改革，不仅增加了附加值，还创造了大量的就业岗位。

（五）农村产业融合是实现农业可持续发展的客观要求

农村地区孕育着丰富的农业资源，充分挖掘这些资源不但可以给农村带来巨大的商业利益，而且还能保护资源，改善人居环境。我国地大物博，东西跨经度 60 多度，横跨 5 个时区、多个温度带，农业物种资源丰富，农业文化形式多样。我国农业功能性更强，农业景观、生物多样性、农业文化更加需要开发和保护，农村产业融合能够在第一产业的基础上，更好地实现农业的多功能性。

农村产业融合不仅需要打破原有的"农业＋"旧思维模式，比如，"农业＋旅游业""农业＋生态环保""农业＋文化产业""农业＋

生物制药"等单纯的产业加总，而且要实现三产的一体化，将农业与其他产业相互糅合、相互延伸、相互渗透，最终融为一体，逐步形成新产业，以实现更大程度上的横向与纵向产业融合组织，完成一种由点（农业）到线（产业链）到面（农村产业融合一体化）的发展。

从近20年日、韩两国农业"第六产业"的经验来看，推进农村产业融合发展，对农民利大于弊。因此，推进农村产业融合发展的积极意义还表现为：一是有利于推进农业产业结构调整，加快农业品牌建设，提高经济发展速度；二是有利于畅通城市生产要素进入农业和农村，保障乡村产业融合的要素供给，促进以城带乡和以工促农；三是有利于拓展农民的收入渠道，改善人居环境，发展富民乡村产业；四是有利于实现加工制造业和现代服务业对农业转型升级的带动作用，提高农业产业附加值；五是有利于拓展农业的多功能性，打造农村经济新增长点。

第二章

农村产业融合的理论
溯源与发展的必然性

简单而言，农村产业融合指的是在现代农业发展过程中，在广大的农村地区出现了一二三产业之间相互融合的现象。它具体表现在农业产业化的发展促使了第一产业与第二三产业融合，同时，技术的创新加快了农村地区第二产业和第三产业的融合。关于农村产业融合的问题，学术界曾提出了农业产业融合的概念，它界定了两方面内容：一是农业与其他产业在相关交集的地方产生了融合；二是同一农业产业内部的不同行业之间通过重组结为一体。但有学者认为虽然农业产业融合的界定有一定说服力，但这种提法易让人误解农业产业融合仅是农业内部产业间的融合，从而产生理解上的偏差。基于此，有学者认为使用农业与相关产业融合发展这一概念更为合理。我们认为这一提法仍值得商榷，因为这一概念仅体现了农业与第二三产业的融合，未能凸显在这一融合过程中出现的第三产业对第二产业的渗透融合。所以，本书采用了农村产业融合这一概念。

鉴于农村产业融合是产业融合的重要组成部分，为了更好地解释农村产业融合这一概念，本章内容首先梳理产业融合的理论基础并介绍产业融合的一般理论研究，然后再引出农村产业融合的理论基础，并对农村产业融合发展的必然性进行分析。

第一节　产业融合的理论基础

一、产业融合的概念界定

产业融合的思想最早起源于美国学者 Rosenberg（1963）对于美

国机械设备业演化的研究。20 世纪 70 年代之后，随着信息技术革命及其产业的快速发展，国际信息产业呈现出快速融合发展的趋势，实践的发展最终推动了产业融合理论的创新。学术界真正开始对产业融合的讨论始于 1978 年麻省理工学院（MIT）媒体实验室的创始人 Nicholas Negroponte 关于数字技术的出现导致产业间交叉的开创性思想。随后，众多学者从不同专业视角广泛讨论了产业融合的概念、原因、动力、过程、趋势及管制政策等方面的内容。

随着经济发展，产业融合涉及的范围逐渐扩大，学者也更加全面和深入地理解了产业融合的内涵。目前关于产业融合的定义尚未达成广泛共识，诸多学者从不同的角度和层面出发对产业融合这一概念进行了阐释，其中，较有代表性的观点有：美国学者 Yoffie D. B（1996）认为产业融合作为一种经济现象，是指为了适应产业增长而发生的产业的收缩或消失。植草益（1988）认为不同行业，或因其中一方或双方的技术进步而生产出可替代性的产品，或因放松管制可以进入对方的生产领域而融合成一个产业。厉无畏（2002）认为产业融合是指不同产业或同一产业内的不同行业相互渗透、相互交叉，最终融为一体，逐步形成新产业的动态发展过程。欧盟"绿皮书"指出，产业融合是技术网络平台、市场和产业联盟与合并 3 个角度的融合。

中国学者较为认可的产业融合定义由马健（2002）提出，"产业融合是由于技术进步和放松管制，发生在产业边界和交织处的技术融合，改变了原有产业产品的特征和市场需求，导致产业的企业之间竞争合作关系发生改变，从而导致产业界限的模糊化甚至重划产业界限。"他基于前人的研究成果，从产业融合的动因、本质和结果这 3 个方面对产业融合这一概念做出了较为全面的阐释。从这一定义可以看到，产业融合具有以下几点特征：技术发展和管制放松为产业融合奠定了基础；产业融合最易发生在产业的边界交叉处；产业融合改变了企业间的原有的竞争合作关系，目的是提高产业的运作效率。

二、产业融合的发展类型

关于产业融合的发展类型，国内外学术界至今尚未形成统一的观点，从不同的视角出发，不同的学者基于不同的研究目的和出发点将产业融合划分为不同的类型。

第一，从技术角度出发，产业融合可分为替代性融合和互补性融合。单元媛和赵玉林（2012）指出，当一项技术能替代另一项技术时就发生了替代性融合；当两种技术共同使用比各自单独使用更好时即为互补性融合。

第二，从市场供需角度出发，可分为需求性融合和供给性融合。在消费者跨产业需求、多种产品联合使用、政府规制放松等因素驱动下会形成需求性融合；而生产者在技术创新驱动下则会形成供给性融合。将上述两种分类结合起来可构建一个新的分类形式，Pennings & Puranam（2001）将产业融合分为需求替代性融合、需求互补性融合、供给替代性融合和供给互补性融合。

第三，从融合过程出发，产业融合可分为功能性融合和机构性融合。当消费者认为两个不同产业的产品在功能上具有替代性或互补性时就发生了功能性融合；而当企业认为两个不同产业的产品之间具有相关性，在生产、销售等环节发生了融合现象，即为机构性融合。进一步地，Malhotra A.（2002）又将这两类融合类型进行组合，分为高功能性、高机构性融合，高功能性、低机构性融合，低功能性、高机构性融合。

第四，从实现方式出发，胡汉辉，邢华（2003）把产业融合分为产业渗透、产业交叉和产业重组。产业渗透是指高新科技产业与传统产业之间的融合；产业交叉是指通过产业之间的相互延伸从而实现功能互补的融合；产业重组则是指某一大类产业内部各子产业之间的相互融合。

第五，从产业角度出发，聂子龙、李浩（2003）提出产业融合有4种主要形式：一是高新技术的渗透融合，将新兴的高新技术应用于传统产业，极大地提升传统产业的效率，如"互联网＋农业""互联网＋教育"产业等；二是产业间的延伸融合，这种类型的产业融合可以赋予原来产业新的附加功能和更强大的竞争能力，如工业旅游、观光农业等；三是产业内部的重组融合，这种产业融合可以满足市场发展新的需求，如将农业内部的种植业、养殖业、畜牧业等结合起来形成生态农业等；四是全新产业对传统旧产业的替代融合，是新产业和旧产业相互融合发生了化学反应，形成了新的融合产业，并逐步取代了传统意义上的旧产业，如电子商务等。

三、产业融合的驱动因素

产业融合是产业结构演进过程中的一个阶段，是全球范围内已经发生但尚未完成的产业结构体系的一次重大调整，它不仅带来了传统产业边界的模糊化和经济服务化，更代表着产业间新型竞争协同关系的建立和更大的复合经济效应的产生（周振华，2003b）。从发达国家产业结构演化的历程来看，每一次产业结构的优化升级都离不开技术革命的推动。以蒸汽机的发明为标志的第一次产业技术革命推动了人类社会从农业社会迈进了工业社会；以电力和内燃机技术的发明为标志的第二次产业技术革命促使了工业社会从以发展轻工业为主导转向以发展重工业为主导阶段；而20世纪70年代以信息技术飞速发展为代表的第三次产业技术革命，最终为产业融合的产生奠定了坚实的技术基础。在政府放松管制的外部条件下，企业顺应了市场的需求，秉持追求利润最大化的理念不断突破不同产业间的边界，推出全新的产品和服务，最终形成了不同产业间的融合现象。如果说产业融合的内因在于技术革新的话，政府放松管制或出台有利的政策措施则是促使产业融合发生的外因，企业对利润的不断追逐和市场机制的作用也对于产业融合的产生与发展发挥着至关重要的作用。归纳起来，推动产业融合发展的驱动因素主要来自技术、企业、市场和政府4个方面。其中，技术创新是产业融合产生的引擎，企业对利润的不断追逐是驱动产业融合发生与发展的内在源动力，不断翻新的市场需求为产业融合持续深化提供了外在诱因，政府则是确保产业融合深化发展的有利外部保障，四者缺一不可。

四、产业融合的机理与效应

产业融合是伴随着技术创新、政府放松管制、行业间的渗透、消费者不断翻新的市场需求以及企业间的协同竞争而不断催生出新产业、新业态的动态演变过程。于刃刚，李玉红（2004）详细阐述了产业融合发生的机理和过程。他们认为产业融合的过程分为 3 个阶段：第一阶段为产业分立阶段。产业之间具有鲜明的边界，不同产业的生产技术和工艺流程均不相同，不同产业之间所提供的产品和服务也很少具备替代性。第二阶段是不同产业由分立开始走向融合的过程。由于技术创新的产生，使得不同产业之间形成了公用技术，公用技术使得不同产业生产出来的产品和服务具备了共性，具有相同或相似的功能或特性，不同产业的产品和服务开始具备了不同程度的替代性。第三阶段是产业融合阶段。由于公用技术的出现，原来各自分立的产业之间的边界开始逐步模糊、甚至消失，形成了产业融合的趋势。

产业融合的效应表现在以下几个方面。第一，产业融合催生出了新的产品、新的服务和新的业态。如智能手机、电子商务、"互联网＋"都是产业融合的典型产物。第二，产业融合促进了资源的合理配置。产业融合为处于不同行业的企业提供了相互利用的创新技术，促使企业生产出更符合市场需求的产品和服务，获得了更高的利润，促使了人、财、物等各类生产要素向该企业、该产业聚集，使得资源配置更加合理。第三，产业融合有助于产业转型升级。在产业融合过程中，由于新兴技术的出现，使得原本处于不同产业之间企业开始由非竞争关系转变为竞争关系，那些不能适应形势变化的企业、落后产能及传统产业将逐步被淘汰，能够存活下的企业等市场主体所生产的产品和服务不断优化，促使整个产业不断转型升级。第四，产业融合对社会发展也会产生巨大的影响。随着时代的发展，新兴技术的不断涌现，产业融合的不断深化，将为人类的生产生活带来翻天覆地的变化，人们可以获得更多的就业机会，享受更多元的服务，体验更丰富的文化。第五，产业融合对世界经济一体化发挥着催化作用（周振华，2003）。在未来的发展中，经济全球化仍将是重要的主题。随着新兴技术的不断革新，产业融合的深化将催化世界经济一体化的进程。

随着产业融合的不断深化，将会导致现存产业的发展基础、产业之间的关联、产业结构的演变、产业组织形态及产业区域布局等多方面的革命性巨变，对人类的经济社会各个方面产生深远的影响。简而言之，产业融合可以改变世界、改变未来！

第二节　农村产业融合的理论基础

一、农村产业融合的概念界定

随着信息产业不断向其他产业融合发展的过程中，众多高新技术也不断向农业领域渗透，出现了农业与生物产业、农业与信息产业及农业内部子产业之间界限日趋模糊、融合发展的新形态。基于农业与其他产业快速融合发展的实践，在 20 世纪 90 年代，日本学者今村奈良臣提出了"第六产业"的概念，其基本含义是"农业生产向二三产业延伸，通过农业中一二三产业的相互延伸与融合，形成集生产、加工、销售、服务一体化的完整产业链条。将一二三产业相加（1＋2＋3）或相乘（1×2×3），正好都等于 6。"（王娟娟，2014）。因此，称之为"第六产业"。

随着中央政府对农村产业融合越来越重视，近年来，众多学者也对农村产业融合进行了概念界定，其中，马晓河（2015）认为，农村产业融合发展指的就是以农业为基本依托，通过产业联动、产业集聚、技术渗透、体制创新等方式，将资本、技术以及资源要素进行跨界集约化配置，使农业生产、农产品加工和销售、餐饮、休闲以及其他服务业有机地整合在一起，使得农村一二三产业之间紧密相连、协同发展，最终实现了农业产业链延伸、产业范围扩展和农民增加收入。姜长云（2015）指出，农村产业融合发展是以农村一二三产业之间的融合渗透和交叉重组为路径，以产业链延伸、产业范围拓展和产业功能转型为表征，以产业发展和发展方式转变为结果，通过形成新技术、新业态、新商业模式，带动资源、要素、技术、市场需求在农村的整合集成和优化重组，甚至农村产业空间布局的优化。郑风田（2015）指出，农村产业融合是以农业为基础和依托，借助产业渗透、产业交叉和产业重组方式，通过形成新技术新业态新商业模式延伸农业产业链，由一产向二产和三产拓展，打造农业产业综合体和联合体，进而达到实现农业现代化、城乡发展一体化、农民增收的目的。

通过借鉴产业融合的基本理论，日本的"第六产业"概念、国内学者的研究及我国农村产业融合的实践，笔者对农村产业融合进行了如下界定：农村产业融合指的是以第一产业——农业为依托，以农民及相关生产经营组织为主体，通过高新技术对农业产业的渗透、三产间的联动与延伸、体制机制的创新等多种方式，将资金、技术、人力及其他资源进行跨产业集约化配置，将农业生产、加工、销售、休闲农业及其他服务业有机整合，形成较为完整的产业链条，带来农业生产方式和组织方式的深刻变革，实现农村一二三产业之间有机融合、协同发展。农村产业融合立足于农业资源，目的是通过第一产业各子产业间联合及第一产业向二三产业延伸，实现农业产业内部融合及与二三产业之间相互渗透、深度融合，推动农业产业链条的延伸和农业多功能性不断延展，促进农民增收，激发农村发展的新活力。

二、产业融合与农村产业融合的关系

产业融合与农村产业融合二者之间的关系，简而言之，即农村产业融合就是产业融合在"三农"领域的具体应用与实现。如前文所述，农村产业融合是以农业为依托，通过高新技术向农业产业的渗透、三产间的联动与延伸、体制机制创新等方式实现了生产要素的跨产业集约化配置，与产业融合相类似，农村产业融合同样具有产业间的渗透、交叉延伸与产业重组等表现形式，在发展农业的同时兼顾农产品加工业与其他服务业，最终使得各产业协同发展，农业产业链延伸，农村产业范围扩大，进而促进农民增收，激发农村发展的新活力。但农村产业融合在发展过程中，又具有自身独有的特点。

（一）农村产业融合是以农民及相关生产经营组织为发展主体

农村产业融合与其他行业领域的产业融合以工商资本为主体做法不同，是以农民及其相关生产经营组织为主体，具体包括专业大户、家庭农场、农业产业化龙头企业及农民专业合作社等。其中，专业大户是以生产或养殖农畜产品为主业，通过土地流转等途径，形成了一定种养规模的农户。家庭农场是指以家庭成员为主要劳动力，从事农业规模化、集约化、商品化生产经营，并以农业收入为家庭主要收入来源的新型农业生产经营主体。家庭农场是专业大户的升级版，是经过工商部门等级的法人。农业产业化龙头企业是指以农产品加工或流通为主，通过利益联结机制，将农产品生产、加工、销售有机结合、相互促进，带动农户进入市场，在规模和经营业绩上达到相关规定标准且经政府有关部门认定的企业（刘克春等，2011）。农业产业化龙头企业是农业产业化发展的关键。农民专业合作社是在农村家庭承包经营基础上，同类农产品的生产经营者或同类农业生产经营服务的提供者、利用者，自愿联合、民主管理的互助性经济组织。

另外，需要强调的是，农村产业融合通过发展乡村旅游、农产品加工、销售业等多种方式，可以为农村留守妇女、高龄老人等农村弱势群体提供就业岗位，将这部分农村弱势人群吸纳进来，提高他们的收入，改善他们的福利状况。这也是农村产业融合与区别于其他类型产业融合的差异之一。

（二）农业产业融合发展始终把农民利益放在首位

与其他行业的产业融合相比，农业产业融合发展始终把农民的利益放在首位。以日本为例，日本在发展"第六产业"过程中，政府为了防止工商企业与农民争利，制定了多种措施来保障日本农民的利益。如通过土地规划来确保工商企业不能更改土地使用性质；工商企业要与农民签署订单协议，双方在合理分配利润的前提下进行合作。一旦农民认为利益分配不公，由农协介入，最终可以终止与企业的合作。日本相关的法律法规中，凡是涉及农户与工商业企业之间的利益分配，均向农户倾斜，确保农民利益不受损害。我国农业农村部办公厅在 2020 年 4 月最新发布的《社会资本投资农业农村引导》文件中，其基本原则第一条就是要尊重农民主体地位。强调要充分尊重农民意愿，切实发挥农民在乡村振兴中的主体作用，引导社会资本与农民建立紧密利益联结机制，不断提升人民群众获得感。支持社会资本依法依规拓展业务，注重合作共赢，多办农民"办不了、办不好、办了不合算"的产业，把收益更多留在乡村；多办链条长、农民参与度高、受益面广的产业，把就业岗位更多留给农民；多办扶贫带贫、帮农带农的产业，带动农村同步发展、农民同步进步。

三、农村产业融合发展的类型

从农村产业融合发展的实践来看，目前已经涌现出多种类型的农村产业融合发展模式。

第一种类型是农业产业内部整合型融合，这种模式是在农业产业内部包括种植业、养殖业、畜牧业、水产业等在内的子产业之间的相互融合，建立起产业上下游之间的有机联系，有效地整合各类资源，推动了农业产业内部各子产业间的融合发展，达到保护环境、节约资源、促进农民增收的目的。目前，在我国南方一些地区积极推广的"猪—沼—稻""猪—沼—果""猪—沼—菜""猪—沼—鱼""猪—沼—林"等综合利用模式就是典型的农业产业内部整合型融合，该模式的推广实现了农户家居环境优美、庭园经济高效的建设目标，也有效地提高了农民的收入水平。

第二种类型是农业产业链延伸型融合，即以农业为中心向前后产业链条延伸，将种子、农药、肥料供应与农业生产连接起来，或者将农产品加工、销售与农产品生产连接起来，或者组建农业产加销一条龙服务。在实践中众多企业通过多年探索形成了形式多样的农业产业链延伸型融合模式，向农业产业的上游延伸至农业生产资料的供给，向农业产业的下游延伸至销售、加工服务等环节，整合了农业生产、加工、流通贸易、研发创新、市场营销、金融服务等环节，完全或部分实现了农业产加销的内部化，节约了交易成本，提高了农业的经济效益。

第三种类型是农业与其他产业交叉型融合，即以农业为基础，在其生产经营活动中植入了文化、休闲、服务等理念，同时结合乡村的自然人文景观资源，形成农业与其他产业的交叉型融合模式。如农业与文化、旅游业的融合可以形成休闲农业等，该种模式充分将农业生产、加工制作与观光、休闲、购物、娱乐、餐饮等服务结合起来，形成了高效、绿色、生态的现代农业发展模式，将利润留在农村，有效地促进农民增收和农村发展。

第四种类型是先进技术要素对农业的渗透型融合，如通过先进的信息技术、生物技术、航天技术、互联网技术等对农业进行有机渗透，贯穿于整个农业的生产过程，形成信息农业、生物农业、能源农业、太空农业、"互联网＋农业"等新兴业态。该模式可以有效地提高农业的生产效率、改善农产品品种，极大提高了农产品的附加值，改进销售渠道，节约中间成本。

四、农村产业融合发展的驱动因素

要大力推进我国农村产业融合发展，就必须要了解它的驱动力来自哪里。农村产业融合脱胎于产业融合理论，产业融合的驱动因素主要来自技术、企业、市场和政府4个方面。而对于我国农村产业融合的发展来说，也离不开这4个方面的驱动，即技术创新、主体利益、市场需求和政府政策的驱动（图2-1）。

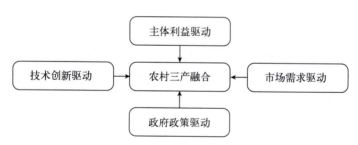

图2-1　农村产业融合驱动因素分析框架

（一）技术创新驱动是引擎

通过技术创新可以打破农业产业内部不同子产业之间及农业与二三产业之间的技术壁垒，逐步消除不同产业间的边界，生产出全新的产品或服务来满足消费者多样化的需求，技术创新是驱动农村产业融合产生和发展不可或缺的引擎。以数字农业为例，它以遥感技术、地理信息系统、计算机技术、网络技术等高新技术为基础，将农业的信息化管理贯穿于农业的生产、流通、销售等过程，达到合理利用农业资源，降低生产成本，提供健康的农产品及改善生态环境等多重目的，实现了农业与高新技术产业的深度融合。

从我国农业技术创新的现状来看，仍然存在着农业科学贡献率偏低、农业集约化程度偏低、农业技术推广和应用较为落后等问题。我国政府及农业生产经营主体已经意识到了过去单纯依靠增加投入来促进农业增收的粗放型增长模式难以为继。近年来中央政府不断强调要大力推动农业科技创新，重点突破生物育种、农机装备、智能农业、生态环保等领域关键技术。

未来需要继续健全农业科技创新激励机制，激发农业科技工作者创新的积极性；加强对企业开展农业科技研发的引导扶持，让企业成为技术创新的应用主体；加快农业科技创新，力争在重点领域实现重大突破；搭建农业科技融资、信息和品牌服务平台，建立农业科技协同创新联盟，加快中国农业技术创新的步伐。

（二）主体利益驱动是内在源动力

农民依靠传统农业发展模式增收困难，而通过发展农村产业融合，则可以通过按股分红、按交易额返利、产品高附加值等方式获得较高的收入，改变过去处于利益分配机制末端的被动局面。一旦农民及其相关组织作为主体参与到农村产业融合发展中来，他们在追逐自身利益持续增加的过程中，为了获得规模效应和范围经济，会出现相互合作的现象，从而会进一步促进农业跨产业的多元化经营，最终促使生产要素在更广泛的范围内得到优化配置，生产出更具有市场竞争力的产品和服务。可以说，农业生产经营主体不断追逐更高的利润是农村产业融合发生和发展的内在源动力。

从我国不同的农业生产经营主体发展现状来看，专业大户、家庭农场、农业产业化龙头企业及农民专业合作社均在不同程度上面临着资金、土地、政策等多方面约束，农业服务体系滞后，国家政策落实效率不高，人才缺乏、自主创新能力较差。

国家要大力推进农村三产深度融合，就需要积极培育和扶持农业新型经营主体，满足他们的合理需求，积极推进农村土地和金融制度改革，缓解农业生产经营主体融资难、土地约束问题；要继续加大对农业基础性、平台性设施的公共投入和政策扶持力度，确保国家颁布的农业扶持措施和政策落实到位，让农业生产经营主体享受到应有的农业优惠和支持政策；通过营造良好的外部环境，吸引壮大新型农业生产经营主体队伍，鼓励大学生、农民工、退伍军人等主体返乡创业、就业，通过多种渠道指导和培育现有农户，不断壮大、发展农村产业融合的主体力量。

（三）市场需求驱动是外在诱因

随着经济社会发展水平的不断提高，人们对消费产品和服务的多元化、多层次需求日益提高，正是这种不断追求更好、更高、更新的消费需求驱动着企业不断谋求新产品、新技术、新服务的开发与创新，从而诱发了产业融合的产生与发展。农村三产同样受到了市场需求的驱动而产生了融合现象，如随着人们收入水平的提高，为了摆脱城市快节奏生活方式所带来的压力，许多城市居民开始寻求在充满传统乡村文化的田园意境中释放自我、还原自我的旅游消费服务，于是产生了乡村游、农家乐等新型业态，促进了农村三产的深度融合。可以说，不断翻新的市场需求是驱动农村产业融合发展的重要外部诱因。

2015 年 11 月国务院颁布的《关于积极发挥新消费引领作用加快培育形成新供给新动力的指导意见》明确指出，我国已经进入了消费需求持续增长、消费结构加快升级、消费拉动经济作用明显增强的阶段，应积极发挥新消费的引导作用，积极推动形成节约、理性、绿色、健康的现代生产消费方式。其中，特别指出消费升级的重点领域和方向主要包括服务消费、信息消费、绿色消费、时尚消费、品质消费和农村消费。随着这些消费重点领域和发展方向的不断发展壮大，必然会驱动农村三产的深度融合。

其中，随着服务消费需求的不断壮大，必然会促进乡村旅游、乡村养老等农村农业资源与服务业的深度融合；信息消费需求的发展会催生互联网与农业、旅游等产业间的跨界融合；绿色消费需求会驱动生态农业等新型业态的快速发展；时尚消费和品质消费的发展会促使农业产业内部各子产业间及与二三产业间的深度融合，形成高端、品牌化农产品和服务的开发与销售；而随着农村消费的大力发展，会将城市的消费观念和消费方式输入农村地区，不断催生集文化娱乐、绿色环保、农业废弃物资源化综合利用等为一体的农村产业融合产品与服务。随着新的市场需求不断扩展，必然会驱动农村产业融合向纵深发展。

（四）政府政策驱动是外部保障

政府通过对宏观经济的调控，提供公共产品与服务，进行市场监管，出台政策，颁布法律、法规等方式来达到国家宏观经济平稳快速发展的目的。对于农村产业融合而言，同样需要政府政策的驱动，通过财政、税收、法律等手段为农村产业融合营造出良好的外部环境，驱动农村三产深度融合发展。以日本、韩国为例，两国在促进本国第六产业发展的过程中，无一例外地动用了大量的人力、物力、财力及政策等多方面资源来支持六次产业化发展。政府政策的驱动可以为农村产业融合主体创造出优越的外部环境，是确保农村三产深度融合的外部保障。

现阶段，我国农村产业融合发展仍然处于起步阶段，政府应积极借鉴日韩发展六次产业的经验，通过机制体制革新，加大财政投入、出台扶持政策，完善相关法律法规等方式促进农村产业融合的快速发展。

五、农村产业融合发展的机制与效应

与产业融合形成的机制相一致，农村产业融合发展同样离不开高新技术的驱动，随着现代信息、生物等高新技术向传统农业领域的有机渗透，逐步应用于农业的生产、流通及销售等过程，导致高新技术产业与传统农业之间边界日益模糊、逐步融合，推动了农村产业融合的大发展。可以说，正是由于新兴技术不断向传统农业的渗透，才导致了农村三产融合的发生，新兴技术革命是提升和引领传统农业在其产业内部及与二三产业融合的关键性因素。目前以互联网为代表的现代信息技术革命、以转基因为代表的生物技术革命以及以高铁为代表的交通运输革命正以前所未有的广度和深度改造着传统农业的生产、流通、销售及其管理方式。再加上国家一系列政策的大力推动，不断推动着我国农村产业融合向纵深发展。

苏毅清，游玉婷，王志刚（2016）等众多学者的研究表明，农村产业融合发展具有促使资源更有效利用、降低交易成本及经济能量倍增的效应。具体而言：

首先，农村产业融合可以提高资源的有效利用促使农业获益。在传统农业生产过程中，由于农业生产所特有的季节性导致农业资源和各类生产要素无法得以充分和反复利用，在农闲季节会出现资源闲置和浪费现象。而通过农村产业融合发展，使得三产间相互联动与延伸，农业资源和诸多生产要素能够进行跨产业集约化配置，促使原本闲置的资产和要素得以充分和反复的利用，为拥有这些资产和要素的农户带来更好的收益。以休闲农业为例，在旅游业和农业未融合之前，在农闲季节，农民、农用机械、牲畜等资源处于闲置状态；当旅游业和农业进行融合之后，形成了新的业态即休闲农业，在农闲季节，农民可以发展农家乐、农业休闲观光游、采摘业等，农民忙碌起来可以做导游、厨师、服务员等，闲置的农用汽车可以用于运输各类必要设备，牲畜可以供游客体验和观赏等，这些原本在农闲时会闲置的资产和生产要素，由于农业与旅游业深度融合，资源和生产要素得到充分利用，提高了资产的使用效率，拥有这些资产和生产要素的农民更是可以获得数倍于农业生产的收入，有效地促进了农民增收。

其次，农村产业融合可以降低交易费用促使农业获益。以"互联网＋农业"为例，在互联网没有应用于农业领域之前，农民很难及时获取有效的市场信息，不了解市场的需求，也没有定价权，常常陷入"蛛网困境"无法自拔。随着互联网技术逐步进入农业领域发生农村产业融合之后，农民可以通过互联网有效地获取市场的信息，可以通过互联网把自家生产的农作物卖到遥远的城市，可以与消费者直接对话，了解需求，缩短中间环节，获取更多的利润，在多个层面、多个环节极大地降低了交易费用。可以说互联网技术给传统农业带来了深远的影响，为传统农业插上了腾飞的翅膀。

最后，农村产业融合发展能够带来经济几何级数的增长。从农业产业融合的4种模式出发，第一种发展模式为农业产业内部整合型融合，以循环农业为例，发展循环农业能够利用相同的能值创造更高的价值，比单独的农作物生产系统更加可持续，环境负载率低，且能值交换率接近普通生产模式的 2.79 倍（周海川，2012）。第二种模式是农业产业链延伸型融合，以肉鸡产业为例，在整个产业链中，养殖户承担的成本最高，占总成本的 80%～94%，但其所得利润仅占 11%～30%，收购、加工和销售环节承担的成本低，但却占有绝大多数利润（成德宁，2012）。在实践中众多企业通过多年探索形成了多样化的农业产业链延伸型融合模式，向上游延伸至农业生产资料的供给，向下游延伸至销售、加工服务等环节，完全或部分实现了农业产加销的内部化，节约了交易成本，提高了农业的经济效益。第三种模式是农业与其他产业交叉型融合，以休闲农业为例，《2018—2019 年中国休闲发展报告》数据显示，2018 年我国休闲农业和乡村旅游接待超 30 亿人次，比 2015 年增加 9 亿人次，年均增长 11%；营业收入超 8 000 亿元，比 2015 年翻了一番，年均增长 22%。据对 13.5 万家休闲农业经营主体的观测，休闲农业中农民从业的占 93%，平均每亩*农地营业收入可达 1.5 万元，从事休闲从业的农民年人均收入在 5 万元以上。第四种模式是先进技术要素对农业的渗透型融合，以"互联网＋农业"为例，《中国电子商务报告（2019）》报告显示，2019 年我国农村电商进入规模化专业发展阶段，全国农村网络零售额达 1.7 万亿元，占到全国网络零售总额的 16.1%，同比增长 19.1%。通过电商进入农业农村实现产业融合，大大促进了工业品下行、农产品上行的双向渠道畅通，极大地释放了我国的消费潜力，有力地拉动了经济的增长。

第三节　农村产业融合发展的必然性

一、农村产业融合发展是乡村振兴战略的重要抓手

党的十九大报告提出，要"按照产业兴旺、生态宜居、乡风文明、治理有效、生活富裕的总要求"实施乡村振兴战略，其中，产业

---

* 亩为非法定计量单位，1 亩≈666.67 平方米。——编者

兴旺是乡村振兴战略的基础和首要任务，而农村产业融合则是实现农村产业兴旺的重要抓手。农村产业融合发展通过高新技术对农业产业的渗透、三产间的联动与延伸、体制机制的创新等多种方式，深度挖掘农业的多功能性，打破了一二三产业之间原有的明确的界限，使得资金、技术、人力及其他资源进行跨产业集约化配置，将农业生产、加工、销售、休闲农业及其他服务业有机整合，形成较为完整的产业链条，带来农业生产方式和组织方式的深刻变革，实现农村一二三产业协同发展，促进农民增收，激发农村发展的新活力。可以说，推进农村产业融合发展是实施乡村振兴战略最为重要的途径。

二、农村产业融合发展是精准脱贫的现实选择

党的十九大把精准脱贫作为决胜全面建成小康社会必须打好的三大攻坚战之一，《乡村振兴战略规划（2018—2022)》更是明确提出，"把打好精准脱贫攻坚战作为实施乡村振兴战略的优先任务。"可以说，农村产业融合发展不仅是国家实施乡村振兴战略的重要抓手，也是实现精准脱贫的现实选择。

农村产业融合以第一产业——农业为依托，通过技术渗透、产业联动及体制机制创新等方式，创新利益联结机制，壮大村级集体经济收入，让贫困农户通过入股、务工、创业等方式，参与到农村产业融合发展中，分享产业链带来的增值收益，从而达到带动贫困地区农民实现稳定脱贫、长久致富的目的。农村产业融合发展可以有效地解决我国贫困地区农村居民收入低、农村发展凋敝的问题。

三、农村产业融合发展是实现我国农业现代化的重要途径

农业现代化是指利用技术改造传统农业的历史过程。在这一过程中，先进生产要素不断应用于传统农业中，会引发人力、物力、技术、制度等要素的一系列变革与更新，最终表现为农业综合效益的大幅度提高，促进农民增收，城乡统筹发展，创造出良好的生态环境，实现农业的可持续发展（冯献等，2013)。而农村三产融合则通过产

业联动、产业集聚、技术渗透和体制创新等方式，将生产要素进行跨界集约化配置，能够因地制宜地将更多的先进技术和现代化的生产方式运用到第一产业，同时又将第二产业标准化生产的理念和第三产业以人为本的理念应用到第一产业的发展上，将新技术、新业态、新的商业模式贯穿其中，能够有效地实现农业综合效益的大幅提升，促进农民增收，促进农村生态环境友好发展，实现农村地区的可持续发展，这恰恰为我国实现农业现代化建设提供了良好的产业发展保障，能够更好地实现农业现代化的基本要求。

四、农村产业融合发展是实现农村可持续发展的客观需要

随着城乡一体化进程的加快，城乡之间要素流动加速，新的商业模式和新型业态全方位地向农村渗透，促使传统的农业生产方式和组织方式不断优化升级，农村三产融合的深化发展可以有效解决当前农村生态环境恶化、农村社会发展凋零等问题，实现我国农村地区的可持续发展。

在农村生态环境建设和保护方面，农村三产融合十分注重生态环境的保护。以生态农业为例，它将传统农业的精华与现代农业技术结合起来，既能够保证农业资源得到充分利用，又十分注重对农业资源和生态系统的科学养护和修复；既能够生产出安全卫生的农产品，又能保护自然环境，促进我国农村地区实现资源环境的可持续发展。

在农村社会发展方面，农村三产融合能够有效缓解农村发展凋零的状况，促使农村焕发新的生机。近年来，随着工业化和城镇化的飞速发展，我国农村的经济社会结构发生了翻天覆地的变化，农业生产的兼业化、老龄化、女性化趋势日益严重，农村和农业生产一线男性劳动力严重匮乏，大量土地撂荒，村落自然消亡，农村呈现出老弱病残的凋零景象。而随着农村三产的深度融合，在农村大力发展生态农业、休闲农业等新型业态，政府也会陆续出台多种有利政策和措施，会吸引外出打工的青壮年劳动力、大学生等返乡创业或就业，成为发展农村三产融合的中坚力量，振兴我国农村地区经济社会的良性发展，促进农村各类资源得到充分利用，激发农村发展的新活力。

第三章

我国农村产业融合的
政策梳理与发展现状

第一节　我国农村产业融合发展的
中央政策梳理

2014 年，自中央农村工作会议提出促进一二三产业融合发展以来，中央针对农村产业融合发展出台了一系列相关政策和文件。中央 1 号文件连续 6 年聚焦农村产业融合发展，对于我国农村产业融合的实践发展给予了最大程度上的政策指导、支持与保障。

在 2014 年 12 月 23 日召开的中央农村工作会议上，为推进农业现代化，中央首次提出"要把产业链、价值链等现代产业组织方式引入农业，促进一二三产业融合发展"。随后数年中央 1 号文件聚焦农村产业融合发展。2015 年中央 1 号文件提出"推进农村一二三产业融合发展"，促进农民增收。2016 年中央 1 号文件再次强调，要推进农村三产深度融合，"推进农业产业链整合和价值链提升，让农民共享产业融合发展的增值收益，培育农民增收新模式"。2017 年中央 1 号文件对"壮大新产业新业态、拓展农业产业链价值链"做出重要部署，推进农村三产融合异军突起。同年党的十九大顺利召开，提出按照"产业兴旺、生态宜居、乡风文明、治理有效、生活富裕"的总要求实施乡村振兴战略，通过"促进农村一二三产业融合发展，支持和鼓励农民就业创业，拓宽增收渠道"。2018 年中央 1 号文件提出要"构建农村一二三产业融合发展体系"，并确立了明确的发展目标，提出到 2020 年要实现"农村一二三产业融合发展水平进一步提升"。同年《乡村振兴战略规划（2018—2022 年）》出台，强调通过"推进农村一二三产业交叉融合，发展壮大乡村产业"。2019 年中央 1 号文件再次强调，要"健全农村一二三产业融合发展利益联结机制，让农民更多分享产业增值收益"。2020 年中央 1 号文件进一步指出，要"支持各地立足资源优势打造各具特色的农业全产业链，建立健全农民分享产业链增值收益机制，形成有竞争力的产业集群，推动农村一二三产业融合发展"。同年 6 月 18 日，在十三届全国人大常委会第十九次会议上，《中华人民共和国乡村振兴促进法（草案）》被初次审议，并于 6 月 26 日征求社会公众意见，该法案指出"国家鼓励和扶持农村一二三产业融合发展，培育新产业、新业态、新模式"，在发展乡村产业过程中，不能以发展农村产业融合的名义"发展国家禁止发展的产业"。这是从立法层面对乡村振兴战略的实施、农村三产融合的发展提供立法保障的开山之作，必将会成为我国下一阶段实施乡村振兴战略、推进农村产业融合发展的总抓手和总依据（表 3-1）。

表 3-1　2015—2021 年中央 1 号文件中对农村产业融合发展的指导意见

年份	1 号文件	具体板块	具体内容
2015	《关于加大改革创新力度加快农业现代化建设的若干意见》	围绕促进农民增收，加大惠农政策力度	推进农村一二三产业融合发展。大力发展特色种养业、农产品加工业、农村服务业，扶持发展一村一品、一乡（县）一业；积极开发农业多种功能，挖掘乡村生态休闲、旅游观光、文化教育价值。扶持建设一批具有历史、地域、民族特点的特色景观旅游村镇，打造形式多样、特色鲜明的乡村旅游休闲产品
2016	《关于落实发展新理念加快农业现代化实现全面小康目标的若干意见》	推进农村产业融合，促进农民收入持续较快增长	充分发挥农村的独特优势，深度挖掘农业的多种功能，培育壮大农村新产业新业态，推动产业融合发展成为农民增收的重要支撑

（续）

年份	1号文件	具体板块	具体内容
2017	《中共中央、国务院关于深入推进农业供给侧结构性改革加快培育农业农村发展新动能的若干意见》	壮大新产业新业态，拓展农业产业链价值链	大力发展乡村休闲旅游产业；推进农村电商发展；加快发展现代食品产业；培育宜居宜业特色村镇
2018	《中共中央国务院关于实施乡村振兴战略的意见》	构建农村一二三产业融合发展体系	大力开发农业多种功能，延长产业链、提升价值链、完善利益链，通过保底分红、股份合作、利润返还等多种形式，让农民合理分享全产业链增值收益。实施农产品加工业提升行动；建设现代化农产品冷链仓储物流体系；加快推进农村流通现代化。实施休闲农业和乡村旅游精品工程；发展乡村共享经济、创意农业、特色文化产业
2019	《中共中央国务院关于坚持农业农村优先发展做好"三农"工作的若干意见》	发展壮大乡村产业，拓宽农民增收渠道	健全农村一二三产业融合发展利益联结机制，让农民更多分享产业增值收益
2020	《中共中央 国务院关于抓好"三农"领域重点工作确保如期实现全面小康的意见》	发展富民乡村产业	支持各地立足资源优势打造各具特色的农业全产业链，建立健全农民分享产业链增值收益机制，形成有竞争力的产业集群，推动农村一二三产业融合发展。加快建设国家、省、市、县现代农业产业园，支持农村产业融合发展示范园建设，办好农村"双创"基地
2021	《中共中央 国务院关于全面推进乡村振兴加快农业农村现代化的意见》	构建现代乡村产业体系	推进农村一二三产业融合发展示范园和科技示范园区建设。把农业现代化示范区作为推进农业现代化的重要抓手，围绕提高农业产业体系、生产体系、经营体系现代化水平，建立指标体系，加强资源整合、政策集成，以县（市、区）为单位开展创建，到2025年创建500个左右示范区，形成梯次推进农业现代化的格局

资料来源：根据历年中央1号文件整理所得。

另外，除了近几年中央 1 号文件对农村产业融合发展的战略指导外，2015 年以来，国务院办公厅陆续出台了《关于推进农村产业融合发展的指导意见》《关于支持返乡下乡人员创业创新促进农村产业融合发展的意见》《关于进一步促进农产品加工业发展的意见》。同时，联合国家发展改革委等 13 个部门印发了《关于大力发展休闲农业的指导意见》，编制了《"十三五"全国农产品加工业与农村产业融合发展规划》。四个《意见》和一个《规划》，构建了促进农村产业融合发展的政策体系。

这一政策体系明确了农村产业融合发展的指导思想：全面贯彻落实党的十八大和十八届二中、三中、四中、五中全会精神，按照党中央、国务院决策部署，坚持四个全面战略布局，牢固树立创新、协调、绿色、开放、共享的发展理念，主动适应经济发展新常态，用工业理念发展农业，以市场需求为导向，以完善利益联结机制为核心，以制度、技术和商业模式创新为动力，以新型城镇化为依托，推进农业供给侧结构性改革，着力构建农业与二三产业交叉融合的现代产业体系，形成城乡一体化的农村发展新格局，促进农业增效、农民增收和农村繁荣，为国民经济持续健康发展和全面建成小康社会提供重要支撑。基本原则：坚持和完善农村基本经营制度，严守耕地红线，提高农业综合生产能力，确保国家粮食安全。坚持因地制宜，分类指导，探索不同地区、不同产业融合模式。坚持尊重农民意愿，强化利益联结，保障农民获得合理的产业链增值收益。坚持市场导向，充分发挥市场配置资源的决定性作用，更好发挥政府作用，营造良好市场环境，加快培育市场主体。坚持改革创新，打破要素瓶颈制约和体制机制障碍，激发融合发展活力。坚持农业现代化与新型城镇化相衔接，与新农村建设协调推进，引导农村产业集聚发展。2020 年，农村产业融合主体规模不断壮大，产业链不断延长，价值链明显提升，供应链加快重组，企业和农民的利益联结机制更加完善，融合模式更加多样，建成了一批农村产业融合发展先导区和示范园，融合发展体系初步形成，为实施乡村振兴战略提供了有力支撑。工作措施：通过着力推进新型城镇化、加快农业结构调整、延伸农业产业链、扩展农业多种功能、大力发展农业新兴业态、引导产业集聚来发展多类型农村产业融合方式；通过强化农民合作社和家庭农场基础作用、支持龙头企业发挥引领示范作用、发挥供销合作社综合服务优势、积极发展行业协会和产业联盟、鼓励社会资本投入来培育多元化农村产业融合主体；通过创新发展订单农业、鼓励发展股份合作、强化工商企业社会责任、健全风险防范机制来建立多形式利益联结机制；通过搭建公共服务平台、创新农村金融服务、强化人才和科技支撑、改善农业农村基础设施条件、支持贫困地区农村产业融合发展来完善多渠道农村产业融合服务；通过加大财税支持力度、开展试点示范、落实地方责任、强化部门协作来健全农村产业融合推进机制。

推进农村产业融合发展，是深化农业供给侧结构性改革、推动乡村产业振兴的重要抓手，是促进农业现代化发展，提高农民收入，建设宜居宜业美丽乡村的重要举措和有效途径，农村产业融合发展在实践中的表现如何，面临哪些发展困境，直接影响农业供给侧结构性改革的成效和乡村振兴战略的顺利推进，应该受到密切关注。

第二节　我国农村产业融合发展的现状

为了实现农村产业融合发展的目标，中央政府除了出台一系列的政策文件之外，也从财政补贴、建设示范项目、培育融合主体方面做了大量工作。具体而言，财政补贴方面，中央财政这几年安排一二三产业融合发展试点资金 52 亿元，支持让农民分享二三产业增值收益的经营主体发展一二三产业；农产品产地初加工补助政策安排资金45 亿元，补助农户和合作社建设初加工设施；同时，还协调农业发展银行、农业银行加大对产业融合主体的信贷支持。建设示范项目方面，宣传推介了 208 个农产品加工业发展典型、388 个全国休闲农业和乡村旅游示范县（区、市）、91 项中国重要农业文化遗产、560 个中国美丽休闲乡村、2 160 个景点、670 条精品线路，发挥其引领带动和示范发展作用。培育融合主体方面，新型职业农民培育工程、农村实用人才等培训项目，每年培训人员超过 100 万人次。开展了农村

创业创新优秀带头人和典型县的宣传推介，到目前为止，树立了 200
个农村创业创新优秀带头人和 100 个典型县。举办了 3 万多名选手参
加的农村创业创新项目创意大赛，并且跟投资机构结合，加大融合主
体培育力度（宗锦耀，2018）。另外，根据国家发展改革委发布的
《农村产业融合发展年度报告（2017 年）》显示，各地方有关部门深
入贯彻落实党中央、国务院关于推进农村产业融合发展的决策部署，
切实把农村产业融合发展作为推进农业供给侧结构性改革的重要抓
手，通过健全协调机制、开展调研督导、强化宣传推介、加强业务培
训，完善了工作机制；通过积极拓宽投融资渠道、培育产业融合主
体、强化用地保障、加强新产业新业态政策支持，细化实化了支持政
策；通过创新涉农专项支付资金管理方式，进一步推进农村集体产权
制度改革、探索制定农用地基准地价制度，推进了配套改革；通过完
善农产品现代流通体系、提升农村信息化服务能力、加强品牌建设、
推进农村信用体系发展，强化了公共服务；另外，积极开展试点示
范，持续加大工作力度。

在中央政府和地方政府的共同努力下，目前我国农村产业融合发
展取得了飞速发展，农村产业融合主体不断涌现，农村新产业新业态
提档升级，农村产业融合类型百花齐放。

一、农村产业融合主体不断涌现

农村产业融合发展涉及整个产业链条，是农业产业化经营的升级
版。培育产业融合主体是推进农村产业融合发展的关键。近几年，中
央及各地区各有关部门培育发展了一大批基础作用大、引领示范好、
服务能力强、利益联结紧的农业产业化龙头企业、农民合作社、专业
大户、家庭农场、农业社会化服务组织等融合主体。目前，农村产业
融合主体已实现从数量增加到质量提升、从单纯生产到综合带动、从
收益独占到利润共享的转变，展现出较强的经济实力、发展活力和带
动能力，进入到成长成型的蓬勃发展期。截至 2015 年底，全国各类
农业产业化经营组织达到 38.6 万个；据农业农村部统计，截至 2016
年底，我国农业产业化组织数量达 41.7 万个，比 2015 年底增长

8.03％。而《农村产业融合发展年度报告（2017 年)》显示，截至2017 年底（数据需要更新），全国家庭农场、农民合作社、农业企业等各类新主体超过 300 万家，新型职业农民超过 1 500 万人，社会化服务组织达到 22.7 万家。农业产业化经营组织蓬勃发展。

（一）农业产业化龙头企业日益壮大

作为农村产业融合发展的重要力量，农业产业化龙头企业近几年日益发展壮大。据农业农村部统计，截至 2016 年底（数据需要更新），我国农业产业化龙头企业达 13.03 万个，同期增长 1.27％。农业产业化龙头企业年销售收入约为 9.73 万亿元，增长了 5.91％，比规模以上工业企业主营业务收入增速高 1％；大中型企业增速加快，销售收入 1 亿元以上的农业产业化龙头企业数量同比增长 4.54％；农业产业化龙头企业固定资产约为 4.23 万亿元，增长了 3.94％。

农业产业化龙头企业是产业化经营的组织者，是广大农户与流通商和消费者的连接者，是市场开拓者和产业化运营中心，对保障农产品市场供给和农产品的提质增效，促进"质量兴农，绿色兴农"战略实施，成效显著。据农民日报社"三农"发展研究中心的调查，在保障农产品市场供应方面，我国农业产业化龙头企业所提供农产品及加工制品占农产品市场供应量 1/3，占主要城市"菜篮子"产品供给 2/3 以上，有效保障了市场供应。在品牌化建设和标准化生产方面，相较其他新型农业经营主体，农业产业化龙头企业在"三标一品"建设方面成效显著。根据《中国农业发展报告》（2017）相关数据显示，我国省级以上农业产业化龙头企业在认证、检疫、质检等方面投入约为 189 亿元，增长了 7.29％；获得无公害农产品、绿色食品、有机农产品和农产品地理标志认证的企业数量增长达 11.78％，产品数量增长约为 9.84％；超过 70％的农业产业化龙头企业通过了 HACCP、ISO9000 等质量体系认证，超过 50％的农业产业化龙头企业获得了省级以上名牌、著名（驰名）商标荣誉，有效带动了农产品的品牌化建设和标准化生产（郭芸芸，高鸣，2018）。

（二）农民合作社快速发展

农民合作社是在保持我国农村基本经营制度活力的前提下，发展现代农业的重要组织形式。在资源环境条件制约凸显、小农户对接大市场等一系列挑战下，农民合作社成为农村产业融合发展的重要实践者，适应市场新需求，运用"互联网＋"、绿色发展等新技术新模式新业态，为农业农村发展提供了新动能。

2017 年是《中华人民共和国农民专业合作社法》颁布实施 10 周年，也是我国农民合作社快速发展壮大的 10 年。这 10 年中央财政累计安排农民合作社发展资金 118 亿元，年均增长 21.5%，各级农业部门认定示范社超过 18 万家、联合社达到 7 200 多家。我国农民合作社的数量持续增长，业务领域持续扩宽，发展质量不断提高，对于推进农业现代化、提高农民收入发挥了重要作用。合作社数量增长方面，2007 年我国农民合作社仅 2.64 万家，到 2017 年 9 月底，全国依法登记的农民合作社达 196.9 万家，是 2007 年的 74.58 倍。值得一提的是，从 2017 年 4 月到 2017 年 9 月，我国农民合作社的数量从 188.8 万家增加到 196.9 万家，短短的 5 个月增加了 8.1 万家，增长率为 4.11%（夏英，2018），增速迅猛。合作的业务领域扩展方面，农民合作社的业务由传统的种养加向稀缺要素的联合转变。根据农业农村部固定观察点体系合作社调研数据显示，从产业门类来看，从事粮油种植的农民合作社占 26.6%，从事蔬菜种植、畜禽养殖的农民合作社各占 24.5%，还有 24.2% 的农民合作社从事瓜果种植，从事农机服务的农民合作社占比为 11.9%，而从事花卉行业、水产品和林产品的农民合作社比例较低；从为社员提供的服务上看，提供农产品销售服务的合作社最多，比重为 87.7%，另有 83.7% 的合作社为社团提供农业技术培训服务，还有 78.8% 的合作社为社员提供农业生产资料购买服务；从引入新技术、发展新业态来看，在接受调查的合作社中，从事生态农业的最多，其比例达到 52.1%；另有 37.4% 的合作社从事循环农业，29.0% 的合作社从事休闲观光农业。有 40.9% 的合作社从事了两种及两种以上新业态（杨久栋，彭超，2018）。农民合作社在促进种养加一体、一二三产业融合发展方面发挥了重要作用。

合作社在标准化生产、品牌建设方面，推动了我国农业现代化，促进了"质量兴农，绿色兴农"战略的实施，也极大程度地提高了合作社农户的收入。目前，已经有 43.7% 的农民合作社实施了标准化的生产和服务，有 29.6% 的农民合作社拥有自主品牌，有 14.5% 的农民合作社能够拥有两个及两个以上的品牌。有 65.5% 的农民合作社注册了商标，有 15.4% 的农民合作社能够注册两个及两个以上的商标。有 49.9% 的农民合作社有产品已通过国家无公害、绿色或有机食品认证，有 23.7% 的农民合作社能够有两种以上产品通过国家无公害、绿色或有机食品认证。70.0% 的合作社建立了农产品生产记录，67.4% 的合作社有能力监测农产品质量安全状况，66.7% 的合作社能够规范使用农业化学品投入。另外，在应用绿色技术和保护生态环境方面，除了发展有机生产，减施农药和化肥之外，农民合作社还采取了其他的环保措施。例如，参与调查的农民合作社能够把 49.5% 的秸秆粉碎还田，15.1% 的秸秆用于畜禽饲料过腹还田，还有 11.6% 将秸秆作为生活燃料（杨久栋，彭超，2018）。截至 2017 年 7 月底，在工商部门登记的农民专业合作社达到 193.3 万家；实有入社农户超过 1 亿户，约占全国农户总数的 46.8%，参加合作社农户的收入普遍比非成员农户高出 20% 以上。

（三）农业社会化服务组织逐步发育

农业社会化服务体系是指在家庭承包经营的基础上，为农业产前、产中、产后各个环节提供服务的各类机构和个人所形成的网络与组织系统，是支撑农村产业融合发展的重要载体。近年来，土地规模集约管理和新型农业经营主体迅速增长，催生了一体化农业社会化服务需求，我国农业社会化服务体系不断完善，服务领域不断拓展。目前，我国已初步形成以家庭联产承包责任制为基础、以政府公共服务机构为主导、多元化市场主体广泛参与的农业社会化服务体系。

截至 2015 年底，我国拥有约 115 万个农业服务主体、农业公益性服务机构达到 15.2 万个、经营性服务组织超过 100 万个，其中，农业科技服务方面，全国农技推广机构 7.9 万个；各类农科教相结合、教科研一体化的大学农技服务基地 414 个，1 400 余名专职人员投身农村基层科技服务工作；科技特派员服务站 1.6 万个，有 72.9 万余名科技特派员活跃在农村农业基层，开展创新创业和服务活动。农业农村部市场经济与信息司司长唐珂表示，未来农业社会化服务市场规模将超过 2 万亿元。到 2020 年，预计代耕代种服务（代播种、代浇水、代铺膜、代施肥、代除草、代收割等）市场规模将近 800 亿元；据农业农村部预计，到 2020 年，我国植保服务市场规模将超过 100 亿元，农机社会化服务经营额与总收入将超过 8 000 亿元。农产品销售服务方面，供销合作社是植根农村、为农服务的合作经济组织，根据《全国供销合作社系统 2017 年基本情况统计公报》显示，2017 年末，全系统有县及县以上供销合作社机关 2 777 个，其中，省（区、市）供销合作社（以下简称省社）32 个，省辖市（地、盟、州）供销合作社（以下简称省辖市社）342 个，县（区、市、旗）供销合作社（以下简称县社）2 402 个，全年实现销售总额 54 218.1 亿元，其中，农副产品类销售额 18 413.9 亿元，占全年销售总额的 33.96%，与 2016 年相比，农副产品类销售额增长 22.2%。另外，农产品电子商务作为近几年农产品销售的另一重要服务平台，根据《2018 年中国农产品电商发展报告》显示，2017 年我国农村网络零售额超过 1.2 万亿元，其中，农产品的网络零售交易额占 20%，预计达到 2 500 亿元。农业农村部规划 2020 年我国农产品电商将达到 8 000 亿元。农业金融市场方面，农产品期货交易、农产品期权交易，近几年也得到了飞速发展，根据《2018 年中国农产品电商发展报告》显示，2017 年，大连、郑州、上海三个期货市场农产品期货交易达到 9.53 亿手、交易额达到 45.53 万亿元。大连、郑州两个期货市场农产品分别有期权交易品种豆粕、白糖，均采取网上撮合交易的方式。2017 年交易 512 万手，交易额 38.23 亿元。此外，根据中国社会科学院财经战略研究院发布的《中国"三农"互联网金融发展报告（2017）》显示，国内"三农"金融的缺口约为 3 万亿元，在巨大需求和政策刺激之下，我国"三农"互联网金融交易额增长速度远高于一般的互联网金融。2016 年，"三农"领域互联网金融交易额为 400 亿～450 亿元，其增长率为 250%。2018 年 10 月，中央财政更是下达 2018 年普惠金融发展专项资金 100 亿元，比 2017 年增加 23 亿元，增长 29.85%（樵苏，2018），据预测（神州土地研究院，2017），到 2020 年，我国"三农"互联网金融总体规模将达 3 200 亿元，在"三农"金融领域的占比提高到 4%～5%，其中，农产品生产、流通领域互联网金融规模将达 2 500 亿元，农村消费类 200 亿元，农资互联网金融 500 亿元。

此外，针对市场硬性需求，传统农资、农产品行业巨头开始转型发展农业社会化服务分支业务，新型农业社会化服务组织迅速发展。一方面，专业性的农业社会化组织不断提档升级，例如，农产品生产服务方面，涌现出了"帮农忙""农机狗""一亩田""农活帮""蜻蜓农服""E 田科技""极飞农业"等专业型社会化服务经营组织，在一定程度上实现了组织农户，实现小农户与大市场有限衔接的目的。农产品销售服务方面，线下智能体验店（如生鲜智能店、生鲜无人店）和智能菜市场逐渐出现在消费者的视角中。许多智能菜市场采取互联网、移动网、物联网、大数据、云计算、区块链、各类人工智能的方式，对传统农贸市场进行改造，实现了农贸市场管理、服务和监管的信息网络化、工作规范化、管理现代化，成效显著。另一方面，综合型的社会化服务平台也在不断涌现，比如依托互联网、物联网技术成立的中国农业产业综合服务平台，以庞大的会员体系为基础，整合、吸引优质社会资源，不仅免费为农民提供农作物种植信息、田间管理技术和农资团购、农机配套服务，还为农户提供了农产品订单、农村金融等综合的、全方位服务，已经在河南、陕西、山西、河北、山东等 10 余个县（市）成功落地实施。此外，也涌现出了一批以挖掘农业多功能性为主的农业规划企业，如中农富通、诺狮、绿维、巅峰智业、远景设计院等，在推进乡村旅游、农业全产业链发展、田园综合体规划建设等方面发挥了重要作用，有力地促进了农村产业融合发展。

（四）家庭农场方兴未艾

家庭农场是促进土地规模经营、转变农业发展方式、实现农业现代化的基础，是农业家庭经营的核心，是对农村基本经营制度的自我完善，是现代农业的微观基础。2008 年党的十七届三中全会首次提出"有条件的地方可以发展专业大户、家庭农场、农民专业合作社等规模经营主体"。之后，党的十八大及中央 1 号文件多次提出要鼓励发展家庭农场，并且在资金扶持、制度建设、宣传培训上提供了大量支持。在资金支持方面，2017 年中央财政农业生产发展资金中安排了 1.2 亿元资金支持家庭农场发展，各省配套项目资金 2.7 亿元，共计扶持 8 700 多户家庭农场。已有 18 个省（区、市）开展了示范农场创建，认定了县级以上示范家庭农场 6 万多户。2018 年中央财政农业生产发展资金中扶持家庭农场资金扩大到 5 亿元；在制度建设方面，建立了全国家庭农场名录制度，并且开展了相关试点示范，完善了典型家庭农场监测制度。以土地确权及流转信息平台为基础，建立了全国家庭农场名录制度，实现了对家庭农场的跟踪监测、示范评定等日常工作的数字化管理，截至 2018 年 10 月，已有 32 万多户家庭农场基础数据纳入系统，宁夏、浙江等部分地区家庭农场已经实现了地块数据、土地确权数据与农场信息一一对应。并且自 2014 年起，在全国 30 个省的 91 个县选择 3 000 户左右的家庭农场，就其生产经营情况开展典型监测，编辑家庭农场年度发展报告（农业农村部农村合作经济指导司，2018）；在培训宣传方面，农业农村部于 2014 年起，每年召开两期培训班，共计培训近千人次。通过"中国家庭农场"微信公众号和网站宣传相关政策，对家庭农场进行了相关培训，提高了家庭农场的专业化水平。

在政策引导和市场需求的刺激下，近几年，我国家庭农场呈现出迅速发展的态势。从家庭农场的数量来看，截至 2017 年 6 月底，我国农业部门认定家庭农场达到 48.5 万户，经营土地面积达到 8 990 万亩，种植业家庭农场平均经营规模 175 亩，比 2013 年的 13.6 万户增加了近 35 万户。2013—2017 五年间家庭农场户数平均增长率为 25.8%（农业农村部农村合作经济指导司，2018），增速迅猛。从家庭农场的经营产业来看，家庭农场经营的产业有种植业、畜牧业、渔业、种养结合及其他 5 种类型，2014 年、2015 年，农业部（现农业农村部，下同）对全国 30 个省、区、市（不含西藏）家庭农场的专项调查数据显示，2014年，种植业型家庭农场占比61.24%，是家庭农场的主要经营类型；2015年，种植业型家庭农场继续保持这一主体地位，占比为61.90%；渔业、种养结合和其他类型的家庭农场占比分别由2014年的4.75%、7.82%、3.04%增长到了2015年的5.90%、8.96%和3.97%；畜牧业型家庭农场比例由2014年的23.16%下降到2015年的19.26%，降低了3.90%（袁梦等，2017）。近几年，融合农业休闲旅游的新型家庭农场也不断涌现。从家庭农场的规范化生产来看，家庭农场经营呈现出专业化、品牌化、合作化的趋势。以浙江省为例，家庭农场注册登记的比例大幅上升，其中，主要以个体工商户形式、独资企业形式进行注册；注册资金逐步加大，注册资金在101万~300万元的家庭农场占比19.6%，调查的样本农场中，注册资金最高的达到900万元；大部门家庭农场拥有自己的注册商标和品牌产品，56.2%的家庭农场拥有自己的注册商标，77.5%的家庭农场拥有自己的名牌产品，48.9%的家庭农场获得相关绿色认证；并且大部门家庭农场与合作社和企业的合作化水平不断提高，62.4%的家庭农场参加了合作社；48.9%的家庭农场与相关企业建立稳定的交易关系（张世云等，2017），家庭农场作为农业家庭经营的创新模式，在促进农村产业融合发展中起到越来越重要的作用。

二、农村产业融合模式百花齐放

农村产业融合发展涉及多个主体、多个产业、多种利益联结方式，随着农村产业融合发展政策措施的不断推进和市场需求的不断扩大，各地的实践丰富多彩，学者的研究也百花齐放，可以从多个维度对目前我国产业融合的模式进行观察。

从融合的主体来看，可以划分为：农户主导模式、农民合作社主导模式、企业主导模式、村集体经济组织主导模式和地方政府主导模式；或者划分为：农业龙头企业带动模式、工商资本带动模式、垂直一体化经营模式、"互联网＋农业"电商平台模式（吕岩威等，2017）；还可以划分为：农业生产者向后延伸型、龙头企业引领型、企业集群型、农业产业化联合体型（王乐君等，2017）。

从融合的产业类型来看，可以划分为："一产＋二产"融合模式、"一产＋三产"融合模式和"一产＋二产＋三产"融合模式（孟露露，2017）；或者划分为："以二产切入，接一连三"模式、"以一产出发，接二连三"或"接二带三"模式和"以三产切入，接二连一"或"接一带二"模式（夏英，2018b）；或者划分为：农产品加工销售模式、产加销综合模式、休闲体验模式、农产品直销模式和产城融合模式；还可以划分为：龙头企业打造全产业链模式、"一村一品"农业功能拓展模式、农业产业化联合体模式、农业产业化集群模式和新业态促进主体融合发展模式（农业部农村经济研究中心组，农业部农业产业化办公室，2017）。

从融合的利益联结方式来看，可以划分为：订单农业型、合作型、股份合作型、服务带动型（王乐君等，2017）；还可以划分为：合同制、合作制和股份制等多种形式（农业部农村经济研究中心组，农业部农业产业化办公室，2017）。

从融合的格局来看，可以划分为：增量融合（在原有的产业和资源基础上通过开发新产业新业态，实现产业融合和存量融合）和存量融合（在原有产业基础上，通过建立健全各种利益联结机制，把分散经营的产业相关主体联系在一起，形成产业融合）；还可以划分为：农业产业内部整合型融合、农业产业链延伸型融合、农业与其他产业交叉型融合、先进技术要素对农业的渗透型融合（赵霞等，2017）。

从融合的方向来看，可以划分为：纵向融合和横向融合。纵向融合的代表性行为是沿着产业链的多环节融合行为；横向融合的代表性行为是围绕产业的多功能性开发的融合行为。

从融合的结果来看，可以划分为：吸收型融合（原来的两个或多个产业之间实现融合，形成一个共同的产业，一般产业数目会减少）和拓展型融合（在原来两个产业或多个产业的交叉处融合进而产生一个新的产业，同时原有的各产业仍然独立存在）（苏毅清等，2016）；或者划分为：产业整合型、产业延伸型、产业交叉型、技术渗透型的

4 类划分模式（郭军等，2018）；或者划分为：全产业链融合模式、技术主导融合模式、产业集聚融合模式、循环型产业融合模式、产业链延伸融合模式、产城融合模式（姜晶等，2018）；或者划分为：农业内部产业循环型、农业产业链延伸型、农业与其他产业交叉型、先进要素与模式渗透型、产业复合型；还可以划分为种养结合型、链条延伸型、功能拓展型、技术渗透型和多元复合型（国家发展改革委农村经济司课题组国家发展改革委宏观经济研究院，2016）。

从综合型的划分模式来看，综合产业类型、利益联结机制和融合主体的划分模式有：垂直一体化、合同制联合模式、电商平台模式、日韩农协组织模式（张义博，2015）；综合融合方向和融合效果的划分模式有：按顺向融合方式延伸农业产业链、按逆向融合方式延伸农业产业链、农业产业化集群型融合、农业功能拓展型融合、服务业引领支撑型融合的划分模式（姜长云等，2017）。

虽然各个划分方式的视角不同，但最终都是为了在不同利益主体主导下，达到农村产业融合的结果。所以总的来看，按照融合主体分为家庭农场主导型、农民合作社主导型、村集体经济组织主导型、农业龙头企业主导型、工商资本主导型、地方政府主导型等产业融合分类模式，相对比较全面。

三、农村新产业新业态提档升级

农产品加工业、休闲农业、农产品电子商务等农业相关产业，是农村产业融合发展的重要形态（农业部农村经济研究中心组，农业部农业产业化办公室，2017）。除此之外，有的地方还探索出了更多服务型、创新型、社会化和工厂化农业等新的农业发展业态，农业新产业新业态不断提档升级。

（一）农产品加工业不断发展壮大

农产品加工业横跨农业、工业和服务业三大领域，具有延长农业产业链条、提高农产品附加值和增加农民收入的作用，是带动现代农业发展的引擎，推进农业产业化的核心，是推动农村产业融合发展的重要业态，是实现农业增效、农村繁荣、农民增收目标的重要举措。

据农业农村部公布数据显示，2012—2016 年，中央财政共安排资金 34 亿元，对农产品产地初加工进行补助。2017 年，中央财政共安排资金 30 亿元，重点补贴农产品产地初加工设施和整县制推进农村产业融合发展，项目直接带动 16.1 万名农民就业增收。2018 年，农业农村部又印发了《关于实施农产品加工业提升行动的通知》，推动我国农产品加工业转型升级，进一步促进农村产业融合发展。

在政策的大力支持下，我国农产品加工业实力明显提升，产业加速集聚，促农增收明显，融合步伐加速。农产品加工业实力提升方面，农产品加工业稳中向好，2017 年农产品加工企业主营业务收入超过 22 万亿元，与农业总产值之比由 2012 年的 1.9∶1 提高到 2.2∶1；而到了 2020 年我国农产品加工业营业收入超过 23.2 万亿元，与农业产值之比接近 2.4∶1，农产品加工转化率达到 67.5%。我国农产品加工企业通过前延后伸构建全产业链价值链，成了农村产业融合发展的主导力量。

（二）休闲农业取得较大进展

休闲农业是现代农业的新型产业形态、现代旅游的新型消费业态，为农林牧渔等多领域带来了新的增长点，是农业农村经济发展的新动能，也是实现乡村产业振兴的重要措施。大力发展休闲农业，有利于推动供给侧结构性改革，促进农村产业融合发展，是带动农民就业增收和产业脱贫的重要渠道，是推进全域化旅游和促进城乡一体化发展的重要载体。党中央、国务院高度重视休闲农业和乡村旅游发展，2015 年以来连续 3 年中央 1 号文件都提出要大力发展休闲农业和乡村旅游，使之成为繁荣农村、富裕农民的新兴支柱产业。国务院办公厅在加快转变农业发展方式、推进农村产业融合发展、促进旅游投资和消费、支持返乡下乡人员创业创新的 4 个意见中都强调，要大力发展休闲农业和乡村旅游，推进农业与旅游、教育、文化、健康养老等产业深度融合。为发展农村休闲旅游业，2015 年农业部联合财政部等 11 个部门印发《关于积极开发农业多种功能　大力促进休闲农业发展的通知》（农加发〔2015〕5 号），2016 年联合国家发展改革委等 14 部门印发了《关于大力发展休闲农业的指导意见》（农加发

〔2016〕3 号），指导全国休闲农业和乡村旅游发展。2017 年农业部办公厅出台了《关于推动落实休闲农业和乡村旅游发展政策的通知》，为督促相关政策落实，指导工作开展。2018 年农业农村部进一步部署开展休闲农业和乡村旅游升级行动，指出要通过推动业态升级、设施升级、服务升级、文化升级、管理升级，到 2020 年，产业规模进一步扩大，营业收入持续增长，力争超万亿元，实现乡村休闲旅游高质量发展。

在政策的大力支持下，我国休闲农业取得了飞速发展。截至 2014 年底，全国休闲农业接待游客数仅 10.5 亿人次；2015 年为 11 亿人次，仅增加了 0.5 亿人次，全国休闲农业营业收入仅 4 100 亿元（李含悦，2018）；而 2017 年，全国休闲农业接待游客超过 28 亿人次，比 2015 年增加了 1.55 倍，全国休闲农业营业收入超过 7 400 亿元，比 2015 年增加了 0.80 倍。2017 年全国休闲农业从业人员 900 万人，带动 700 万户农民受益，成为天然的农村产业融合主体。2018 年 9 月 19 日，农业农村部举办了 2018 中国美丽乡村休闲旅游行精品景点线路推介活动，向全社会推介 100 个主题突出、特点鲜明的休闲农业和乡村旅游精品景点线路，包括现代智慧农场、休闲观光农园、四季花海、共享农庄、农业公园等，并通过中国农民丰收节网站对外发布，提升了休闲农业和乡村旅游精品景点线路的知名度、美誉度和影响力，推动了休闲农业和乡村旅游高水平、高质量发展，为新时代乡村产业振兴提供示范样板和参考借鉴。可以预期，未来农村休闲旅游业发展前景广阔。

（三）农村电子商务呈现燎原之势

农村电子商务是转变农业发展方式的重要手段，是精准扶贫的重要载体。通过大众创业、万众创新，发挥市场机制作用，加快农村电子商务发展，把实体店与电商有机结合，使实体经济与互联网产生叠加效应，有利于促消费、扩内需，推动农业升级、农村发展、农民增收。发展农村电子商务，不仅能够创造新的消费需求，引发新的投资热潮，开辟就业增收新渠道，而且电子商务可以与制造业融合，推动服务业转型升级，是农村产业融合发展的重要业态。为促进农产品电子商务发展，2014—2018 年，连续 5 年中央 1 号文件均明确提出要发展农村电子商务。政府和相关企业纷纷加大对农村电商基础设施建设投入，农村地区的宽带网络、快递物流的覆盖率均有明显提升。2014 年以来，商务部联合多部委开展了电子商务进农村综合示范工作，重点支持和引导电子商务示范县的基层站点、县乡物流、人才培训、电商园区和农产品上行等服务体系建设。到 2017 年底，电商进农村综合示范覆盖全国 756 个县，建设了 1 051 个县级运营中心，5 万个村级电商站点，全国建立在村一级的基层电商服务站近 50 万个，覆盖了全国约 2/3 的行政村。

在政策大力支持、基础设施不断优化、服务体系建设不断加强的背景下，我国农村电子商务呈燎原之势发展，农村网络销售额，尤其是在线旅游、在线餐饮、农产品销售增速迅猛，农村网店和淘宝村也如雨后春笋般增长起来。农村网络销售方面，2017 年全国农村实现网络零售额首次突破万亿元大关，达 12 448.8 亿元，同比增长 39.1%，其中，在线旅游、在线餐饮对农村网络零售额增长贡献率分别为 21% 和 17.2%，2017 年全国农产品网络零售额达 2 436.6 亿元，同比增长 53.3%，2018 年上半年，全国农产品网络零售额达到 906 亿元，同比增长 39.6%。农村网店、淘宝村方面，2017 年农村网店达到 985.6 万家，较 2016 年增加 169.3 万家，同比增长 20.7%，带动就业人数超过 2 800 万人。据阿里巴巴统计，2017 年，全国 24 个省、市、区发现 242 个"淘宝镇"，较上年的 135 个增长 79%，"淘宝村"总计达 2 118 个，较上年的 1 311 个增长 62%；全国"淘宝村"开设的活跃网店已超过 49 万个，带动直接就业机会超过 130 万个。

（四）社区支持农业等多种农业新业态进入不同发展阶段

农业业态是指多元要素融合而成的不同农产品（服务）、农业经营方式和农业经营组织形式。农业新业态是农业发展到一定阶段，通过产业创新和产业融合而产生的不同于传统业态的农业新型产业业态，突出表现在技术的进步、农业多功能的拓展以及新要素价值的凸显。近年来，通过不同方式的资源融合，催生出了种类繁多的农业新业态，可以划分为服务型、创新型、社会化和工厂化等多种农业新业态（陈慈等，2018），各种业态发展呈现出不同的阶段性特征。

服务型新业态有会展农业、创意农业、阳台农业等类型。会展农业表现为农业园区与会议、展览、展销和节庆活动的融合，代表性企业或园区有北京的农业嘉年华，会展农业增速放缓，市场趋向成熟，行业总体进入竞争整合阶段；创意农业表现为农产品创意、农业动漫创意、农业主题公园创意、节庆活动创意、异域农业文化创意、农食文化创意、医农同根创意等形式，代表性企业或园区有蓝调薰衣草庄园、金福艺农番茄联合国、耕读研究院等，创意农业总体处于萌芽期，其多以创意元素的形式融入休闲旅游产品和活动开发中，尚未具备较大规模的市场份额，尚未有专门从事创意农业的组织，还未单独形成一个产业；阳台农业表现为盆栽园艺、立体农业等形式，代表性企业或园区有北京派得伟业科技发展有限公司闲亭苑农业种植技术分公司等，阳台农业发展仍处于萌芽期。

创新型农业新业态有智慧农业、大数据农业等类型。智慧农业表现为农业物联网、移动互联等形式，代表性企业或园区有北京密云爱农养殖基地、黑龙江七星农场，目前处于由萌芽期向成长期迈进阶段，大多属于试点示范，大规模商业化应用还需要时间；大数据农业表现为云计算、大数据等形式，代表性企业或园区有农信通、信息田园、国家农业科技服务云平台等。

社会化农业新业态有众筹农业、订单农业、社区支持农业、康养农业、农业社会化服务业、农产品私人定制等类型。众筹农业表现为农产品众筹和农场众筹等形式，代表性企业或园区有大家种等；订单农业表现为以流通、餐饮为主的服务性企业向前延伸产业链建立原材料直供基地，代表性企业或园区有呷哺呷哺餐饮管理有限公司、顺丰优选、阿卡农庄等；社区支持农业表现为基于互联网的新型社区支持农业、现实版 qq 农场，代表性企业或园区有小毛驴、分享收获、诺亚农场等；康养农业表现为用农村闲置房屋发展养老社区，代表性企业或园区有北京怀柔仙峪村、密云塔沟村、山里寒舍等；农业社会化服务业表现为农机合作社、土地托管合作社、植保飞虎队等，代表性企业或园区有北京兴农天力农机服务专业合作社、山东省平原县益民土地托管专业合作社等；农产品私人定制表现为高端果品制定等形式，代表性企业或园区有北京市昌平区崔村镇青水果园特级苹果私人定制等。其中，众筹农业、康养农业、农产品私人定制业仍处于萌芽阶段，而订单农业、社区支持农业、农业生产性服务业已经发展了一段时间，走出了萌芽期，进入了成长期的不断探索完善阶段。

工厂化农业是将现代技术集成应用农业衍生出的农业新业态，是设施农业的升级版，其中，植物工厂是工厂化农业的高级阶段，目前尚处于萌芽期，主要用作试验示范。从奥地利、丹麦、美国、日本等国家的发展情况看，工厂化农业潜力大，前景好。

第三节　我国农村产业融合发展的问题

农村产业融合的飞速发展，促进了农业现代化，使得我国优质安全农产品供给大幅增加，让农业成为充满希望的朝阳产业；也促使农民收入不断提高，就业渠道日益多元，让农民成为一个有吸引力的职业，让农村成为可以大有作为的广阔天地；另外，新产业新业态的发展也使得夕阳落寞的农村变得更加宜居宜业。但其在发展中也面临着一系列问题，主要表现为整体发展水平偏低、面临诸多要素瓶颈、经营主体不强、发展基础设施差、产业链条体系不全、产销衔接不畅。

一、整体发展水平偏低

当前，我国农村产业融合发展在总体上还处于初级阶段，农村产业融合链条短，农业多功能性挖掘不够，并且主体之间的利益联结机制松散，合作方式单一。

（一）产业融合的链条还较短

农业产业链是产业链在农业领域的具体应用，它涉及农产品生产、加工、运输、销售等诸多环节，包括农业产前、产中、产后的各部门、组织机构及关联公司，以价值链、信息链、物流链、组织链缔结的有机整体。我国的农业产业链发展较欧美其他国家发展较晚，农业组织化程度不高，各组织机构松散且农业基础设施严重不足，社会化服务体系不完善，农业产业链的建立和运作面临诸多问题，特别是农业资源丰富的地区，主要从事原料生产和产品初加工，市场营销和品牌建设落后，农业附加值没有得到很好的挖掘。

（二）农业多功能性挖掘缺乏创新性

农业多功能性是指农业不仅具有生产和供给农产品、获取收入的经济功能，还具有生态、社会和文化等多方面的功能，挖掘农业多功能性，尤其是挖掘农村生态、社会和文化功能，发展休闲农业、创意农业等特色农业模式，是农村产业融合，提高农业附加值最重要的发展手段。目前，我国大部分地区发展的休闲农业、旅游农业以观光为主，文化传承、人物历史、风土乡俗等触及不多，高品位、多样性、特色化不足（刘小英，2018）。此外，由于没有充分挖掘地方特色，农业多功能开发的层次有限，少数地方的农村产业融合项目同质性强，雷同严重，缺乏差异化竞争和深度开发，抢资源、争市场过于激烈，导致资源过度开发、市场无序竞争、环境严重破坏，农业农村的多功能性没有得到有效发挥。

（三）利益联结不紧密，合作方式单一

要切实推进农村产业融合发展，关键是要拓宽视野，创新思维，完善其利益联结机制。目前，大部分地区的利益联结机制仍以订单农业为主，而且订单农业违约率较高，股份制和股份合作制等紧密型利益联结方式比例很低。以黑龙江省为例，黑龙江省农业产业化龙头企业与基地农户的合作，采取利润返还的合作方式占15％左右，采取按股分红方式的仅占5％（国家发展改革委宏观院和农经司课题组，2016b）。

二、主体带动能力弱

农村产业融合发展涉及面广，系统性、复杂性强，跨界融合特征明显，新技术、新业态、新组织形式、新商业模式贯穿其中，普通农户由于规模小难以在农村产业融合发展中发挥大的作用，只有新型农业经营主体才能发挥主力军的作用（葛新权等，2017）。当前，我国新型农业经营主体发育缓慢，对农村产业融合发展的带动能力不强。

主要表现为：

（一）有实力的新型经营主体少，部分经营主体不具备自我发展能力

尽管家庭农场、农民专业合作社、龙头企业不断涌现，实力不断增强，但与加快农村产业融合发展的要求相比仍有一定差距，而且普遍存在"用地难、融资难、用人难"等问题，导致部分经营主体不具备自我发展能力。据统计，黑龙江省水稻加工企业超过 2 000 家，但规模以上加工企业不足 600 家，全省乳类加工企业的年销售收入仅为350 亿元，不及一个伊利或蒙牛（国家发展改革委宏观院和农经司课题组，2016）。

（二）部分新型经营主体结构单一、管理粗放、经营能力不强，参与融合能力差

家庭农场、专业大户大都从事种植、养殖业，规模较小，参与融合的能力较低；大多数农民专业合作社管理松散，带动能力差，甚至处于"有名无实"的状态。

（三）大部分经营主体创新能力不足

农村产业融合需要充分发挥经营主体的创新能力，根据农村地区的资源优势，因地制宜开发新业态、新产业、新产品和新的经营模式，但由于大部分经营主体创新能力不足，在新业态、新产业、新产品、新经营模式开发过程中束手无策，农村产业融合发展的项目同质化现象严重。休闲农业和乡村旅游的特色内涵、农耕文化、传统文化、人文历史、民族特色等有待进一步挖掘。

（四）行业协会服务能力不强，形同虚设

有些行业协会"只开会、不服务""多收钱、少办事"，在推进区域标准化、品牌化建设方面服务不足。

总体而言，参与农村产业融合的经营主体不多，多数经营主体规模小、层次低、经营分散，整合资源、集聚要素和抵御风险的能力弱，创新能力和对"农业强、农村美、农民富"的辐射带动力不强。部分新型经营主体投资农村产业融合"热情高、规划美、经验少、能力弱、耐心差、效益低"。因经营主体创新能力不足，部分项目产品、服务和商业模式雷同，错位竞争、深度开发不足，市场同质竞争，缺乏个性、特色，趣味性、参与性、体验性不够，难引回头客（课题组推进农村产业融合发展问题研究等，2015）。

三、与农民利益联结不紧密

大多数农民以土地流转、提供产品和作为产业工人等形式参与到新业态中，新业态经营参与度不高。以"公司＋农户""公司＋合作社＋农户""合作社＋农户"等建立起入股分红、多次返利等紧密型利益联结机制，带动能力强的经营模式还比较少，利益分配比例不尽合理的现象时有出现。少数外来大企业占用了大量资源，并未真正发挥作用。少数工商资本凭借优势地位和对地方政府的影响力，强势介入农村资源分配并垄断市场，疏于带动周边农户，导致农民利益被边缘化（课题组推进农村产业融合发展问题研究等，2015）。以闲置农宅利用为例，由于农民对闲置房屋等财产的商业价值把握不够，对闲置房屋的估值不足，往往出现农民以较低的价格将闲置房屋流转，随着农宅商业价值的不断开发，农民开始认识到房屋价值低估时已为晚。农民作为弱势群体，将自己手中的要素资源参与到新业态的市场经济中，普遍存在对要素价值认知不足、法律意识欠缺等问题，确保农民的合理财产性收入需要给予重点关注（陈慈等，2018）。在新型经营主体与传统经营主体之间、本土化新型经营主体与外来新型经营主体之间，如何形成分工协作、优势互补关系，仍待实践探索。

四、面临诸多要素瓶颈

农村产业融合发展，关键是二三产业的管理、技术、资本等现代要素有机融合到农业农村中去，促进农村的土地、房屋、生态、文化、景观等资源要素得到充分开发利用，让更多的农村剩余劳动力涌入一产、融入二产、汇入三产（葛新权等，2017）。但从各地农村产业融合、发展的实践看，农村产业融合发展的要素瓶颈制约尚未完全突破，"用地难、融资难、人才缺"等要素瓶颈，制约着农村产业融合发展的推进。

（一）用地难问题日益突出

"土地是财富之母"，新型经营主体的发展，离不开土地的保障，包括耕地和建设用地。耕地方面：土地流转有利于土地规模化经营，降低投入成本，提高土地产出效率，因此，土地流转率的大小在一定程度上决定了农村产业融合的发展效率和速度。新型农业经营主体要扩大规模进行再生产，都希望土地流转能够规范、稳定和集中连片。但当前农村耕地仍然承担着社会保障和就业缓冲功能，劳动力的大量转移只能为土地流转和集中创造必要条件，而非充分条件，相当多的农民不愿意把土地流转给他人耕种，造成"有田不想种，想种没有田"的现象。建设用地方面：休闲农业、乡村旅游等所需的休闲观光度假场所、庄园、酒店、农家乐等，农产品加工、销售业所需的加工、仓储、展销等都需要有一定规模的建设用地。但目前农村地区建设用地严重缺乏，导致部分农业产业融合项目难以实施，或者没有以更加有效的方式实施。

（二）融资难问题比较严重

农业农村的发展离不开金融体系的支持和保障，但由于农村地区落后的发展现状和农业发展的特殊属性，导致融资难、融资贵成了农村经济发展的重要难题，在农村产业融合发展中更为严峻（郝立丽等，2016）。现阶段农村地区金融信贷活动水平相对较低，农村融资渠道狭窄，主要都是通过银行贷款融资；融资成本高，有的企业年均融资成本接近贷款总额的20%（课题组推进农村产业融合发展问题研究等，2015）；贷款抵押方式单一，新型经营主体的土地一般以租用为主，不能抵押，缺乏有效的风险抵押物。

（三）人才缺问题日益凸显

农村劳动力数量和技能水平是推进农村产业融合的重要人力资本因素，农村产业融合发展不断催生新产业、新业态，需要大量专业型和复合型人才，但目前，我国农村劳动力数量供给不足，综合素质亟待提高（葛新权等，2017）。一方面，素质较高的劳动力进城务工，导致高素质农业劳动力不断减少，阻碍了科技成果向生产力的转化；另一方面，现代化农业的发展和农产品加工企业的扩展对高技能农村劳动力的需求量日益增加，这种供需不对应的关系严重抑制了农村剩余劳动力的吸收（王乐君等，2017）。农村劳动力的减少与技能水平的偏低在很大程度上抑制了我国农业规模化发展，在一定程度上阻碍了农村产业融合的进程。

五、相关基础设施建设滞后

农村产业融合的发展，需要互联互通的网络建设和基本公共服务建设。但是，目前，我国许多农村地区受地理环境、经济发展水平等原因，与农村产业融合发展相关的农村供水、供电、供气条件差，道路、网络通信、仓储物流设施等不发达，与城镇基础设施互联互通衔接性不强（刘小英，2018）。许多山区、半山区和贫困地区地处偏僻，农村水利和饮用水安全设施不足，人畜饮水安全问题突出；农村电网改造滞后，农村电压不稳定，电费价格偏高；农村路网不完善，道路等级低，自然村之间及村内道路硬化率低；农村信息网络建设滞后，仓储物流设施严重缺乏；面源污染严重，农村垃圾集中收运和污水处理能力差（国家发展改革委宏观院和农经司课题组，2016），还有一些地方灾害频发，抗灾减灾能力弱（课题组推进农村产业融合发展问题研究等，2015）。农村基础设施建设滞后，增加了特色资源开发利用难度，加大了发展新业态的难度，提高了农村产业融合发展的成本和风险，延缓了新业态的发展。

六、面临管理体制和政策障碍

（一）管理体制僵化

目前，农村产业融合方面，管理分散、政出多门、联合和合作不足仍是突出问题。一方面，由于政出多门，缺乏协调，导致各部门出台的支持政策时有矛盾，难以有效整合。绝大多数省份的国土、环保、消防等部门从自身责任出发，过分强调本部门的管理规范，忽视了产业融合发展的实际需要，加剧了农村产业融合发展面临的用地难、环评难、获证难问题。另一方面，由于政出多门，缺乏协作，导致办事效率低下。休闲农业、乡村旅游、电子商务等新兴业态，涉及财政、土地、农业、科技、旅游、商务、质检、工商等十几个管理部门，新型经营主体需要花费大量精力协调，办事效率大大降低。

（二）缺乏统筹规划和安排

缺乏产业融合发展总体规划和布局，难以统筹协调和有序推进农村产业融合发展。有些地方推进品牌化建设的过程，也是小微经营主体各自为战、相互之间打"消耗战"的过程，影响"优质优价"和品牌化的推进。行业协会、产业联盟发展不足，以及农村产业融合的复杂性，增加了推进产品和服务品牌化、标准化的困难。

（三）政策支持力度不够

虽然国家相关政策性文件大力倡导实施农村产业融合发展，并在战略方针上提出了完善的指导思想和实施路径，但是在农村产业融合发展的配套支持政策方面还存在一些不完善之初，尤其是市级以及县级层面的农村产业融合发展政策仍处于较模糊的状态。

（四）部分政策生产导向过强、消费导向不足

目前，财政补贴政策重生产轻销售、重产量轻质量。各地制定和执行的政策，主要从生产层面给予扶持，突出增加产品供给，对按照市场需求引导农村产业融合发展重视不够。相关支持政策中，重视生产和加工环节，忽视流通、信息等服务环节，轻视品牌建设、消费引导和公共服务平台建设（国家发展改革委宏观院和农经司课题组，2016）。

第四章
我国农村产业融合的发展
模式与实践案例

农村产业融合发展涉及多个主体、多个产业，各地的实践丰富多彩，实践模式百花齐放，但总结来看主要有农户主导型、农民合作社主导型、村集体经济组织主导型、农业龙头企业主导型、工商资本主导型和地方政府主导型6种模式。以下将对每种模式进行简要的介绍，并用具体的实践案例进行剖析。

第一节　农户主导型农村产业融合的
发展特点与实践案例

一、农户主导型农村产业融合的发展特点

农户主导型的农村产业融合发展，顾名思义，是由当地农户利用地理、自然、文化、传统手工艺等资源优势，在农业生产的基础上，逐步向农产品加工、传统手工艺品开发、乡村旅游等相关产业拓展，形成一二三产业融合发展的态势。这里所说的农户往往是具有创新创业精神的农户，或者通过其他行业积累了一定资本的农户，通过开发当地生产、生态资源，带动产销一体化、产加销一体化、"生产＋旅游"一体化等多种模式来促进农村产业融合。

农户主导型农村产业融合发展的模式，本质是致富带头人依托当地农户开发在地优势自然资源或者文化、传统手工艺资源。在延伸产业链条的同时，开发了农业的其他功能，让农业、农民更多地享受到

社会化分工的成果，是产业融合的一种典型案例。在近几年国家大力倡导"万众创新，大众创业"和大力发展家庭农场的浪潮下，涌现出了一批农村创新创业优秀带头人和高效益的家庭农场，推动了农村产业融合发展。

二、农户主导型农村产业融合的实践案例

（一）创业带头人依托互联网平台实现农业生产与销售的融合

在大部分农村地区，小农户与大市场衔接不够紧密，农产品销售制约着农民增收和农村发展。由于缺乏销售渠道，优质农产品不能实现优价销售，制约了农民收入的提高。2013 年，在外打工的葛克朗发现了这个商机，决定辞去城市工作，回乡创业。他的家在江苏省盐城市阜宁县前三灶村，当地大部门农户家中都会散养苏北土鸡，也有不少村民在树林中规模化散养起苏北土鸡，但由于道路交通不顺畅，当地土鸡销售主要以菜市场、集市或者鸡贩子为主，价格偏低。葛克朗通过开淘宝店铺，将苏北土鸡销往上海、南京等大城市，苏北土鸡凭借体型小、肉质紧实、口感佳、营养价值高的优势，深受消费者喜爱，并卖出了比当地价格高几倍的价格。随着消费者群体的不断增多，葛克朗的土鸡收购范围也从三灶村扩展到了周边的射阳、滨海等县，带动了当地及周边苏北土鸡养殖业的发展，提高了当地养殖户的收入水平。

（二）科技示范户发挥技术优势实现农业的种养结合

全国"优秀农民工"、省"科技示范户"吴厚光，是湘潭县杨嘉桥镇人。他长期从事生猪养殖和贩运，并牵头组建了利群生猪专业合作社。随着合作社养殖规模的不断扩大，原有的沼气池无法完全处理生猪粪便，沼渣沼液也缺少用武之地。为有效解决这个问题，吴厚光注册成立了厚德家庭农场，利用生猪粪便作为有机肥种植水稻，并坚持不施用化肥，以物理方法和害虫天敌防治病虫害，以人工方式除草，确保大米品质，实现优质优价。2015 年，农场销售收入 180 余万元，纯利润 41 万元，发放农民工工资达 70 多万元，被市政府评为市级示范性家庭农场。

农户主导型农村产业融合发展还有很多其他方式，比如"传统手工业＋三产""地方文化生态＋三产"等。虽然能够让农业农村发展的收益最大程度上留在农村，实现农民富的目的，但也存在一些不足，主要表现为受创新创业带头人的影响比较大，如果缺乏这样的农村"能人"，农户主导型农村产业融合发展非常困难。另外，考虑到地理位置偏僻，交通运输不便，社会资源有限，完全依靠农民自发行动推动产业融合的发展速度会比较慢，还会受到技术、资金等因素的制约。

第二节　农民合作社主导型农村产业融合的发展特点与实践案例

一、农民合作社主导型农村产业融合的发展特点

农民合作社主导型的农村产业融合，是以农民合作社为主体，通过发展农产品加工业、农产品流通业和乡村旅游业等产业，将产业链条由生产环节逐渐延伸到加工、流通、服务环节，从而形成一二三产业融合发展的态势。农民合作社主导模式主要包括 5 种，分别是农社对接模式、农超对接模式、合作社与电子商务对接模式、"合作社＋"加工模式、休闲农业模式。

农民合作社主导型农村产业融合模式本质是将农民合作社作为载体，建立起集农产品生产、加工、销售和农村服务业于一体的综合性产业服务体（赵海，2015）。借助合作社这个载体，可以实现农业产业链的延伸，提高农产品的附加价值，通过合作社的分配机制让农民享受到更多收益。但与此同时，这对农民合作社的经济实力和组织能力都有较为严格的要求。合作社需要吸纳足够多的会员，供给大量优质、品种丰富的农产品，同时还要有充裕的资金和实干的管理人员，能够延伸农产品加工、流通链条，甚至能够拓宽农业多功能，发展休闲、创意农业等。农民合作社主导模式的可持续发展，最关键的是合作社对成员以及非成员农户的带动作用。普通的合作社很难满足以上要求，因此，这种模式一般适用于经济实力较强、规模较大、管理者

能力较强的合作社。以下将以都江堰市高凤笋用竹种植专业合作社、山西永济蒲韩联合社为例，对合作社主导型农村产业融合的成功做法进行分析。

二、农民合作社主导型农村产业融合的实践案例

（一）依托特色产业推动农村产业融合

我国地大物博，物产丰富，许多农村地区都拥有一些独特的产品或产业，但由于农业分散的小规模经营，农户在农业生产上缺乏技术，在农产品销售上缺乏议价权，在农业产业链延伸上更是力不从心，因此，需要通过建立农民专业合作社将小农户联合起来，整合资源，提高市场竞争力。都江堰市高凤笋用竹种植专业合作社便是依托特色产业推动农村产业融合，实现农业强、农村美、农民富的一个成功案例。

1. 基本情况介绍 都江堰市高凤笋用竹种植专业合作社于2006年5月成立，地处都江堰市蒲阳镇，环境优美，空气清新，旅游资源丰富，是成都市及周边地区游人休闲娱乐的天然公园。合作社成立之初，仅仅从事种养业，形式单一，没有充分发挥出自然资源丰富的优势，成员收入较低。合作社积极响应国家发展现代化农业的号召，走出了一条打破传统、符合实际情况的一二三产业融合发展的道路。目前，合作社除了从事竹种植、竹下养殖外，还拓展了竹产品加工、产品销售及休闲娱乐服务，为成员提供种养技术、产品销售及信息咨询服务。2015年，合作社有涵盖种植、养殖、科研、营销等业务的团体成员企业10余家，农户成员2 000余家，专业技术人员30多名。公司种植基地被联合国藤竹组织、省林业厅、市林业局认定为竹种植综合示范基地，生产的雷笋被国家权威机构认定为有机产品。目前，已种植雷竹面积3万亩、方竹4 000亩、苦竹2 000亩。

2. 主要做法 都江堰市高凤笋用竹种植专业合作社在发展过程中找准了定位，探索出了农村产业融合发展的新思路。主要做法有：①树立科技化、品牌化的经营理念。合作社注重产品的科技投入和品

牌建设，通过邀请专家指导，培育新品种，研发新的栽培方法，并将科技成果推广转化，提高了产品质量，并注册了"铜马沟"品牌、"竹海洞天"旅游品牌，提高产品竞争力。②坚持生态、特色、综合性的发展道路。合作社进行了竹产业的全产业链开发，并进一步加快旅游农业配套设施建设，形成了规模种植、特色餐饮、特种养殖、观光休闲互动发展的良好格局，走出了一条"产村景"一体化的一二三产业融合发展的新道路。③建立起"合作社＋公司＋基地＋农户"运作模式。专业的事情交给专业的人去做，合作社发展过程中，建立了龙头企业、基地和农户之间的利益联结机制，由企业负责项目的整体规划、建设、产品的收购、深加工和销售，销售利润与种植户进行二次分享，合作社则主要利用基地对技术人员和成员开展种植、养殖技术培训。通过这种模式，推广种植笋用竹 5 万余亩，林下养殖禽、畜 2 000 余只，带动农户 3 000 余户（包括非成员），农户每户增收 4 000～9 000 元（杜雷，魏英明，2015）。

（二）以服务为宗旨推动农村产业融合

大部分中国农村，在产业或者资源方面都没有特别之处。农民分散经营着自己的田地，缺乏经济服务和公共服务。山西永济蒲韩联合社便是在满足农民的经济服务需求和公共服务需求的基础上，建立起来的农民合作组织，在集体需求和智慧的推动下走出了一条别具一格的农村产业融合道路。

1. 基本情况介绍　以前的永济寨子村与大部分西南部农村一样，农户不懂得科学种植，没有议价能力，劣质、假冒的农资产品以及生活用品进入农村市场，大多数中青年人外出打工，农闲时期，村庄打麻将赌博盛行。另外，还有乡土文化无人传承、公共事务无人管理和参与等问题。通过 18 年不懈的执着和探索，山西永济蒲韩联合社在农村这个巨大的市场中，找准了定位，探索出了一条以当地农民为主力、以规模化为基础、以服务为中心，农村产业融合的新路子。现在的蒲韩社区覆盖了 2 个乡镇的 43 个村，蒲韩联合社包括 28 个农民合作社（归并为 5 个种植专业合作社社），社员共 3 865 人，占农户总数的 57.7%，种植面积约 5 万亩，生产的农产品销往永济市和运城市，满足了约8100个家庭的农产品消费。到2018年，联合社有全职职工113人，35岁以下的年轻人占80%以上，联合社为社员提供9项业务服务，其中，4项经济服务（日用品统购、小额资金借贷、农资统购、农产品统销）、5项公共服务（农业技术课程、土壤转化、儿童教育活动、传统手艺传承、敬老活动养老服务），年现金流量达千万元。

2. 主要做法　一个农民合作联社，一群当地农民做出如此大的成就，主要做法有：①以盈利为目的，挖掘城乡消费潜力，提供经济服务。一方面，挖掘农村这一巨大的消费市场。将小农的各种生活生产需求分类集中起来，服务内容主要包括日用品统购、农资供应、农产品销售、小额信贷四项。另一方面，挖掘城市对生态农产品的需求，发展生态农业，采用社区支持农业和向企业直接供货的方式，减少了中间环节，将原本属于各级中间环节的利润赚取下来进行重新分配。而且为了保障农产品"卖得了、卖得好"，联合社大力开展乡村旅游业务，同时在永济市和运城市开设专营店，宣传展示优质农产品。②以公益性为目的，增强合作社的凝聚力和稳定性。面对农村公共服务供给主体缺失的情况，联合社向社员提供了不以营利为目的，能自负盈亏的公共服务，包括农业技术课程、土壤转化、儿童教育活动、传统手艺传承、敬老活动养老服务，将经济服务和盈利服务结合起来，满足了农户需要，吸引了大量农民参与，实现了规模效益，保障了合作社的健康、稳定发展。③发挥农业多功能性，增加农村活力。经过十几年的探索，蒲韩联合社深入发掘当地资源，设立了手工艺协会、有机联合社、连锁专营店等生产性组织，城乡互动协会、妇女协会、老年协会等群体性组织，农民技术学校、青年农场、生态家园、健康协会等社会性组织，建设了手工屋、儿童兴趣屋和不倒翁（养老院），并聘请了相应的指导老师。同时，组织了300个生态农户发展乡村旅游业，实现了农村产业的有机融合。④建设规范的组织管理框架。联合社通过社员大会来制定和修改联合社章程，选举和罢免理事会和监事会成员，确定联合社的经营方案以及分配机制等重大事项。联合社主要机构包括理事会、监事会以及下辖的 3 个综合部门。其中，理事会成员有 35 人，常务理事有 9 人；监事会有监事长 1 人，监事 4 人，这些都是从 5 个专业合作社和其业务代表中选举出来的。此外，联合社还选拔了基层辅导员，负责与农户联络，了解农户的需求。目前，基层辅导员共有 18 名，每人负责约 200 户社员。⑤注重社员素质的提高与合作精神的培养。为更好开展素质教育工作，2007 年永济市教育局批准在蒲韩乡建立"永济市农民技术培训学校"。针对联合社的需求，学校专门开展了以下 4 项教学工作：分别是联合社社员专业技能培训，全职工作人员能力提升培训，片区社员及志愿者培训，600 户种养小组组长培训。

第三节　村集体经济组织主导型农村产业融合的发展特点与实践案例

一、村集体经济组织主导型农村产业融合的发展特点

村集体经济组织主导型农村产业融合发展，是指村集体经济组织通过整合土地、劳动力等生产要素，自然环境、人文景观等资源优势，利用财政下拨的发展资金，采用土地入股、存量折股、增量配股等多种方式，推动村集体土地股权化、资产股份化，根据实际发展情况探索社会化服务、电子商务、乡村旅游等农村一二三产业融合发展的新业态（王启尧，2017）。根据不同的资源禀赋，村集体经济组织主导型农村产业融合有不同的发展模式。在土地、林地、滩涂、水面等资源优势村，可以探索"村集体＋生产性服务"的模式，大力发展设施农业、特色农业和生产服务型经济；在特色农业发展基础比较好的地区，可以探索"村集体＋电子商务"的模式，发挥互联网平台的优势，大力发展特色农产品电商；在环境优美、自然资源丰富的地区，可以探索"村集体＋休闲旅游"的模式，开展休闲农业、自然观光当地的乡村特色旅游业；在空心村、改造村可以探索"村集体＋养老"的模式，发展养老服务业，实现老有所依。在城乡结合地区、中心村镇，可以探索"村集体＋物业"的模式，发展物业经济，改善居

民生活环境。

村集体经济组织主导型农村产业融合发展的模式是农村产业融合发展的重要模式,本质上是整合农村资源,挖掘农村发展潜力,突破单一农业发展限制,通过产业融合,拓宽村集体经济组织经营收入来源,增强村集体经济实力,带动农民增收,打造农业可持续发展模式。村集体所拥有的资源可分为3类:一是集体所有的土地、林地、草地、荒地等资源性资产;二是经营所用的房屋等建筑物、机器设备、农业基础设施,集体投资企业及其名下的资产份额、无形资产等经营性资产;三是文化、教育、体育、卫生等用于公共服务的非经营性资产。这些是村集体发展的重要经济基础。村集体经济组织主导型农村产业融发展模式目前最大的困难是集体资产受到多种限制无法转化为资本,成为无法利用或使用成本很高的低质资产。发展该种模式最重要的是要有有远见、有实力、有抱负的村集体组织领军人员,其次是需要实施集体经济产权制度改革,也就是需要解决好人才问题和制度问题。以下分别以浙江省安吉县鲁家村的"田园综合体"模式和陕西省礼泉县袁家村的"古镇+小吃"模式为例进行具体说明。

二、村集体经济组织主导型农村产业融合的实践案例

(一)"公司+村+家庭农场"的田园综合体模式推进农村产业融合

在我国,部分农村地区生态环境优越,坐拥绿水青山,但由于发展思路和要素投入的限制,没有将绿水青山转化为"金山银山"。鲁家村就是一个典型代表,该村地处低丘缓坡、山地植被与空气环境优、农业发展基础好,但确是远近闻名的落后村。2011年,在朱仁斌书记的带领下,以综合化经营为主线,以"公司+村+农场"为开发模式,推进农村产业融合,实现了生活、生产、生态连接,资源、资本、资产互动,激活了土地潜力,让绿水青山转化成金山银山。

1. 基本情况介绍 浙江省安吉县鲁家村面积为16.7平方公里,

辖 13 个自然村。在过去，这里一没资源，二没产业，大部分青壮年外出务工，农田山林大多荒废，是远近闻名的空心村和落后村。2011年，长年在外经商的朱仁斌回乡当起了党支部书记，自掏腰包从整治村里的环境卫生做起，创建美丽乡村示范村。当年就有 4 个自然村通过了县美丽乡村精品村的考核，两年后，鲁家村成功获得"美丽乡村"精品村称号。为了响应政策的号召和促进村庄的可持续发展，朱仁斌又聘请高端专业团队，对全村按 AAAA 级景区标准，进行综合规划和设计，按照区域功能划分，设置并吸引来 18 个家庭农场，累计投资超过了 20 亿元。为保障家庭农场的高效运营，村里又与浙北灵峰旅游公司签订协议，村企合作成立了新的旅游公司，村里的股份按村民人数均分并颁发股权证。如今，鲁家村 18 个家庭农场已完成投资 4.5 亿元，年平均投资额为 1 亿元，6 个主题农场进入试运营阶段。村集体资产从 2011 年的不足 30 万元增加到 2017 年的 1.4 亿元，农民人均年收入从 19 500 元增加到 2017 年的 35 600 元，基本实现了全民就业。2016 年底，鲁家村成立了美丽乡村"两山"培训学院，成为浙江省委组织部和省委党校"千名好支书"的现场培训基地。2017 年，鲁家村成功创建 AAA 级景区村庄，并入围首批国家田园综合体试点项目（陈毛应，严红枫，2018）。村容村貌改变了，鲁家村的村风民风也得到了提升。如今的鲁家，绿水青山，游客如织，人人遵守村规民约，不文明行为基本禁绝，村舞蹈队、篮球队、越剧队组相继成立，"红妆文化"发展壮大，生态建设和文化建设齐头并进，践行了"绿水青山就是金山银山"重要思想。在村干部的带动下，大家都自发参与到全村建设中，农村基层政权也得到了巩固。

2. 主要做法　一个原本落后的空心村，发展成为如此有活力、有发展前景的田园综合体，概括起来主要采取了以下措施：①以规划引领发展，从田园迈向花园。在项目推行之初，进行了村庄、产业和环境的统一规划，整个规划既有全局性又有独立性。无论是村庄建设、产业布局还是环境改善，都按照这张蓝图执行到底，通过鲁家村这一个平台建设到底。②以机制推进共建，以模式求取创新。在发展农场经济以前，鲁家村是传统的农业村，没有资源和产业，村集体经济薄弱，美丽乡村负债经营。在认识到基本情况之后，最终定下"公司＋村＋农场"的发展机制，充分发挥了各主体的发展优势。具体分工是村里统筹，土地资源招引农场入驻，公司投资公共设施负责具体运营，农场自主建设不偏离总要求。三方统一规划后，由村集体成立的乡土公司统一经营，使用"鲁家村"品牌，最终实现了共建共营，共营共享，共享共赢，即"三统三共"模式。如此，既壮大了旅游区整体实力，又实现了资源的有效整合。③以创意吸引投资，用资本带动创业创新是当前时代的命脉，农场经济的发展理念，走的就是创新之路，用创意吸引创业者目光。截至目前，深圳园林股份有限公司投资 4.5 亿元的花海世界签约落地项目快速推进中，上海颐久药业投资 2 亿元的中药农场签约落地项目快速推进中，杭州美匠数据有限公司投资 2 亿元的机器人房车项目近期也将落地。④以一产带动三产，由农场融合产业。在经营公司的串联下，旅游区形成了以生态观光农业园发展养殖、种植园为最主要的经营项目，养殖和种植品种力求做到新、奇、特。使农产品在各种休闲、参与的项目中就地消费。利润和效益是普通种养业的 5～10 倍（浙江省安吉县递铺街道鲁家村，2017）。

（二）"古镇＋小吃"模式推进农村产业融合

近年来，以乡村文化、民俗小吃为卖点的乡村休闲旅游广受欢迎，风头长时间盖过一些闻名中外的景点。据不完全统计，陕西省初具规模的乡村旅游景点已超过百家。尤其是关中地区，有更多新项目正在筹建中。但是，对比开张时期的热闹，不少民俗村现在已经门可罗雀，还有部分民俗村已经处于关门或者半关门状态。这其中，盲目跟风复制，缺乏创新，可能成为乡村民俗之殇。但是，始终被复制的袁家村却与众不同，变得越来越有味道，越来越丰富，成了最受欢迎的乡村旅游地之一。

1. 基本情况　袁家村坐落在陕西省礼泉县，作为陕西省最为出名的民俗村，袁家村无论从旅游收入还是产业效能上都远超周边其他村落。近些年，袁家村年游客量超过 300 万人次，年营业额超过

10亿元。然而袁家村一开始在资源环境、政策扶持上并无明显优势，其得以迅速发展的最主要原因，就是党支部的精准领导。实际上，袁家村原本只是一个以加工业为主的普通村落，到了20世纪90年代，国家开始进行产业链的调整升级，村内大部分产能落后的小企业因为无力改造而逐渐倒闭，村民的收入急剧下滑。直到2007年新一届班子选举后，在党支部书记郭占武同志带领下的党政班子才义无反顾地担起了重振袁家村的重担，郭占武书记以强烈的事业心、责任心，带领党干团队开始了详细周密的袁家村改造计划。经过反复讨论，同时结合中央城镇化工作会议与村庄实际情况，党支部决定大力发展服务业，将袁家村发展的突破口放在乡村旅游上。作为一个小型的生态社区，袁家村繁荣发展的原因很大程度上要归功于支部书记与支部党员的带头作用（李志强，张一彦，2018）。

2. 主要做法　袁家村之所以从一个普通村落，变成陕西省乃至全国最受欢迎的乡村旅游胜地，"关中第一村"，主要通过以下做法：①严格管理，把控质量。"古镇＋小吃"是袁家村发展的名片，袁家村"旅游＋"的核心是品质，不管是小吃还是农副产品的供应，袁家村首先给游客保证的是品质。村里所有店铺的面粉、辣子、菜籽油、醋、豆腐全是袁家村老街作坊自己生产，纯天然原料不含任何添加剂。村里自主成立了小吃、农家乐、回民食品、酒吧、手工作坊等协会，一旦发现有不合格的食材和食品，当场销毁，立即关门整顿，情节严重的将责令其退出袁家村。②建设"明理堂"，培育新村民。为了把产业持续下去，袁家村把教育农民放到了第一位，成立了农民学校，专门设立了"明理堂"；由德高望重者主持，村干部、村民和商户代表参加，谁有问题都可以上"明理堂"；讲明道理，化解矛盾，解决问题，发展了有效的乡村治理模式，以主人翁的姿态对待村子的发展。③产业融合，共同富裕。袁家村原本只有62户人家，50多户农家乐，如果仅限于农民自己发展的农家乐，袁家村不可能达到现在的成就。为打造百年袁家村，袁家村根据游客需求，不断进行产业升级。在"农家乐＋特色小吃"的基础上，扩充了民宿、酒吧等配套业态和创意文玩等创新业态。吸引来的旅游公司、合作社、商品、农家乐相互持股，交叉持股。针对经营户收入高低不均的现象，村里将盈利高的商户变为合作社，分出一部分股份给低盈利的商户，以缩小他们与高收入商户的差距。产业融合实现了共同富裕，共同服务又保障了产业的多样性，完善了袁家村的大业态，增加了乡村的造血功能。

第四节　农业龙头企业主导型农村产业融合的发展特点与实践案例

一、农业龙头企业主导型农村产业融合的发展特点

农业龙头企业主导型农村产业融合发展，是指以农产品加工环节或流通环节的龙头企业为主体，向产业链下游延伸，与农户或农民合作社合作建立生产基地，形成覆盖农产品生产、加工和销售全过程的一二三产业融合发展态势。一般来说，龙头企业具有资金、技术等多方面优势，可通过其发达的营销网络将小农户与大市场连接起来，促进产供销一体化发展，实现多方共赢。龙头企业主导型主要包括以下几种模式："龙头企业＋农户""龙头企业＋基地＋农户""龙头企业＋合作社＋农户"。相比于农户主导型与合作社主导型，龙头企业主导型更加注重价值链的提升，而不是产业链的延伸，能够让农户更多享受到产业化发展的成果。

龙头企业主导型的产业融合，本质上是通过龙头企业将先进的生产技术与管理方式引入农村传统的生产模式中，引领农村产业发展，带动农民收入增加。该类型的产业融合模式成功的概率较大，具有可复制性，当然也需要几个发展的先决条件。一是企业要具有较强的经济实力和管理能力，抵抗产业融合失败的风险；二是企业要具有市场核心竞争力，有一定的品牌影响力和完善的销售网络；三是企业要与合作社、农户共同商议，确立好运行机制和利益分配机制，充分发挥合作社或村集体的纽带作用，促进双方建立良好的信任关系，降低农户与企业的交易成本。

二、农业龙头企业主导型农村产业融合的实践案例

（一）构建产业集群，促进产业融合

产业集群化发展是我国发展现代农业的有效途径。结合我国农业产业化发展的情况，选择符合实际的产业集群模式，对提高我国农业产业国际竞争力、促进我国农业转型升级有重要意义。近几年，我国农业产业领域也涌现了一部分龙头企业主导型的产业集群，促进了产业融合发展。以下以今麦郎食品为例，来对产业集群促进农村产业融合进行分析。

1. 基本情况介绍　今麦郎食品有限公司作为河北省食品工业领域的领军企业，创建于 1994 年，2002 年被认定为农业产业化国家重点龙头企业。为实现自己的社会价值，同时推动自身发展，今麦郎摸索出了一套"从麦场到卖场"的经营模式，公司以农产品精深加工为发展主线，以产品创新为先导，通过股田制经营、推广优质小麦品种、发展订单农业，带动当地农民增收，推动农业结构优化，促进农业产业转型升级。同时今麦郎产品的市场份额也逐步提高，跃居全国同行业第二位。方便面年产量位居世界前三强，产品远销海内外，2015 年企业总资产 48 亿元，实现利润 2.2 亿元。在今麦郎的示范带动下，河北隆尧基地周围形成了一个包括 60 多家种植养殖企业、3 万农户、10 万人在内的产业集群。分布在全国的其他 10 余个基地也形成了各自的产业经济圈。

2. 主要做法　今麦郎能够成为行业翘楚，得益于以下做法：①牵头成立优质麦产业联合体，保障优质原料供给。黑龙港是我国重要的农业种植区，位于河北省南部，自然条件优越，光热充足，十分适宜优质小麦的生长。以此为基地，今麦郎牵头成立了河北省首家优质麦农业产业联合体，并向联合体提供购销服务和技术培训，推动联合社基地向现代化转变。成立以来，联合社优质麦基地规模增长很快，到 2017 年已经超过 5 万亩，为今麦郎公司提供了充足原料。②"股田制经营＋种植保险"模式，让农民真正获益。自 2005 年启动"今麦郎优质麦工程"以来，今麦郎公司在多个小麦主产区发展订

单农业，并通过股田制经营的方式推广优质麦种植。农户可选择以土地入股农业股份公司，由公司统一种植优质麦，并以 500 千克/亩的标准向农户返还小麦或者同价值的面粉，或者折算现金给入股农民分配收益。除此之外，今麦郎公司还出资为农民免费提供优质小麦种子，为农民提供种植、施肥、防虫等技术指导，并提供优质麦种植保险（农业部农村经济研究中心组农业部农业产业化办公室，2017）。③产业集聚形成范围经济。由于今麦郎对农产品原物料的大量需求，拉动了蔬菜种植、肉牛养殖、彩印包装等行业的发展。周围新的食品企业和配套企业如雨后春笋般出现，形成了范围经济，进一步扩大了今麦郎公司在食品行业的优势。

（二）"种、养、加、游"一体化，促进产业深度融合

"种、养、加、游"一体化，促进产业深度融合，就是最大程度发挥农村各种物质与非物质资源的优势，鼓励发展"生态＋""旅游＋"等模式，推动农业与文化、旅游、健康养老等产业深度融合。在中央政策的引导下，培育壮大一批农业龙头企业，开发农村的多种功能，促进农业种植业、养殖业、加工业、旅游业融合发展。湖北省宜都市土老憨生态农业集团（以下简称土老憨集团）就是这样发展起来的。

1. 基本情况介绍　湖北省宜都市地处武陵山余脉，位于鄂西南山区向江汉平原过渡地带，是全国柑橘区划发展宽皮柑橘的最适宜区。柑橘是宜都市农业支柱产业，柑橘总产值占种植业总产值的40％以上。此前，宜都市柑橘以初级产品生产为主，加工业附加值不高，加工后副产品的利用比例低，柑橘往往丰产不丰收（裴培等，2017）。2005 年，农业龙头企业——湖北土老憨生态农业集团成立以来，不断完善柑橘深加工产业链，并在柑橘循环经济方面做了积极的探索，规划建成电商产业园、生物科技园和国家柑橘农业公园，实现从柑橘种植到深加工再到文化观光产业园的跨越，探索出了南方丘陵地区一二三产业融合发展的新路子，每年促进农户增收约 1 200 万元，其中帮助贫困户收入增加 100 万元。

2. 主要做法　土老憨集团将一个传统附加值低的柑橘产业打造

成了一个多元融合的产业体系，主要做法有：①组织制度创新，保障产品质量。为提高柑橘产量和品质，土老憨集团以合作社为中介，建立了"龙头企业＋合作社＋农户"的反战模式，为实现柑橘规模化深加工打下了原材料基础，同时为开展农业生态休闲旅游创造了条件。同时为保障分散农户生产的柑橘品质，土老憨集团建立和完善了以"产品召回制度""赔偿制度""责任追查制度"为代表的高标准质量追溯体系，采用"集团-中心户-种植户"的组织管理方式，并建立编码追溯责任制，一户一码保障源头品质。企业还兴建了省级检测中心，完善柑橘采摘、入库、出库等各环节的质量监管。多举并用，全面提高柑橘品质；②技术渗透，延伸柑橘产业链。土老憨集团始终把开展科技培训、提高农民素质和技能作为企业生存和发展的基础。通过全产业链的系统培训，逐步把农民培养成为产业工人，食品工人，推进了产业链健康发展。另外，土老憨集团投入了大量精力在产品的技术升级方面，10亿元资金建立生物科技产业园，对柑橘品种繁育、先进栽培养护技术、柑橘采后处理与储藏保鲜、柑橘精深加工与综合利用等关键技术进行攻关，目前已研发30多项精深加工产品，成为国内首家生产柑橘调味品的企业。并创新性的发展了"柑橘-鱼"循环农业模式，实现"零排放"，极大地提高了产品附加值，同时避免对生态环境造成污染。③发展新业态，主推产业融合。土老憨集团抓住了电子商务和休闲农业发展的机遇，建设了电子商务大厅和线下体验店，整合互联网数据中心、培训会议中心以及文化创意、金融服务、分拣仓储、物流配送、员工住宿等相关服务和设施资源，成为省内顶尖的电商产业园，开发线上分销客户200余家，年在线销售总额超过5 000万元（农业部农村经济研究中心组农业部农业产业化办公室，2017）。另外，结合三峡地区生态环境、历史文化、谜语文化和三国文化，拟建多个休闲旅游项目，形成极具宜都历史文化特色的观光休闲旅游产品，最终构建形成"一村一品"休闲农业文化园。

第五节　工商资本主导型农村产业融合的发展特点与实践案例

一、工商资本主导型农村产业融合的发展特点

工商资本主导型农村产业融合发展，是指工商资本在政策引导下走进农村，带来先进理念、技术、人才、资金等农村稀缺要素，促进农村产业融合发展。新时期，一方面，城市工商资本希望能够找到新的商机，积极进入有发展潜力和相对稳定的农业领域，选择成本洼地，扩大发展空间；另一方面，随着城市居民对乡村绿水青山、民俗文化的向往，以及对特色农产品多样性、定制化需求旺盛的农业领域对工商资本的吸引力逐渐加大。近年来，越来越多的工商资本开始进入农村领域发展，呈现出投资主体多元化、经营模式多样化、投资规模扩大化的趋势。工商资本下乡，助力农业生产集约化、规模化，提高农业生产效率，解决发展资金短缺的问题，促进产业链条的延伸以及产业环节的深度融合，是推动农村一二三产业融合发展的重要力量。

工商资本主导型农村产业融合发展，本质上是实现要素之间的重新组合。一方面，工商资本进入农业会带来先进的生产技术和管理模式，带来大量资金，加快农业转型升级；但另一方面，也会由于缺乏对农业产业的了解，土地指标获取的瓶颈而举步维艰，同时，工商资本逐利的性质，又使得社会各界对其有不同看法。如政府部门认为工商资本可能会大量占用农用地，使得"非粮化""非农化"现象更加严重；也有学者认为资本下乡对农业发展并没有起到应有的积极作用，反而其非生产性再分配机制阻碍了农业现代化进程，而且会破坏自然环境，引发食品安全问题。农民对工商资本进入心情复杂，既希望借此获得土地出租和打工收入，又不想自家土地被企业长期征占、挪作他用。目前，工商资本进入农业领域已经是大势所趋，是我国现阶段经济发展、农业转型升级造成的必然结果，也是农村产业融合的重要力量。对待工商资本主导型农村产业融合发展，一方面要创造条

件，吸引工商资本进入农业农村；另一方面要监督管理，切实保障农村集体经济组织和农民利益。在吸引工商资本方面，由于工商资本需要实现规模化经营，以达到盈利目标，所以在吸引工商资本方面，基层政府要强化服务意识，做好土地要素的整合，提高行政效能，创造良好的营商环境。在监督管理工商资本方面，应该建立并完善工商资本下乡的风险防控机制，构建农村金融服务体系。加强对工商资本下乡的监督和管理，引导企业进行规范经营，及时制止违规违法行为，保障村集体及农户的利益（刘琪，2018）。该模式成功运行的条件，一是要创造条件吸引工商资本进入农业农村，而是要监督管理工商资本，实现工商资本与村集体经济组织和公民的互利共赢。

二、工商资本主导型农村产业融合的实践案例

（一）进军智慧农业，打造"京东模式"

京东作为规模较大的互联网企业之一，从 2012 年开始进军农业，经过 6 年的发展，京东已经从"卖产品"为主的模式转变为以服务为主的经营模式，技术服务、创新驱动是京东农业模式的核心内容。2014 年是农资电商元年，京东进入农资领域淘金，2015 年 8 月，京东集团推出"京东农资频道"，这是一个农资企业可以进行产品展示，与农户交互的平台，同时能够帮助其与经销商、代理商建起联系，组建起农资供销网络。随着国家政策的重视，农村电商又成为京东布局的重点，2015 年 4 月 21 日，刘强东提出了京东农村电商发展的"3F"战略（工业品进农村战略、生鲜电商战略、农村金融战略）。

除了资金、流量、数据、用户之外，农业领域也非常渴望技术，尤其是能颠覆农业的技术。2018 年 2 月 14 日，时任京东集团董事局主席兼首席执行官刘强东表示，未来将加大人工智能、大数据、云计算等技术在农业领域的投入。在养殖业领域，京东携手中国养殖业顶级的研发团队，通过神农大脑控制机器人，代替人工饲养，全面护航养猪安全，正式进军养猪业。同时，京东与中国农业大学联合建设了"丰宁智能猪场示范点"，饲喂机器人可以 24 小时不停歇的巡检猪舍，监测猪舍的环境数据。据悉，采用京东人工智能养殖解决方案，不仅

能让成本降低 30％，生猪出栏时间也缩短了 5～8 天。预计至少将降低 500 亿元的总成本。这是京东从简单卖货走向服务农业的转折点。在种植业领域，京东宣布，将以无人机农林植保服务为切入点，整合京东集团物流、金融、生鲜、大数据等平台，搭建智慧农业共同体，同时打造旗下首个农场品牌"京东农场"。京东组建智慧农业共同体正是为了将自身的技术能力、供应链能力、数据能力、营销能力、金融能力等对外赋能。而京东农场将对农作耕种管收全过程实施管控和数据管理，以确保高品质农作物生产全链条信息公开。针对高品质农产品，还将直接利用京东物流、冷链仓储等缩短流通环节，实现直接从田间到餐桌的"京造"模式。

（二）多模式联动，联想佳沃产地运营助力猕猴桃产业发展

中国是猕猴桃的原产地，拥有 2 800 多年的种植历史，也是目前世界上种植面积最大的国家，种植面积占世界的近 50％，但由于品种落后、技术水平较低，产量只占世界的 20％，产值甚至不足世界的 10％。中新公司（后被联想佳沃集团收购）于 2005 年在四川省蒲江县投资发展猕猴桃产业。2013 年 3 月，联想佳沃对中新公司进行全资收购，引入技术和先进管理理念，对原有的猕猴桃种植方式进行更新调整，探索了猕猴桃产业化经营的多种模式。包括①自建基地模式，即直接流入土地，投资建设标准化基地，雇佣农户进行管理的经营模式。目前，佳沃在蒲江自建基地约 1 万亩，采用四级管理体系，全面规划、指导、监督、协调承包户进行日常田间管理，在这种模式下农户每年获得的亩均纯收入约 0.2 万元，联想佳沃约为 1.44 万元。②连锁种植模式，即联想佳沃与家庭农场、专业大户等签订授权种植收购协议，带动规模农户开展产业化经营的模式。公司负责提供技术指导、实行品控监管、统一收购鲜果；规模农户自行流转土地并按操作规范进行种植。从 2013 年开始摸索连锁种植带动家庭农场发展模式，2014 年与 77 个规模种植户签约，种植面积达 3 100 余亩。联想佳沃统一收购农残标准、果实外形、含糖量等方面合规的鲜果，双方承诺违约者每亩支付 500 元违约金。这种模式下农户每年获得的亩均纯收入约为 1.4 万元，联想佳沃约为 0.5 万元。③公司联合社带动农

户模式,即联想佳沃与农民合作社联合,组织小散农户抱团发展,共同与公司开展连锁种植的产业化经营模式。目前这种模式约1 200亩。公司对合作社的技术人员进行培训和指导,检查种植农户投入品的使用和记录情况。合作社根据公司的农资目录,专门与农资经销商合作进行统一采购,按照采购价提供给种植农户。另外,合作社安排专人对农户的农事操作、投入品使用等情况进行培训和监督检查,并将结果反馈给联想佳沃。这种模式下农户每年获得的亩均纯收入约为1.4万元,联想佳沃约为0.5万元。

联想佳沃通过不同的模式进入猕猴桃产业中,带来了先进的现代农业生产要素,引领农民转变了种植方式,有效提升了产业整体素质和核心竞争力。第一,通过示范带动,引领更多农户进入猕猴桃产业。2005年以前,蒲江地区的农户称呼猕猴桃为"迷魂桃",没有人敢尝试种植。农户们描述进入猕猴桃产业是"见水脱鞋",农户只有看见工商资本选择发展猕猴桃产业,并通过自身优势获取较高利润(见水),才会跟随企业一起种植猕猴桃("脱鞋"),获得产业发展收益。第二,培育质量意识,规范农户种植行为。联想佳沃与农户签订了合作协议,要求农户按照规定标准进行生产,一旦出现使用违禁农药、不按规定操作、未进行记录等影响产品品质或欺诈行为,立刻取消合作并将其列入黑名单,终生不会再度合作。农户为了继续与联想佳沃合作获得较高的收益,会自觉加强对生产基地的管理和控制,规范自己的种植行为。第三,引入先进品种和技术,提高产业发展竞争力。联想佳沃与武汉农科院合作,投资3 000万元研发了具有专利产权的"金艳"猕猴桃,是无须使用膨大剂的品种,受到了市场广泛欢迎。联想佳沃还充分发挥IT产业的优势,通过视频监控、无线传输等技术,打造了农业物流网系统,收集园区的光照、空气温湿度、土温将重要环境数据,科研技术专家根据所收到的信息进行研判,通过控制节水灌溉系统,实现植株生产和水肥环境的动态远程监控以及全流程管理。第四,打造品牌,提升区域产品知名度和影响力。联想佳沃利用在IT产业培育的品牌影响力和营销渠道,迅速提升农产品的知名度和影响力,引领"佳沃"猕猴桃占领高端市场。在联想佳沃的带动下，山东黄岛、四川蒲江已分别成为国内蓝莓、猕猴桃的特色产业基地和重要产区。

第六节　地方政府主导型农村产业融合的发展特点与案例分析

一、地方政府主导型农村产业融合的发展特点

地方政府主导型农村产业融合，是指地方政府基于地方特色，在尊重市场规律的基础上，创新各种政策措施，引导当地开展农村产业融合。地方政府在主导农村产业融合方面，一要提前做好产业融合发展规划，将产业融合发展规划纳入当地经济社会发展规划中；二要大力挖掘本地特色，激活各种资源，打造旅游品牌。合理开发当地"四荒地"资源，变废为宝，盘活各种农村闲置资源。融入地方特色，增强品牌意识，塑造品牌、建设品牌、宣传品牌、保护品牌（向从武，2018）；三要做好基本硬件设施建设和基本公共服务，吸引各种要素资源流入。可以采取以下措施：首先是大力发展主产区农产品加工业。可以通过出台相关政策引导农产品加工业的优质资源向主产区集中，就地发展农产品初加工和精深加工，让优势产区同时也成为农产品加工基地，有效促进一二产业融合发展。其次是推广"一村一品""一乡一业"模式。建设"一村一品""一乡一业"，通过引导和扶持同类产品的生产经营主体，整合区域内优势资源，进行统一管理，打造品牌优势。大力发展乡村特色旅游业和文化体验项目，通过开展农俗活动、节庆日、体验活动等方式，推进一三产业深度融合。再次是促进产业集群、企业集聚发展。根据专业化分工，将区域内参与产业链的主体联结起来，通过分工合作达到节本增效的目的。最后是开发农业的多种功能。发展文化体验、休闲农业、观光旅游等新业态，实现经济效益、社会效益和生态效益的三重丰收。

地方政府主导型农村产业融合发展，本质是发挥该地区的资源优势，大力发展特色产业，同时促进农业与文化、旅游、康养等产业融合发展，提升农村特色产品的质量，加强农村基础设施建设，改善生

态环境，形成自然环境优美、产业发展强劲、农民收入增加的农业发展新业态。我国部分农村地区坐拥多种多样的产业、拥有特色的自然生态资源、特色农产品、特色文化，或者保留着珍贵的传统手工艺，但由于地理位置偏僻、区位优势不明显等因素隔断了产业之间的联系，或者由于品牌建设缺位，农村特色资源不能充分发挥其价值，这就需要以地方政府为主导，通过整合地方资源，创新各种政策措施，为产业间的相互联系、相互渗透、相互影响创造更好的条件，通过建立农业产业融合示范区，利用集群效应实现市场资源整合。但政府主导型农村产业融合发展，在安排具体工作时可能会出现认知错误或操作失误。例如，很多地方政府以优惠政策吸引工商资金进入农业，造成了对市场的不合理干预，不利于打造公平、公正的市场竞争环境，降低交易成本。另外，也有一些地方政府只注重第三产业的发展，产品开发同质性强，创新弱，吸引力小，产业创收能力不足。该模式主要适用于地方政府有发展农村产业融合的决心和能力，地方又具有一定优质产品、优质资源或者传统文化的地区。

二、地方政府主导型农村产业融合的实践案例

（一）打造"工业品下乡"和"农产品进城"双向流通渠道的"遂昌模式"

遂昌县位于浙江省西南部，全县总面积 2 539 平方公里，山地占88.82%，海拔 1 000 米以上的高山有 703 座，全县人口仅 23.1 万。这样一个"九山半水半分田"的山区县，发展成为中国农村电子商务调研基地，打造了电子商务的"遂昌模式"，得益于政府部门的政策催化和大力支持。"遂昌模式"也即以本地化电子商务综合服务商作为驱动，带动县域电子商务发展，激活地方传统产业，尤其是农业及农产品加工业实现电子商务化，"电子商务综合服务商＋网商＋传统产业"相互作用，形成信息时代县域经济发展的新模式。简单来说，就是遂昌当地以其独特的社会组织模式，通过电商平台实现"农产品进城"和"消费品下乡"。

遂昌农村电子商务公共服务平台由三大模块组成，电商创业服务

板块（遂昌网店协会）、农产品电商服务板块（浙江遂网公司）和农村信息化服务（浙江赶街公司），这三大模块均由2010年返乡创业的潘东明发展而来。遂昌网店协会成立于2010年，专注于搭建"网上技术服务平台＋线下公共服务平台"，为遂昌电商创业提供专业公共服务；浙江遂网电子商务有限公司成立于2011年。2012年，淘宝网与遂昌县人民政府签订中国首个淘宝与县级政府战略合作协议，遂网承接淘宝网"特色中国遂昌馆"运营。新农村电子商务服务平台"赶街"项目成立于2013年，是一个村级服务网络，目标是发展壮大线下分销会员和扩张省内外服务站点。2014年，遂昌县网店协会公共服务平台实现全县农产品上行交易额达3.2亿元，2016年，网店协会的分销会员在遂昌县已达2 000多家，在全国已有4 000多家；2013—2015年，"赶街"网平台实现全国范围内消费品下行交易额为1.6亿元。偏远落后山区县能够发展出电子商务的典型，离不开政府的强大推力。财政方面的支持："赶街"公司给每个农村服务站都配置电脑、显示屏和货架。县政府规定，站点不用付租金，并且"赶街"公司给每个站点补贴15 000元。而遂昌县财政对当地电子商务发展的扶持资金也是呈几何级增长，2012年是57万元，2013年达900万元，2014年达到1 293万元；市场拓展的支持：2012年5月，遂昌县人民政府与阿里巴巴签订《遂昌县人民政府与阿里巴巴集团淘宝网战略协议》；2012年10月，遂昌县人民政府召开淘宝网"特色中国·遂昌馆"全县动员大会，该馆于2013年1月开馆，是全国首家县级特色馆，遂网承接淘宝网"特色中国·遂昌馆"运营；人力资本上的支持：公司一些重要的项目和方案，分管的县领导会亲自参与研讨，并且隔三岔五与公司负责人开会研讨发展问题。然而，虽然有政策的大力支持，但由于地处偏远，基础设施落后，交通不便利，公司很难留住人才，即使薪酬待遇优厚，但是产品策划、质量标准制定、品牌包装、宣传推广、销售、物流、售后等方面的电商人才依旧紧缺。

（二）以产兴镇、产业文化生态文化高度融合的"馆陶小镇"

馆陶县是河北省下辖县，全县辖4镇4乡277个行政村，是一个地处黄河古道、黑龙港流域的省级贫困县，旅游业几乎是从零起步。短短几年，这里乡村旅游业风生水起，成为百姓脱贫致富的重要产业。自 2014 年 3 月起，馆陶县开始推动美丽乡村特色小镇建设，先从偏远的小村庄作为试点，如粮画小镇寿东村和教育小村王桃园。目前馆陶已建立了一批美丽乡村特色小镇，已经开发了 9 个小镇，其中，粮画小镇荣获"中国十大最美乡村"，也是河北省首个以美丽乡村为载体的 AAA 级旅游景区。

在过去的几年中，馆陶县大体经历了 3 个阶段，由一般乡村到美丽乡村，再到特色小镇。馆陶县特色小镇模式可概括为："以乡村风情、城市品质为特征，以美丽乡村为载体，以一镇多社区"为架构，以产兴镇、产业文化生态文化高度融合的美丽乡村特色小镇之路。馆陶县建设特色小镇的主要做法有：第一，优先发展产业。馆陶县提出先富后美，不富不美，富而美。培育了蛋鸡、肉鸭、黄瓜、黑小麦、轴承等全县大产业，使之成为更多美丽乡村的产业基础。扶持了粮画小镇、教育小镇等小镇的一村一品特色产业。其中，黄瓜小镇的小黄瓜已经做成了大产业，并且叫响"世界黄瓜看中国，中国黄瓜看馆陶"的口号，打造自己的民族品牌。第二，培育美丽乡村储备人才。特色小镇的发展建设离不开人才，为了给美丽乡村储备后续人才力量，馆陶县成立了全国第一所美丽乡村大学，培养懂农业、爱农业、爱农民的"三农"工作队伍。目前第一期学员已经毕业，已开始在各个小镇发挥着重要作用，第二期学员也已经开班。第三，政府引导，多方发力，挖掘地方特色。以黄瓜小镇为例，"世界黄瓜看中国，中国黄瓜看馆陶。"黄瓜是馆陶县的特产，每年交易量达 8 000 万斤[*]，是中国唯一的"黄瓜之乡"。然而，在发展特色小镇前，馆陶县黄瓜还面临既没品牌又没销量的尴尬境地。黄瓜小镇所在翟庄村，环境面貌也是脏乱不堪。通过建设特色小镇，馆陶县打造了黄瓜品牌。小镇与国内最权威的黄瓜研究所——天津科润黄瓜研究所合作，推出的"馆青牌"黄瓜荣获双金奖（国家绿色博览会金奖和中国国际农交会

　＊　斤为非法定计量单位。一斤＝500 克。——编者

金奖)。小镇黄瓜比周边黄瓜每斤高出几毛钱,仅此一项小镇每年多增收2 000余万元。同时挖掘黄瓜文化,发展休闲农业,开发系列旅游商品。小镇建起黄瓜嘉年华,这是世界上品种最全的黄瓜实景博物馆,也是婚纱摄影基地,吸引了众多游客。绿色天然的黄瓜采摘也受到了游客的追捧,平常按斤卖,节日论根卖,是市场价的3倍左右。此外,黄瓜酒、黄瓜宴、黄瓜酱菜、黄瓜美肤品、黄瓜干等深加工产品深受游客青睐,链条延伸实现产业增效、农民增收。

在地图上,馆陶县的形状像一个长长的如意,永济河穿流而过,一批特色小镇像一串珍珠分布在河两岸。很多人说馆陶县是"小镇之乡",馆陶县因为有了这样一批特色小镇,县域经济发展步伐更快,旅游脱贫之路走得更稳。

第五章

我国农村产业融合发展效果的评价研究

2015 年，首次提出农村产业融合的概念以来，中共中央、国务院陆续出台了一系列政策文件，构建起促进农村产业融合发展的政策体系。

2015 年中央 1 号文件《关于加大改革创新力度和加快农业现代化建设的若干意见》第 12 条首次提出"推进农村产业融合发展"，通过发展特色种养业、农产品加工业、农村服务业带动农民致富；挖掘农业的旅游观光、文化教育价值以打造形式多样、特色鲜明的乡村旅游休闲产品；制定一系列用地、财政、金融等扶持政策促进农村地区产业融合发展。2016 年，国务院发布的《关于推进农村产业融合发展的指导意见》就农村产业融合发展的总体要求、融合方式以及如何带动农村产业融合发展提出了 27 条具体的指导意见。在上述两份文件的基础上，为进一步细化和完善扶持政策措施，鼓励和支持返乡下乡人员创业创新。同年 11 月国务院办公厅发布了《关于支持返乡下乡人员创业创新促进农村产业融合发展的意见》，从突出重点领域和发展方向、推出政策措施以及健全组织领导机制 3 个方面提出了 14 条支持返乡下乡人员创新专业以促进农村产业融合的指导意见，其目的在于鼓励返乡下乡人员利用新理念、新技术和新渠道来开发农业农村资源，发展优势特色产业，繁荣农村经济。同年 12 月，国务院发布的《关于进一步促进农产品加工业发展的意见》中进一步指出，"农产品加工业作为农业现代化的支撑力量和国民经济的重要产业，对促进农业提质增效、农民就业增收和农村产业融合发展，对提高人民群众生活质量和健康水平、保持经济平稳较快增长发挥了十分重要的作用。"在国务院陆续发布关于推进农村地区产业融合相关文件的同时，农业部同发展改革委、财政部等 14 部门联合印发了《关于大力发展休闲农业的指导意见》，《意见》计划到 2020 年基本形成布局优化、类型丰富、功能完善、特色明显的休闲农业产业格局，提高农民收入、社会经济效益，提升服务水平，进一步增强可持续发展能力，使得休闲农业成为拓展农业、繁荣农村、富裕农民的新型支柱产业。同时，农业部还印发了《全国农产品加工业与农村产业融合发展规划（2016—2020 年）》，对"十三五"期间全国农产品加工业和农村产业融合发展的思路目标、主要任务、重点布局、重大工程、保障措施等作出全面部署安排。2017 年，党的十九大报告再次提出促进农村产业融合发展的重要性，"支持和鼓励农民就业创业，扩宽增收渠道"。同年，农业部办公厅发布《关于支持创建农村一二三产业融合发展先导区的意见》，次年经过地方推荐和专家评审，将天津市蓟州区等 155 个县（市、区）确定为 2018 年全国农村一二三产业融合发展先导区创建名单。2018 年 2 月，国务院发布《关于实施乡村振兴战略的意见》，再次强调"构建农村产业融合发展体系"。同年 9 月，国务院印发的《乡村振兴战略规划（2018—2022 年）》中，第 16 章内容就是推动农村产业深度融合，提出"推进农村产业融合交叉融合，加快发展根植于农业农村、由当地农民主办、彰显地域特色和乡村价值的产业体系，推动乡村产业全面振兴"。其间，农业农村部印发了《关于实施农村产业融合发展推进行动的通知》，明确了农村产业融合的意义、原则、目标和措施。2019 年国务院发布《关于促进乡村产业振兴的指导意见》，强调乡村产业应以农村一二三产业融合发展为路径。农业农村部根据以上指导意见要求于 2020 年制定《全国乡村产业发展规划（2020—2025 年）》，目的是加快发展以二三产业为重点的乡村产业。2021 年，农业农村部为加快培育农业全产业链，促进农业全产业融合，印发《关于加快农业全产业链培育发展的指导意见》。2015 年以来，中央及相关部门发布的政策文件已经形成了政策体系（表 5 - 1）。

表 5 - 1　2015—2021 年农村产业融合相关文件

发布时间	发布机构	文件标题
2015	中共中央、国务院	《关于加大改革创新力度和加快农业现代化建设的若干意见》
2016	国务院办公厅	《关于进一步促进农产品加工业发展的意见》
2016	国务院办公厅	《关于推进农村一二三产业融合发展的指导意见》
2016	国务院办公厅	《关于支持返乡下乡人员创业创新促进农村产业融合发展的意见》
2016	国务院办公厅	《关于进一步促进农产品加工业发展的意见》
2016	农业部等	《关于大力发展休闲农业的指导意见》
2016	农业部	《全国农产品加工业与农村产业融合发展规划（2016—2020 年）》
2017	全国代表大会	十九大报告
2017	农业部	《关于支持创建农村一二三产业融合发展先导区的意见》
2018	中共中央、国务院	《关于实施乡村振兴战略的意见》
2018	中共中央、国务院	《乡村振兴战略规划（2018—2022 年）》
2018	农业农村部等	《关于实施农村产业融合发展推进行动的通知》
2019	中共中央、国务院	《关于促进乡村产业振兴的指导意见》
2020	农业农村部	《全国乡村产业发展规划（2020—2025 年）》
2021	农业农村部	《关于加快农业全产业链培育发展的指导意见》

　　促进农村产业融合发展是扩宽农民增收渠道、构建现代农业产业体系的重要举措，上述一系列文件也足以说明党和政府对农村产业融合发展的重视，因此，评价农村地区产业融合的效果对研究我国农业产业发展情况以及制定下一步发展方向具有重要意义。从目前的研究成果看，国外学者对与产业融合方面的研究已经比较成熟，对于我国农村产业融合发展实践及研究均具有较强的借鉴意义，然而考虑到经济、政治、制度、资源禀赋等方面的差异性，国

外成果也很难解释并指导中国农村产业融合方面的实践。农村产业融合评价指标体系的国内研究相对匮乏，尚未形成一套有效的评价农村产业融合效果的体系。首先，从研究内容看，在与农村产业融合相关的评价指标体系中，绝大部分学者构建的指标体系中都包含对产业融合程度的评价指标（冯伟，2016；李芸等，2017；王玲，2017；王晓建，2018；姜峥，2018；刘鹏凌，2019；朱惠玲等，2019；黄庆华等，2020），同时部分学者在此基础上还对农村产业融合的经济社会效应进行了评价（冯伟，2016；李芸等，2017；王玲，2017；王晓建，2018；姜峥，2018；张艳红等，2021），关于农村产业融合对生态环境的影响，目前国内还未有学者对此进行探究。其次，从研究方法来看，大部分学者以层次分析法为基础，构建起一二三产业融合发展的效果评价指标体系，对融合水平和效果进行测算（冯伟，2016；李芸等，2017；张艳红等，2021）。部分学者使用熵值法、耦合协调度、主成分分析法等方法构建指标评价体系，如王玲（2017）使用熵值法对江苏省内 13 个市的产业融合发展水平进行测算，构建了 5 个层次的农村产业融合发展水平综合评价体系，一共包含 18 个评价指标；姜峥（2018）以乡村振兴的可获得性、可操作性指标和经济效应的必要衔接为原则，采用层次分析法和耦合协调度构建农村产业融合水平指标体系；王晓建（2018）采用主成分分析法，通过上海市金山区实行产业融合政策前后产业融合发展评分的对比，发现产业融合水平在政策实施后有显著提升。黄庆华等（2020）从产业融合内部因素出发，采用等权重赋值法测度了重庆市农村一二三产业融合水平。此外，也有部分学者使用计量模型对一二三产业融合发展的经济效应（如农民增收）进行估计。李云新等（2017）运用 2016 年湖北省随县农户家庭微观调研数据，采用引入控制变量的回归分析和倾向性得分匹配（PSM）分析方法，实证结果表明产业融合使得农户收入提高了50%以上。最后，大部分学者都是针对某一特定地区农村产业融合的水平或者效果进行评价，仅有少数学者（姜峥，2018）构建的评价指标适用于全国范围（表 5-2）。

表 5-2　农村产业融合效果评价指标体系相关研究

研究学者	研究方法	研究地区	指标评价体系
冯伟等（2016）	分析法	—	农业与关联产业的融合互动 融合发展的经济社会效应
李芸等（2017）	层次分析法和 综合指数法	北京市	农业与二三产业融合的行为 融合发展的经济社会效应
王玲（2017）	熵值法	江苏省	农业与关联产业的融合互动 经济社会效应
王晓建（2018）	主成分分析法	上海市金山区	农业产业链延伸 农业多功能性发挥 农民增收与缩小城乡差距
姜峥（2018）	层次分析法和 耦合协调度	全国	农村产业融合的深度和广度 农村产业融合的效果
刘鹏凌等（2019）	层次分析法	江西省浮梁县、 安徽省金寨县	第一产的特色农业发展指标 一二产融合的共享经济指标 一三产业融合的旅游服务业指标
朱惠玲等（2019）	主成分分析法	江苏省徐州市	融合程度 融合方式 融合目的
黄庆华等（2020）	等权重赋值法	重庆市	农业产业链延伸 农业多功能性发挥 农业与第三产业融合 农村三产融合要素发展 城乡融合发展
张艳红等（2021）	层次分析法	湖南省	农村产业链延伸 农村多功能发展 农村服务业水平 农村经济发展评价 农村社会发展程度

目前，农村产业融合发展的评价体系日趋成熟，关于产业融合程度的指标体系较为完善，形成了较为系统的研究框架。以姜峥（2018）的研究为例，基本囊括了前人关于农业产业融合程度的所有

内容，并在此基础上补充了农业产业金融支持的内容，选取的指标也具有可获得性和可操作性。不足之处主要有两点，一是对于一二三产业融合效果评价研究相对较少且缺乏对生态影响的考察；二是评价指标体系的区域性较强，大多是针对某一省份的某一地区或者几个地区进行实地调研，鲜有大范围内的微观研究，具有一定的局限性。因此，在阅读了相关政策文件和前人的研究结果后，本研究选取了合理的评价指标，构建了一二三产业融合效果的评价指标体系，为推动我国乡村振兴政策以及产业融合的效果评价提供参考经验。

第一节　我国农村产业融合发展效果的评价体系

评价指标体系是指由表征评价对象各方面特性及其相互联系的多个指标所构成的具有内在结构的有机整体。农村产业融合发展对我国农业经济有重要的影响，因此，建立起科学的评价标准和指标体系能够对我国农业发展政策的制定起到重要的指导意义。根据我国农村产业融合发展的现状以及存在的问题，并考虑到评价指标的可获得性和可操作性，本研究构建了相应的效果评价指标体系。通过农村产业融合发展效果的评价，对于了解和判别产业融合进程，总结产业融合经验用以指导现实具有重要价值。

一、农村产业融合效果评价指标体系构建的思路和原则

（一）效果评价指标体系构建的基本思路

根据农村产业融合发展的基本内涵，将农村产业融合发展的效果体现在经济效应、社会效应和生态效应三大方面。在农村产业融合方面，经济效应具体表现为产业融合是否使得农民的收入增加，社会效应具体来说就是农业在国民经济中的地位是否有所提高，生态效应则是农村产业融合对生态环境的改善效果。传统工业的发展带来了巨大的经济和社会效益，但同时也出现了生态环境质量恶化的情况，协调

好发展过程中经济、社会发展与生态环境保护之间的关系，也将成为农村产业融合过程中要解决的重要问题。因此，在研究农村产业融合效果的评价体系中，应该将农民增收、农业增收和生态改善作为重要内容进行深入研究（图5-1）。

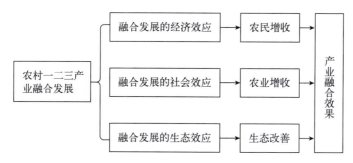

图5-1 农村产业融合发展效果评价指标体系设计的思路

农村产业融合将会带来农村经济、文化、社会、生态文明的全面进步，体现了产业融合的质量。具体体现在农民就业和收入的保障效果、农业基础的巩固、生态环境的改善、农业生物多样性的保护、农业和农村文化的传承等方面，本研究主要聚焦于产业融合对农村经济效益、社会效益和生态效益的影响。接下来将从3个方面分别对此进行详细阐述。

1. 农民增收 农民增收是指在推动一二三产业融合发展的过程中，农民的收入也会随之增加，其主要原因在于农户的非农收入（工资性收入、财政性收入等）在总收入的占比提高。在二三产业融合到第一产业的过程中，创造了更多的就业岗位，拉动了农村地区农民的就业水平，且促进了农民的就地就近转移就业，从而增加了农户的工资性收入。

2. 农业增收 在产业融合的过程中，通过资源利用的提高、交易成本的降低以及经济效益的增加，使得农业更多地参与到社会分工中，从而使其获得相较于传统单一产业更多的收益。

3. 生态改善 产业融合的过程也是产业结构进行调整的动态变化过程。工业作为对环境污染最严重的产业，在产业结构变化过程中将要素从工业中转移出来，有助于提高生产效率、促进节能减排，从而达到改善生态环境的目的。

（二）效果评价指标体系构建的基本原则

在构建农村产业融合发展的效果评价指标体系时，为了避免出现主观臆断的情况，在选取评价指标时，应该遵循一定的原则。因此，在选取农村产业融合发展的评价指标时，应该先制定好构建指标体系的原则。

1. 目的性原则　指标的选取要从评价目的出发，选取能客观反映评价对象关于评价目标的特性指标。在选取相应指标时应该始终围绕评价目的进行选取，如果没有明晰地确定评价的目的，很有可能出现所选指标与评价目标偏离的情况。本研究构建农村产业融合发展效果评价指标体系最根本的目的是更好地服务于产业融合政策的制定。

2. 全面性原则　指标的选取要尽可能全面且具有代表性，涵盖评价对象的各方面特性。党的十九大报告中提出了乡村振兴"五位一体"总体布局，具体到农村产业融合发展效果评价指标体系的构建，也应该体现出一二三产业融合过程中经济、政治、文化、社会、生态文明建设的重要地位，因此，对经济发展以外的指标也应该进行适当选择，本研究在评价农村产业融合的效果时分别考虑了经济、社会和生态效应。

3. 可行性原则　在选取指标时应该考虑到指标数据获取的可行性。有时在理论上来说比较全面系统的指标体系，可能存在指标数据难以获取的情况，无法进行实际评估，那么这样的指标体系便成了纸上谈兵。本研究中的指标数据有可能存在难以量化的困难，因此，需要谨慎选取指标。若出现指标数据难以获取的情况，可以考虑选择相近的、容易获得的指标进行替代。

4. 稳定性原则　所选取的指标应当不易受到偶然因素的干扰，具有稳定性。如果选取的指标容易受到不确定因素的干扰，那么评价结果可能无法反映真实的现状，指标体系的构建也就失去了意义。因此，在选取指标时也应该仔细考虑指标数据受不确定因素影响的程度。

5. 衔接性原则　选取的指标应该与研究的内容有必要的衔接。本研究的内容是评价农村产业融合发展的效果，因此，选取的指标要反映出产业融合对经济、社会以及生态方面的影响。由于数据获取的局限性，在分析融合效果时一般采用某一时间段的流量数据或某一时间点上的存量数据，无法完全满足融合效果评价对时间序列数据和截面数据连续性的要求。因此，在确定指标时尽量选取能够满足效果评价体系要求的指标。

二、效果评价指标体系的建立

目前，国内关于农村产业融合效果评价的研究较少，还处于初期探索的阶段。因此，对于农村产业融合发展效果评价，还未建立起成熟系统的评价指标体系。常见评价指标体系的构建方法主要有 5 种（表 5-3）。

表 5-3　综合评价指标体系的构建方法

方法名称	方法的原理	方法的应用领域
综合法	对已存在的指标群按一定的标准进行聚类	西方国家社会评价指标体系等
分析法	将指标体系的度量对象和度量目标划分成若干个不同评价子系统，并逐步细分，形成各子系统及功能模版	可持续发展评价指标体系，经济效益评价指标体系等
目标层次法	首先确定评价对象发展的目标，即目标层，然后在目标层下建立一个或者数个更为具体的指标组成，形成指标体系	规划方案综合评价等
交叉法	通过二维、三维或更多维的交叉，派生出一系列的统计指标，从而形成指标体系	经济效益统计评价指标体系，社会经济科技协调发展评价指标体系等
指标属性分组法	从指标属性角度构思指标体系中指标的组成（先按动态/静态划分，再按绝对数/相对数/平均数来分）	失业状态评价指标体系等

指标体系的构建方法（苏为华，2000）有综合法、分析法、目标层次法、交叉法和指标属性分组法等，其中，分析法是最基本、最常

用的方法。分析法是将指标体系的度量对象和度量目标划分成若干个不同评价子系统，并逐步细化，形成各级子系统及功能模块。分析法的基本步骤是：第一步，对评价问题的内涵与外延作出合理解释，划分概念的侧面结构，明确评价的总目标与子目标，这是相当关键的一步；第二步，对每个子目标或概念侧面进行细分解，越是复杂的多指标体系构建问题，这种细分解就越为重要；第三步，重复第二步，直到每个侧面或子目标都可以直接用一个或几个明确的指标来反映；第四步，设计每个子层次的指标。值得注意的是，指标并不仅仅局限于社会经济统计学上的、可以量化的指标，还应该包括一些定性指标(李远远，2019)。效果评价的总目标和子目标构成指标体系的目标层；总目标与子目标的层次分解构成指标体系的准则层；每个子层次指标构成指标体系的指标层。本研究也将采用分析法的思路来构建农村产业融合发展规划指标体系。

（一）对农村产业融合发展效果评价体系的相关指标进行选取

前文对农村一二三产业的融合发展的效果进行了相关评价，根据这些进行了思路梳理、原则确定以及选择研究方法。我们将对农村产业融合的具体指标进行详细说明与具体选择。

实际上，这是一种对农村产业融合效果评价体系的相关指标的设置方法。我国农村产业融合水平评价指标体系的构建遵循着一定的原则。在这个融合水平评价指标体系中，设立了 1 个目标层，3 个准则层，14 个指标层。从不同层次上看，1 个目标包含了若干个准则，1 个准则又包含了若干个指标。在这个效果评价指标体系中，主要从经济、社会以及生态三大方面来考察评价农村地区一二三产业融合的效果。农民增收、农业增收以及生态改善 3 个准则较为全面地评价了农村产业融合带来的影响，每个准则包含的指标也要体现出所属的准则层所表达的内容。在第一个准则，即农民增收之下，能体现这一准则的指标包括农村居民人均纯收入增速、农村居民非农收入占比、农业产业化带动农户数占总农户数比重、农村居民与城镇居民可支配收入之比、农村贫困发生率；在农业增收这一准则下，包括农业总产值增速、农产品加工业主营收入与农业总产值之比、农业服务业产值与农业总产值之比、农村固定资产投资增速、农户非农固定资产投资额占农户固定资产投资额比重；在生态改善这一准则下，包括农村地区森林覆盖率增长速度、碳排放量增长速度、空气质量达标天数、水资源总量增长率。

　　以上这些指标，有的可以在现行国民经济社会统计指标中直接获得，有的需要通过典型调查推算获得，有的在数据获取上可能存在一定困难，有的目前还难以量化。农村产业融合是一个复杂的系统，对其融合效果的评价目前也处于一个探索性的阶段。本研究综合考虑了指标数据的可获得性和可操作性原则，进而构建了农村产业融合效果评价体系。

（二）对农村产业融合效果评价体系的具体指标的解释

　　三级指标是在农村产业融合发展效果评价体系的指标中最基本的构成（表5-4）。

表5-4　我国农村产业融合效果评价指标体系

目标层	准则层	指标层	单位	指标属性
农村产业融合的效果	农民增收	农村居民人均纯收入增速	％	正指标
		农村居民非农收入占比	％	正指标
		农业产业化带动农户数占总农户数比重	％	正指标
		农村居民与城镇居民可支配收入之比	％	正指标
		农村贫困发生率	％	逆指标
	农业增收	农业总产值增速	％	正指标
		农产品加工业主营收入与农业总产值之比	％	正指标
		农业服务业产值与农业总产值之比	％	正指标
		农村固定资产投资增速	％	正指标
		农户非农固定资产投资额占农户固定资产投资额比重	％	正指标
	生态改善	农村地区森林覆盖率增长速度	％	正指标
		碳排放量增长速度	％	逆指标
		空气质量达标增加天数	天	正指标
		水资源总量增长率	％	正指标

1. 农村居民人均纯收入增速　农村居民人均纯收入增速这一指标能够反映出农民收入的提升速度，这一指标十分重要。设置这一指标，目的是反映农村产业融合对农民增收的影响。与农村信贷资金增长速度指标类似，这一指标包含了农村产业融合对农民增收的带动作用。

2. 农村居民非农收入占比　非农收入即工资性收入和财产性收入，这一收入在农村居民可支配收入中所占比例越高，意味着农民从事二三产业所获得的收入的比例越高。虽然这一指标无法准确体现出农村产业融合所增加的农村居民收入，但这一指标包含着农村产业融合使农民收入增加的那一部分。从这个角度讲，这一比例越高，说明农村产业融合的增收效果越好。

3. 农业产业化带动农户数占总农户数比重　产业化过程中带动的农户占比越高，说明当地农业产业发展农民主体的参与度越高，获益农民越多。在实践中，更主要的观点是这一指标能够反映出农产品加工链条对农户的带动作用、农村产业融合对农民的带动作用。这是在任何层面都可以推断出来的。发达国家的这一指标一般可以达到80％以上，而2016年我国这一指标为55％左右，与发达国家有一定的差距。

4. 农村居民与城镇居民可支配收入之比　这个指标能反映出城乡差距的缩小。推动农村产业融合发展，将为农民提供更多的就业渠道和增收来源，有助于提升农民的综合收入，进而缩小城乡差距，这也是大力推动农村二三产业融合的一个十分重要的目的。2016年，我国这一指标为36.78％。

5. 农村贫困发生率　由于在农村脱贫攻坚中，农村产业融合发挥了重要作用，因此，农村贫困发生率的降低，也在一定程度上体现了农村产业融合发展，特别是产业在贫困地区的融合发展对脱贫所做出的贡献。

6. 农业总产值增速　在农业与二三产业融合的过程中，农业加工业、农业服务业的发展使得农业更多地参与到了社会分工之中，从而享受了更多的社会成果，巩固了农业在国民经济中的地位。因此，农业总产值作为衡量农业获得社会成果的重要指标，其增长速度也是产业融合效果评价的重要内容之一。

7. 农产品加工主营业务收入与农产品总产值之比　这一指标体现的是农产品加工业对农业的带动作用或者说带动能力。这一指标数值越高，就表明农产品加工业对农业的带动能力越强。2016 年我国这一指标是 2.2∶1，发达国家这一比值为 3∶1～4∶1，取中间值为 3.5∶1，这应是我国努力达到的目标。农产品加工业主营业务收入不包括农产品加工业中非农产品加工营业收入，它指的是销售收入，即销售产品的数量×价格，是农产品加工业产值中扣除各种库存后的销售产值。由于农产品加工业营业收入通过市场已实现其最终产品价值，因而更能体现农产品加工业对农业的带动能力。

8. 农业服务业产值与农业总产值之比　这一指标体现的是对农林牧渔服务业与农林牧渔业的融合程度。由于农业服务业产值已包含在农林牧渔总产值之中，因而这一指标更能体现农业与其生产性服务业的融合程度。农业服务业产值等于其营业收入，是对农业生产活动的直接支持性服务（不包括科技和专业技术服务活动）。这与广义的农业社会化服务的含义是不同的，适用这一指标时要注意到这一区别。我国在 2016 年这一指标为 4.34%，与发达国家相比还有较大的上升空间。

9. 农户固定资产投资增速　这一指标的含义是农村农户建造和购置固定资产的经济活动，通过计算其年增长率来表现这一指标，增速越高，反映出城乡一体化发展程度越高。

10. 农户非农固定资产投资额占农户固定资产投资额比重　农户是一个市场的主体，同时也是产业融合的主体之一。非农业投资额占比在农户的固定资产投资越高，反映其从事二三产业的程度和能力越强，农户参与农村产业融合的可能性越大。

11. 农村地区森林覆盖率　森林是陆地上最大的碳储存库，减少森林损毁、增加森林资源是应对气候变化的有效途径。某一区域拥有森林以及林地实际占有状况的表现，是反映森林资源的丰富程度和生态平衡的衡量具体的因素，是农村地区生态环境山清水秀、生活空间宜居适度的良好保证（许力飞，2014）。因此，森林覆盖率的增长速度可以作为生态环境是否改善的标准之一。

12. 碳排放量增长速度 碳排放量是指在生产、运输、使用及回收产品时所产生的温室气体平均排放量。二氧化碳等温室气体的排放是全球变暖的主要原因之一，将导致全球降水量重新分配、冰川和冻土消融、海平面上升等后果，不仅危害自然生态系统的平衡，更威胁人类的食物供应和居住环境。因此，碳排放量也是生态环境评价体系的重要内容，碳排放量越高，对生态环境的危害越大。

13. 空气质量达标增加天数 工业以及交通运输业的发展使得大量有害物质被排放到空气中，破坏了空气清洁，而人们长期吸收受污染的空气，健康也会受到影响。因此，空气质量也是生态环境中需要考察的重要内容之一。根据《环境空气质量标准》，环境空气质量标准分为三级标准，一类区（如自然保护区、林区、风景名胜区和其他需要特殊保护的地区）执行一类标准；二类区（城镇规划中确定的居住区、商业交通居民混合区、文化区、一般工业区和农村地区）执行二类标准，三类区（特定工业区）执行三类标准。按照二类空气标准，折算全年的空气达标标准天数，并计算增加的天数，即可作为生态改善的指标之一。

14. 水资源总量增长率 水资源总量是指降水所形成的地表和地下的产水量，并不等于地表水资源和地下水资源量的简单相加，需扣除两者重复量。2016 年国家统计局发布的《2016 年国民经济和社会发展统计公报》显示，我国全年水资源总量 30 150 亿立方米，比上年增加了 1 780 亿立方米，增长率为 5.90％。

第二节　我国农村产业融合发展与农民增收

改革开放以来，中国农村居民人均纯收入从 1978 年的 134 元增长至 2018 年的 14 617 元，41 年间增长了 109 倍。由此可见，经济体制改革的成效显著，国家政策的倾斜以及财政资源的投入对农村居民的收入增长有显著促进作用。但与此同时，城乡居民收入差距仍从

1978 年的 2.56∶1 扩大到 2018 年的 2.69∶1，除此之外，在医疗服务、教育资源、公共基础设施等方面城乡之间仍存在巨大差异。到 2018 年末，以 2010 年的贫困标准来看，贫困发生率虽然已经降至 1.7%，但仍有 1 660 万农村居民处于贫困水平线以下。因此，保障农民收入水平的增长仍是我国农村经济发展的重要目标之一。

一、农村产业融合与农民增收的相关文献综述

"三农"问题自 20 世纪 90 年代提出以来，一直是党中央和国务院关注的重点，而农民增收问题则是重中之重。农民收入增长缓慢，城乡收入差距呈现不断扩大的趋势，社会矛盾日益凸显，如何促进农民增收成为亟待解决的问题。农民增收问题主要分为两方面。一是持续增收缓慢，影响农民增收缓慢的主要原因有 3 点：①农资及涉农服务价格过高削弱了农民增收的效果。②农业内部增收能力弱制约农民持续增收。③农村劳动力素质不高影响农民增收。二是城乡差距扩大，1978 年城镇居民人均可支配收入 343 元，农村居民人均纯收入 134 元，相对差距为 2.56∶1，绝对差距是 209 元；2018 年，城镇居民人均可支配收入 39 251 元，农村居民人均可支配收入 14 617 元，相对差距为 2.69∶1，绝对差距是 24 634 元。总体来看，41 年间城乡差距呈现不断扩大的趋势。

促进农民增收也是农村产业融合发展的首要目标，国内学者主要从以下几方面分别对农村产业融合与农民增收的问题进行了研究。首先，部分学者就产业融合与农民增收之间的关系进行了研究。从宏观层面来看，农村产业融合最根本的变化就是对农村目前不合理的产业结构进行调整（宋洪远，2000）。但是关于产业融合带来的结构调整对农民的收入是否有显著正向影响仍然没有得到一致的结论。张明林（2002）、王萍萍（2001）等人的研究认为农村产业结构的调整对农民收入并无显著的促进作用，而赵晓锋（2012）认为在微观层面上，产业结构的变化对农民收入增长有显著效果，而在宏观上这种效果并不明显。（郭军等，2019；杨艳丽，李永飞，2018；姜峰，2018）通过具体的案例分析说明产业融合拓宽了农民的就业渠道从而使农民收入

稳定增长，李云新等（2017）则通过湖北省随县的数据进行实证分析，结果表明，相较于传统农业单一发展模式，产业融合后农户的征收效应在 50％以上。其次，关于产业融合促进农民增收的机制，国内也有不少研究。苏毅清等（2016）从提高资源利用率、降低交易费用、促进产业升级与经济增长 3 个角度分别对产业融合促进农业和农民增收的影响机制进行了深入探究。李乾等（2018）认为产业融合主要促进了劳动力、土地以及资金的资源整合从而提高了农户收入水平。姜峰（2018）研究发现，产业融合通过拓宽就业渠道和增收渠道，形成稳定的增收机制，降低了不确定性风险，是农民收入持续稳定增长。郭军等（2019）创新性地提出产业融合的多种模式影响农民财产性收入、工资性收入、转移性收入和家庭经营收入，从而促进农民稳定增收。再次，学者们研究产业融合对农民增收效果的方法也不尽相同，部分学者仅对此进行了理论分析（苏毅清，2016；李乾，2018），在实证研究方面，目前大部分研究还是采用基于实地调研的案例分析法（姜峰，2018；杨艳丽，2018；郭军，2019），也有少部分学者根据调研数据建立了计量模型（李云新，2017；徐舒婷，2018）。最后，关于如何在农村产业融合中促进农民增收的问题，学者们也进行了大量的研究，提出了一系列建议和措施。苏毅清等（2016）提出了遵循产业融合规律、培育产业公地、拓展农业多功能性、巩固农业基础 4 项建议。李云新等（2017）提出要探索多种产业融合模式、构建现代农业产业体系、健全产业链利益联结机制，实现农户收入和福利水平的提升。李乾等（2018）提出政府需要加强对产业融合政策的宣传力度，落实完善产业融合相关支持政策，同时还要加强农业农村公共服务设施建设，多措并举来提高农民的收入水平。郭军等（2019）对 4 种不同的产业融合模式进行分析，从管理体制创新、农业产业链延伸、丰富产品业态以及完善人才机制 4 个方面提出了相应的对策建议。

二、农村产业融合与农民增收的理论分析

一般来说，农户家庭收入主要包括从事农业生产的经营性收入、

财产性收入和非工资性收入。农村产业融合聚焦于农产品生产、加工和销售等环节，因此，本研究将农户收入定义为农业以及由农业拓展出的关联产业收入之和，包括农业经营性收入，农业关联产业务工收入和农业关联产业经商收入等涉农收入。农村一二三产业融合的模式主要有产业延伸、产业整合、产业交叉和技术渗透 4 种，可以分别影响农民财产性收入、工资性收入、转移收入和家庭经营性收入，以此对农民收入产生影响。农村产业融合发展对农民收入的影响机制（图5-2）。

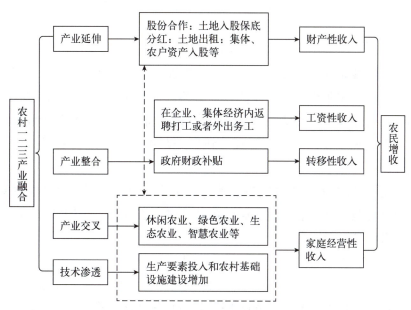

图5-2 农村产业融合发展对农民收入的影响机制

农村产业融合对农民收入的影响机制可以总结为以下几点。

（一）农村产业融合，促进了农业产业链延伸

农业产业链延伸，即以农业生产为中心向前或者向后产业链条延伸，将农业生产资料供应与农业生产链接起来，形成农业产加销一条龙服务（赵霞，韩一军等，2017）。在单一的发展模式中，农民在农业价值链中处于末端位置，无法享受农产品在后续加工以及流通过程中产生的附加值。农业产业链的延伸，通过地产地销、地域制造、企

业带动、农业生产方式创新等方式增加了农民在农业产业链中的角色的分量，让农民享受到产业融合带来的红利，能够有效增加农民的财产性收入。

（二）产业融合发展能够有效促进农业产业内部的整合

产业内部整合是在农业产业内部如种植业、养殖业等子产业之间的相互融合，建立起上下游之间的联系，有效整合农业内部资源，推动农业产业内部的融合发展。通过产业整合能够有效达到保护环境、节约资源、促进农民增收的目的。

（三）产业交叉融合也是农村产业融合发展的模式之一

产业交叉融合将拓展农业的多种功能，吸引工业和服务业的管理、资本、技术和人才等要素投入到产业融合发展中。以农业为基础，拓展农业经济、文化、生态、旅游等功能，促进休闲农业、绿色农业、智慧农业等新型农业的发展，不仅能够拓宽农民的增收渠道，增加农村非农就业岗位，实现稳定的增收机制，同时也有利于发展农村基础设施建设，加快培育农村新型经营主体，促进农业经济效益提升。

（四）技术渗透通过先进的信息、生物、航天、互联网等技术对农业进行有机渗透，形成了信息农业、生物农业、太空农业、"互联网＋农业"等新兴业态

近年来大热的农产品电商就是借助于互联网技术的兴起将农产品实体交易和电子商务有机融合从而发展壮大起来的。根据商务部发布的数据，2018 年全国农产品网络零售额达到 2 305 亿元，占全国农村网络零售额的 16.82%，电子商务俨然已经成为脱贫攻坚的重要手段。

农村产业融合发展将培育农村新的增长点，有效促进农村产业发展规模以及就业岗位的增加。农业产业链延伸、产业整合、产业交叉融合以及技术渗透改变了传统单一农业的生产方式，使农民的收入不再局限于传统的种养业带来的农业收入，可以通过促进非农就业、土地流转、扩大农业经营规模等多种方式使得农户收入稳定持续增长。

三、农村产业融合与农民增收的案例分析

关于农村产业融合对农民收入的影响，本研究计划采用案例研究法对农村产业融合以及农民增收之间的关系进行探究，案例研究法可以回答"是什么""怎么样"以及"为什么"等问题，能够较为全面地分析出产业融合对农民收入多方面的影响。

（一）研究方法的选择

案例研究法是一种以 1 个或者几个场景为对象，系统收集其数据进行深入研究，用以探讨某一现象在实际生活环境下状况的实地研究。当出现现象与实际环境边界不清晰而且难以区分时，或者研究者无法设计准确、直接又具系统性控制的变量时，可以采用此种研究方法。案例研究法的特点是：①研究更多地偏向定性，在资料搜集和资料分析上具有特色，包括依赖多重证据来源，不同的资料证据必须能在三角检验的方式下收敛，并得到相同结论。②通常有事先发生的理论命题或问题界定，以指引资料搜集的方向与资料分析的焦点，着重当时实践的检视，不介入事件的操控，可以保留生活事件的整体性，发现有意义的特征。③相对于其他研究方法，能够对案例进行厚实的描述和系统的理解，对动态的相互作用过程与所处的情景脉络加以掌握，可以获得一个较全面与整体的观点（陆雄文，2013）。

案例研究法可以通过对研究对象最大限度直接地考察从而得到比较深入和周全的理解，但同时，案例研究法也存在一定的局限性，主要包括以下 3 点：①难以对发现进行归纳。案例研究的归纳不是统计性的而是分析性的，这使得归纳带有一定的随意性和主观性。②技术上的局限和研究者的偏见。案例研究没有一种标准化的数据分析方法，证据的提出和数据的解释带有可选择性，因此，研究者在意见上的分歧以及研究者的其他偏见都会影响数据分析的结果。③大量的时间和人力耗费。密集的劳动力和大量的时间耗费是案例研究中一个非常现实的问题。

（二）农村产业融合与农民增收的案例分析

（1）黑龙江东禾农业集团（简称东禾集团）。"民以食为天，食以

稻为先"。稻谷是我国种植面积最大、单产最高、稳定性最好、总产量最多的粮食作物（刘晓风，2014）。稻谷产业涵盖育种、生产、加工、米制品、储藏、销售等多个领域，涉及种植散户、合作社、加工企业等多个行为主体，在产业链条上各个环节相互关联，各个行为主体利益相互连接，形成以水稻种植为基础，稻谷加工为主线的稻谷产业链（图5-3）。

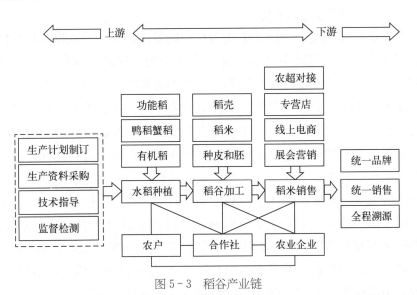

图5-3　稻谷产业链

黑龙江优渥的地理位置和自然条件，使其成为我国优质的稻米生产区。在稻谷生产的产业链模式上具有典型性，因此，具有作为案例进行分析的代表性。黑龙江省庆安县是国家绿色食品A级水稻生产基地，享有"中国绿色食品之乡"的美誉。这里坐落着一所著名现代化农业科技企业——黑龙江东禾农业集团。东禾集团是黑龙江现代化农业项目扶持企业、国家物联网应用重大示范工程、国家"北粮南运"工程示范企业。公司占地面积21.3万平方米，注册资金1亿元，固定资产近5亿元。

集团在高产优质水稻种植、数字化粮食仓储、粮食贸易等方面已成为龙头企业，旗下拥有众多优质大米品牌。公司在生产环节上统一购买生产资料、购买稻米种子、进行技术培训、加工运输。在水稻种植方式上采用多种种植方式，如功能稻、蟹稻等。在生产期间，公司聘请专业技术人员提供水稻种植指导，对水稻质量采取合作社理事长级别监管。生产过程全程可追溯。这大大提高了水稻种植户的生产积极性，提高了水稻品质，实现了产业链向上延伸。在加工环节上，集团对不同群体对稻米口感及营养需求进行调研，以此为根据进行新的稻谷产品研发。同时与中国科学院生态环境中心合作，筛选稻谷品种，并建立了研发基地，在普通稻谷加工基础上开发出 GABA 胚芽米等新产品。在产品的销售环节，集团对旗下稻米产品根据不同质量种类打造出"香禾林""庆禾香""食禾汇"三大品牌。在各大电商平台均建立了网络销售店铺。在线下建立农产品专卖店，并通过展会营销等方式拓宽销售渠道。集团现已建成集水稻种植、大米加工、粮食贸易、全农业链服务、物联网技术开发应用于一体的产业链，成为现代化农业产业化科技企业。在市场开拓和品牌经营方面公司已积累出决定性优势，通过对市场的精准把控和科学预测对稻米进行计划生产，在对产品品质的控制和改善、应对市场变化方面，公司具有不可比拟的管理优势，在稻米的生产过程中做到优化品种，保证产品质量，促进农村产业结构调整的协同化。

案例分析：农业产业链延伸是农村产业融合中最常见的模式，从上述黑龙江稻米产业链的案例可以看出，农业产业链能够向上下游延伸的关键在于是否能够在生产、加工和销售这个 3 个基本环节中找到全产业链的合作节点。改善这一点的方法是将工业化、标准化的管理理念灌输给农业生产经营主体，最重要的是通过品牌效应将各个环节联结起来，提高产品的多样化水平，拓宽营销渠道从而延长农业产业链。

在农产品生产及产前环节中，产品质量是培育品牌的重中之重，对于核心产品更要保证其质量安全；在农产品加工等产中环节，应该重点凸显品牌特点，并设计研发一系列差异化产品供消费者选择；在农产品销售及产后环节，应该安排好生产和销售的数量，利用农产品展会、互联网以及农产品专营店等渠道进行多方位产品营销。在此过程中，可以利用质量溯源体系，对生产环节到加工环节再到销售环节进行全程监控，从而保证消费者对农产品质量安全的信心。合作社和合作社联社是联结公司和农户的中介组织，其主要职能是为专业合作社内的社员提供生产资料团购和产品加工、运输、储藏、销售以及与生产经营相关的技术培训和信息服务。

产业链延伸的本质是农产品生产、加工以及销售环节中 2 个或者 3 个环节的联结，实现产加销一条龙、农工贸一体化，大大提高了农产品的附加值。产品仍然是产业链延伸的关键，因此，这种模式适用于具有比较优势或者具有特色的优质农产品。值得注意的是，产业链的延伸可能会伴随着新业态的出现，成为其他产业融合模式的重要组成部分。以云贵地区的梯田为例，虽然近年来当地的农村旅游业兴起成为当地的支柱产业，但其生产的农产品本身可能不具有比较优势，却可以作为旅游纪念品或者特色农产品出售，这也是通过第三产业促进第二产业发展，进而联结第一产业的产业链延伸模式。

（2）河南鹤壁农业硅谷。河南省鹤壁市农业硅谷产业园（以下简称"鹤壁农业硅谷"）位于河南省鹤壁市淇滨区海河路，由国内领先的农业信息化建设全面解决方案提供商——北京农信通科技有限公司，联合中国农业大学资源与环境学院，国家农业智能装备工程技术研究中心，以信息技术、物联网技术、智能装备技术、生物技术为核心建立起的农业高科技产业园区。目前，已经实施的项目主要有智慧农业、农业物联网、新农邦电子商务和信息进村入户益农信息社等，累计为农民和新兴农业经营主体提供了 10 亿次以上的信息服务，为涉农政府部门、电信运营商、农业龙头企业实施运营维护了 3 000 多个信息化系统。

就益农信息社而言，在建设过程中与实地情况紧密结合，根据农业经营的规模大小和定位，分为标准型、简易型和专业型——标准型提供公益服务、便民生活服务、电子商务服务和培训体验服务，一般选址农资超市、村科技服务站；简易型提供便民生活服务、电子商务服务，从便民商店、农资商店发展而来；专业型则依托新型农业经营主体，由农业带头人围绕生产经营活动为成员提供专业服务。仅仅在河南省就建立起了 3.8 万个益农信息社，覆盖行政村 4 万个，服务农民总人数达 3 000 万人，在全国范围内农信通集团承建的益农信息社更是超过了总量 20.4 万个的三成。在过去，农户只能凭借着经验和感觉进行植保活动，而农信通集团为农户安装的物联网设备可以同步感知农田环境、太阳辐射、风速、雨量等天气因素，除此之外还兼顾了苗情、墒情、灾情的检测功能。过去农作物不同生长周期曾被"模糊"处理的问题，现在都可以利用信息化智能监控系统"精确"把关。信息化改变了农业现代化发展的路径，改变了经济社会运行的方式。与此同时，鹤壁农业硅谷推出了"互联网＋农业"服务，从气象预报、环境监测、病虫害防治到市场行情波动，农信通集团研发的机器人"呱呱"，通过手机 App 可同时为 5 万～50 万农户提供农技服务。登陆益农信息社的手机 App——"呱呱农服"，可以详细了解周边植保无人机的数量，还能够在线预约空中喷洒农药服务。大规模建设益农信息社加快了我国农业信息化进程，就河南省而言，3.8 万个益农信息社收集的数据为日后的全面信息化奠定了坚实基础。

鹤壁农业硅谷作为国内首家农业信息科技产业园区，主要在农业电子商务、涉农信息服务、物联网智能装备以及移动智能终端制造等方面为农业经营主体（农户、农业企业、合作社、协会、家庭农场等）提供专业化解决方案与技术支撑，并逐步建成以移动互联网、物联网、智能装备等技术为核心的农业高科技研发、中试、产业化、示范基地和农业高科技产业集聚区，同时形成全国现代化农业科技推广服务中心以及农业新业态（包括创意农业、休闲农业、城市农业、生态农业等）体验、展示、培训发展中心，为推进现代农业发展和乡村振兴提供强有力的科技服务支撑。

案例分析：农业与信息的融合不仅将农业、资本、信息系统组合起来，完善了基层农业技术推广和服务体系，也提升了农业生产效率和收益。结合鹤壁农业硅谷的案例，农信通集团将农业技术通过信息化手段（报纸、手机 App、电视、网络等多媒体）为农户、家庭农场等生产经营主体提供各种农作物生产过程对农药、化肥等物质需求的详细信息，在提高生产效率、增产的同时减少了耕地、水等农业资源以及种子、农药、农药机械等农业生产资料的浪费。仅在农药支出方面，2015 年鹤壁市及其周边农户就比上年减少了 72 元/户。除此之外，农信通集团还可以实时为农户提供市场上最新的农产品价格走势，直接了解到消费者的需求状况，缩短农户对市场价格的反应时间。根据资料统计，2015 年鹤壁近 50 万的农户因享受这项服务对农业生产策略进行调整，估计挽救了约 2 亿元的农业损失。由此可见，农业信息化对传统的生产经营造成了不小的冲击，但从案例分析来看，推行农业信息化建设是利大于弊的。电子商务服务平台的引入降低了农户搜寻信息的成本，去掉了农产品中间交易环节，使农民获得了更多的农产品附加值以达到增收的目的。截至 2015 年，鹤壁有将近 400 万农户通过线上电子商务平台或者线下实地销售的方式经营各种农产品，年销售总额近 8 亿元，农民收入增长 2 000 元/人。在农村产业融合的过程中，互联网这类新技术的渗透通过优化资源配置，不仅提高了农产品市场的流通效率，还推动了农业信息化建设，促进传统单一农业生产经营方式向现代化转变。

第三节　我国农村产业融合发展与农业增收

一、农村产业融合发展与农业增收的理论分析

使农业、农村与农民获得更多收益是农村一二三次产业融合的根本目的。在产业融合的过程中，通过资源利用的提高、交易成本的降低以及经济效益的增加，使得农业更多地参与到社会分工中，从而使其获得相较于传统单一产业更多的收益。接下来将从 3 个方面分别阐述产业融合促进农业增收的影响机制。

首先，农村产业融合通过提高资源利用率从而使农业获益。季节性是农业生产中一个重要的特性，由此产生的一大问题是资产和要素无法在全年的时间得到充分和反复的利用。农村产业融合发展使农业更大程度地参与到全社会产业间分工中，因此，使得一些因季节性而闲置的资产和要素得到了充分和反复的利用，进而使得农业分享更多的社会分工成果。以休闲农业为例，在产业融合之前，农闲时期有大量的劳动力和农业生产资料闲置，无法得到充分利用，农户可能会选

择打零工来增加收入，但这种兼业收入一般不高。在产业融合之后，农业生产资料——如农业汽车、厂房和牲畜，可以继续投入到旅游服务中，农业汽车可以用来接送游客，厂房可以改装为农家乐的客房，牲畜可以用于游客体验项目，农民自身可以做导游或者服务员，使得农业资源得到充分和反复的利用从而获得持续的产出，实现收入的增加。

其次，农村产业融合发展通过降低交易费用使得农业增收。具体来说，可以分为两个方面：一是产业融合实现了企业对市场的大规模替代。根据罗纳德·科斯的交易费用理论，市场和企业是 2 种不同的交易方式，当通过企业交易形成的费用比通过市场交易而形成的交易费用低时，就会出现企业代替市场的情况。在产业融合的过程中，由于产业间分工逐渐内部化，其成本低于市场分工中交易的成本，因此，市场分工会向企业内部分工转化以降低交易成本，出现了大量企业替代市场的情况。二是农村产业融合发展缩短了农业产业链，即缩短了农业生产与消费者之间的距离。原有的农业市场分工在不断细化之后，会使得产业链条变长，农户难以及时获得消费者的需求信息，对于市场的反应速度变慢，农产品的销售成本也随之增加。农村产业融合之后，农业生产和销售之间分工被内部化，供给和需求之间的界限逐渐模糊，甚至出现了供需一体化的倾向。以农产品电商为例，可以实现农户和消费者之间的直接信息交换，从而使得农户根据市场需求信息进行生产和直接销售，除去了中间商赚差价，最大限度地降低了交易费用。

最后，在农村产业融合的过程中通过促进农业产业升级与经济增长来实现农业收入的增加。在产业融合的过程中，两个或多个产业进行融合形成一个共同产业的情况比较常见，融合后产生的融合产品往往可以实现原有产品功能的集成、扩大和延伸，和融合前原产业所生产的产品形成互补、替代互补以及替代兼有的关系。这种吸收型融合促进农业增收的主要机制是通过延长参与融合的农业中具体产业的生命周期，以此在更长时间内提升农业的收入，提升农业中企业和组织的盈利水平，促进了农业收益的增加。从经济增长的角度来看，农村一二三产业的融合能够推动国民经济大幅增长，与此同时，产业融合使得农业更多地参与到社会分工的过程中，因此，农业能够从宏观和微观两个层面享受经济增长的成果，更大程度地实现农业的增收、农村的发展以及农民的获益。

总体而言，农村产业融合使农业增收的本质在于使农业在更大范围内参与到社会分工中。参考亚当·斯密在《国富论》中的观点，农业生产的特殊性使得农业无法采用完全的分工制度，这也是农业的劳动力生产比不上制造业劳动力最关键的原因。此前我国农业产业化一直在尝试通过农业内部进一步的分工来提高生产效率和收入，但由于农业无法完全进行分工的特性，农业产业化的效果一直没有显著改善。因此，我们可以换一种思路，不再一味追求提高农业内部的分工化，而是将农业看作一个整体使其更多地参与到其他产业的分工，从而更多地分享社会分工的成果，增加农业收入。农村产业融合打破了以往在农业内部进一步分工的固有思维，为实现农业增收提供了新途径。

二、农村产业融合发展与农业增收案例分析

1. 河南省南阳市西峡县化山村　西峡县化山村位于双龙镇东部，距县城 38 公里，境内 2018 国道和西峡战备公路在此交汇，同时还有被誉为"中原一绝"的龙潭沟风景区。全村面积 9.6 平方公里，共 5 个村民小组，有 242 户 997 人。依托当地优美的自然风景，西峡县致力于将其打造成集农业观光、农事体验、休闲度假为一体的乡村休闲旅游胜地。

2017 年，化山村接待旅游人数达 50 万人次，年旅游总收入达 800 万元。自 2017 年提出旅游扶贫以来，建立了"能人＋农户"带动脱贫模式，直接带动了 33 户贫困户增收。此外，还通过"1＋N＋1＋1"扶贫小额信用贷款方式，吸收 20 户贫困户 41 人入股公司，每户每年获得不低于 3 000 元的分红；公司还以每年每亩 1 000 元的价格与 6 户贫困户签订土地流转合同；公司以每月不低于 1 600 元的工资与 7 户贫困户签订长期就业协议。

化山村规划建设了以龙潭山庄为代表的 12 套公寓式别墅农家宾馆，以东庄伏牛山为标志的 26 套松散型别墅群、以北坡旅游度假区为标志的 66 套高档别墅群，以化山口龙河山庄为标志的 38 套生态移民别墅群，可同时接待 6 000 人食宿，真正成为旅游业"一村一品"专业村。在建设北坡旅游度假区的基础上，化山村投资 1 800 万元建设化山采摘园，进一步拉长了产业链条，提升了人气指数，营造发展新优势。栽植优良果树 11 种、苗木 2.1 万株；规划坡改梯 580 亩，修建 6.5 米宽的观光道路 3.4 公里和以猕猴桃、葡萄、葛藤等藤本植物为主的观光生态廊道 1.1 公里。化山还采用有机农业生产技术和果园立体生态种植模式，发展季节性果品采摘园 3 处，达到"春季观花、三季品果"的休闲观光效果。

案例分析：化山村的案例中将农业和旅游业融合，开发了农业的文化、旅游功能，使农业更大程度地享受社会分工的成果。在 20 世纪 90 年代，化山村开发旅游业之初，就明确要以农户为主体，坚持"全民参与、人人管理"的原则，采用"能人"带头，试点推广的方法带动当地休闲旅游业的发展。依托当地优美的自然风光以及丰富的农业资源，化山村已经形成了"农家乐旅游＋古镇景区＋农业观光＋休闲旅游"的发展模式，并打造了乡村旅游聚集规划区，同时引入合作社等组织，采用农民土地入股等形式建设生态观光园，大力发展庄园经济。全村 90% 的农户都在经营餐饮、住宿等旅游服务业，乡村休闲旅游已经成为化山村的主要产业和主要收入渠道。根据资料统计，2015 年化山村全村人均纯收入达到 2 万元以上，90% 收入来自旅游服务业。在旅游扶贫方面，化山村也取得了不小的成就，推出了一批特色产业型、农业观光型、果品采摘型、规模化农家乐型等有市场吸引力的特色旅游扶贫项目，推动了当地农户就业规模的扩大以及就业结构的调整。

与此同时，在化山村产业融合的案例中，也存在一些难以避免的问题，乡村休闲农业的发展模式没有创新，产业运行的效率并不高。河南省有数目众多的乡村旅游、文化农业的景区，但普遍存在规模小、质量低的问题，很多休闲旅游业在模式上千篇一律，缺乏对文化价值的深度挖掘，毫无特色可言。长此以往，休闲农业难以吸引更多的游客，农民增收难以为继。

2. 遂昌模式　遂昌县位于浙江省西南部丽水市，位于钱塘江、瓯江上游，仙霞岭山脉横贯全境，山地占总面积的 88.83%，全县总面积 2 510 平方公里，总人口 22.74 万。基于山多地少的地理条件，遂昌县在传统农业生产上的优势不明显，农业产业规模小且分散。借助互联网科技，2005 年初遂昌县就有部分商户开始自发入驻淘宝，十几年间农村电商发展壮大，目前已经成为我国农村信息化建设和农村电商发展的范本。总的来说，遂昌县农村电商发展经历了以下 3 个时期：一是萌芽时期（2005—2010 年），主要经营竹炭、烤薯、山茶油、菊米等特色农产品；二是发展时期（2010—2013 年），2010 年在遂昌县委、县政府的引导下，遂昌县成立了以帮扶网商成长、整合供应商资源、规范服务市场和价格为目的的非营利组织——网店协会，串联起了农村电商的各个环节，也标志着遂昌电商集群进入快速发展时期；三是成熟期（2013 年至今），2013 年 1 月，"特色中国——遂昌馆"作为全国首家县级特色馆在淘宝正式上线，不仅包含了竹炭花生、烤薯、菊米等当地特色农产品，还包含了遂昌县景点门票、酒店住宿等旅游服务产品。特色馆的建立，标志着以农特产品为特色、多品类协同发展的县域电子商务"遂昌模式"已经初步形成（董坤祥，侯文华等，2016）。截至 2013 年 6 月底，遂昌网店协会共有会员1 473 家，其中，网商会员 1 268 家，供应商会员 164 家，服务商会员41 家，形成了较为完备的电子商务生态体系，为城乡青年群体提供了近 5 000 个就业岗位。在遂昌农特产品网销快速发展的带动下，当地大批年轻人开始投身电子商务，同时引发了当地"创二代"现象。在遂昌县很多的农产品生产企业，父辈从事传统的线下销售，具有一定的生产经验和品牌效应，让子女毕业回到家乡帮助企业开展电子商务业务，从而形成了遂昌农产品电子商务的"创二代"。

阿里研究中心发布的《遂昌模式研究报告》指出，遂昌模式借助"电子商务综合服务商＋网商＋传统产业"的相互作用，在政策环境的催化下，通过促进地方传统产业，特别是农业及农产品加工业的电子商务化发展，带动县域电子商务生态发展，形成信息时代的县域经济发展道路（张瑞东等，2013）。从"遂昌现象"到"遂昌模式"，遂昌县电商集群成为农产品网络销售的典型案例，其成功的关键在于结合了政府、协会和市场的力量，形成了上下联动的发展模式，即政府和企业由上而下地推动了遂昌模式的发展。

案例分析：农业作为我国的基础产业，具有广阔的市场前景，产业链长而且各个环节的信息不对称程度高。而互联网技术的引入，可以将农村大量分散的农户以一种新的方式与消费者联结起来，同时还可以帮助农户进行信息共享，减少农业生产、加工和销售之间与中间商交易的环节，大大降低交易成本。如果说生物技术、工程技术的应用更多的是促进农业产业单一模块的创新，那么信息技术的渗透则对农业的多个方面产生影响。电子商务在农业全产业链的渗透，显著促进了农业产业业态的多样化和产业布局的集群化。"互联网＋农业"的形式衍生了个性化定制、联盟、物流等新业态，新技术使农业直接与市场对接，市场反过来为农业提供专业化服务，适应农业生产的需要。"遂昌模式"的案例表明，新技术对农业产业集群化发展有重要刺激作用，促进农业生产的规模化以及农村经济竞争力的提高。除此以外，农业物流等新业态的产业也为农村地区创造了大量新的就业岗位，拓宽了农民增收渠道，促进了农业部门整体收益的增加。

从"遂昌模式"的经验来看，农村产业融合过程中，新技术渗透融合模式成功的关键在于一个好的服务平台。而为了更好地实现服务平台的功能，使农户受益的范围更广，需要从县域出发进行总体规划。此外，新技术渗透融合模式的前提是投入的技术要相对成熟，新技术会应用于服务平台的搭建和规模化。"互联网＋农业"的应用范围不仅局限于电子商务，与农业原有产业的碰撞过程中还衍生出了新业态。例如，给予传感器技术发展而来的生态体系，可以将农田、养殖场等生产单位通过系统连接起来，对不同主体、不同用途的物质交换和能量循环进行精密运算，保证农业生产者在各个环节精准地进行灌溉、施肥等工作，不仅节约了生产资料的投入，科学的经营管理还可以有效提高农业生产的经营效率。互联网这项新技术的应用对传统农业乃至国民经济的影响是深远的，产生的新业态会形成大量新的投资需求，创造大量劳动力就业岗位，为农民增收、农村繁荣、农业发展提供新动力。

第四节　我国农村产业融合发展与生态改善

20 世纪 70 年代改革开放以来，随着我国经济的高速增长，生产要素资源投入向工业倾斜，生产技术落后粗放导致环境严重污染，生态平衡被破坏。在工业化发展的初期，以高投资、高能耗、高排放和高污染的粗放型发展模式换取经济的高速增长，但中国目前的生态环境已经难以负担工业进一步排放污染所带来的损害，急需根据中国实际国情来调整产业结构与生态环境之间的关系。随着经济发展水平的提升，中国已经进入了中上等收入国家行列，发展的目标不再是一味追求高速发展，如何协调好经济发展与生态环境的关系实现绿色发展成为新时期中国发展的核心命题（韩永辉等，2015）。党的十九大报告明确指出，我们要建设的现代化是人与自然和谐共生的现代化，既要创造更多的物质财富和精神财富以满足人民日益增长的美好生活需要，也要提供更多优质生态产品以满足人民日益增长的优美生态环境需要。

一、我国农村产业融合发展与生态改善的文献综述

关于农村产业融合发展与生态改善的相关文献研究较少，但农村产业融合本质上是对农村目前不合理的产业结构进行调整（宋洪远，2000），而产业结构和生态环境之间的关系，是环境经济学领域一直在研究的问题。

传统的经济发展理论认为，经济在发展的过程中依赖于环境，而且必然会对环境造成破坏。生态环境是一种投入要素，在经济发展过程中必不可少。生态环境主要从以下 3 个方面对经济发展产生影响：①可以为经济活动提供物质和能源；②吸收经济活动中所产生的各种排放物；③提供其他服务功能。经济系统从环境系统中获取资源，又

将生产过程中的废物排放到环境系统中。产业结构是上述过程中的关键，产业结构不仅对经济增长的方式有重要影响，而且还决定了经济系统和环境系统之间的关系。经济系统通过产业结构对环境系统产生影响，因此，不同的产业结构对环境污染的影响程度显著不同（李姝，2011）。产业结构和生态环境的关系研究最早是 Grossman 和 Krueger（1992）、Copeland 和 Taylor（2004）等提出的国际贸易对环境三大效应之一的结构效应（Composition Effect），即产业结构变迁对生态环境造成的影响。在此之后，学者们对于产业结构与生态环境之间的影响进行了进一步研究。关于产业结构的分类，学者们主要从两个方面进行研究：一是从要素投入密集程度来进行分类。一般是考察从劳动密集型到资本密集型产业的转变对环境的影响。Antweller 等（2001）根据不同国家的数据进行测算发现结构效应对生态环境破坏的影响很小，Cole 和 Elliott（2003）进一步发现污染物指标的选取对结果影响很大，选取的污染物指标不同，产业结构变迁对环境污染的影响程度也不同。二是从产业的比例结构来进行分类。通常以工业占 GDP 的比重来反映产业结构的变迁，然后进一步考察其对环境污染的影响。选取工业占比作为指标的原因在于其对环境的污染是最严重的，在工业发展的过程中，需要大量的能源消耗，且强度远远大于农业和服务业，并产生相应的污染物，如废气、废水、固体污染物等。Dinda（2004）在研究中发现，产业结构向知识技术密集型工业和服务业转型有利于生态环境改善；Brock 和 Taylor（2005）认为，在产业结构升级的过程中把要素资源从污染产业转移出来，有助于提高生产效率以及促进节能减排技术的发展，从而达到改善生态环境的目的。本节主要研究农村产业融合发展对生态环境的影响，因此，依照第二种分类方式对产业结构进行定义。从 3 种产业对环境污染的影响来看，农业和服务业对能源以及其他自然资源的依赖程度远低于工业，因此，产生的污染也较少。根据国家生态环境部门估计，工业污染最高曾占中国污染总量的 70%，其中，包括 70% 的有机水体污染，72% 的二氧化硫和 75% 的烟尘。因此，可以得出初步的结论：产业结构中第二产业的比重越小，对生态环境的污染相对越少。

在农村一二三产业的融合的一般模式中，以某一产品为核心，逐步与农业产前、产中、产后的组织关联，产生较为健全的农业市场化产业链（陈曦等，2018），在此过程中，一方面，农业产值占国民经济的比重不断增加，进而对生态环境产生影响；另一方面，生态环境的改善能够促进农业的可持续发展。农业农村是一个完整的自然生态系统，尊重自然规律，科学合理利用资源进行生产，既能获得稳定的农产品供给，也能更好地保护和改善生态环境。

二、农村产业融合与生态环境的案例分析

湖北土老憨生态农业集团　湖北省宜都市位于鄂西南长江中游南岸，地处江汉平原向鄂西南山地过渡地带，东隔长江与宜昌市猇亭区、枝江市相望，东南邻松滋市，西南、正西与五峰土家族自治县、长阳土家族自治县交界，北与宜昌市点军区接壤。全市面积1 357平方千米。截至2016年，总人口约39万，地区生产总值约550亿元，2018年入选全国农村产业融合发展先导区创建名单。

宜都的地理位置十分适合柑橘的生产发展，因此，柑橘也一度成为农业支柱产业。全市柑橘栽种面积为191平方千米，柑橘产量34.7万吨，柑橘总产值4.1亿元，占种植业总产品的40%以上，柑橘相关的加工产值超过25亿元。但是在大力推行产业融合之前，柑橘的生产主要以初级加工为主，其加工附加值不高，农民丰产不丰收成为该地区主要的矛盾。而当地的土老憨集团，创造性地将柑橘生产与电子商务、休闲农业结合起来，探索出了结合当地实际情况的农村产业融合新模式，并对农业循环经济进行了积极实践。在柑橘农业生产方面，土老憨集团成立了宜都当地的柑橘农业合作社，在合作社内实行统一的科技服务与品牌销售，对推动农业生产经营组织化起到了良好的示范作用。此外，土老憨集团专门建立了生物科技园，占地近500亩，还拥有国家级工程中心技术平台，研发了30多项精深加工的柑橘产品。在土老憨生物科技园，将本地生产的优质柑橘剥皮榨汁，运用生物发酵的手段将其加工成柑橘醋、柑橘料酒等一系列柑橘产品；同时充分利用本来应该废弃的橘皮、柑橘果渣，将橘皮和大豆

发酵酿成"柑橘蒸鱼汁""陈皮下饭豆豉"等厨房调味品，将果渣制成柑橘酥、柑橘软糖等休闲食品，最大程度地发挥柑橘的价值，真正实现"零排放"。在电子商务方面，2014年土老憨集团联合多家企业成立了电子商务产业园，大力扶持当地的电商企业发展，目前宜都柑橘已经入驻天猫、京东、苏宁易购等一系列大型电子商务平台，并且开发了200余家分销客户。在休闲旅游业方面，宜都发展了国家柑橘农业公园，计划实现"城在村中，村在公园中，人在青山绿水中，即人人安居乐业，村村美如画卷"的目标（裴培等，2017）。土老憨集团的生物科技园区、电子商务园区以及国家农业园区的建设都是紧密围绕柑橘产业链布局的，生物科技园旨在研发柑橘产品的精深加工，电子商务园区目的是加强宜都柑橘的品牌建设以及拓宽营销渠道，国际柑橘农业园区的建设则以生态旅游和民俗文化为主；三园融合同时也将一二三产业无缝对接，适应当今时代"互联网＋"的发展趋势，推动当地柑橘产业的进一步发展。

案例分析：农业循环经济和以往传统农业经济发展模式最大的区别就是在循环经济中物质是可以循环利用的。在传统农业中，一般的发展模式是"资源—产品—废弃物排放"，典型的特征是消耗的资源多、排放的污染物多、物质和能量的利用率低，长此以往必定会导致农业资源的枯竭、生态环境的破坏、地力不断下降以及出现食品安全的隐患。而循环农业经济则是"资源—农村产品—消费废弃物—再生资源"的循环模式，通过再利用废弃物，实现物质循环。土老憨集团通过发展精深加工的循环经济，有效解决了柑橘生产资源浪费的情况，在提高资源利用率的同时还获得了优质的农产品，提高了产品的附加值。普通柑橘的售价每斤不到1元钱，而经过深加工生产的橘酱油、橘料酒、陈皮下饭豆豉等一系列调味品的价格就会翻几番，如果进一步加工成橘醋原浆等保健品，价格还要翻数10倍。

总体而言，土老憨集团的发展模式不仅在生态农业循环经济方面，而且在发展和推动地方经济方面都成就显著，其优势在于得到了地方政府的大力支持，且具有良好的社会口碑，深受消费者欢迎。但在其发展过程中也存在一些问题。一是柑橘种植规模小且分散，难以满足加工和销售的需求。2016 年土老憨集团对优质柑橘的需求约 5 万吨，其柑橘基地仅能供应 3 万吨，缺口约为 2 万吨。二是农业生产的组织化程度不高。土老憨集团虽然已经建立起当地的柑橘合作社，但柑橘来源还是以分散经营的农户为主，农户对市场的敏感性低，对市场信息的搜集、分析能力差。遇到突发的自然灾害时，普通农户往往难以抵抗和承受。三是技术推广水平低。虽然土老憨集团已经成功地实现了农业循环经济，但想要将循环经济推广到橘农的难度较大。一方面，农户的受教育水平普遍较低，农户对科学管理的知识不够重视；另一方面，循环经济的生态体系较为复杂，每个环节都需要有相应的技术支持，如果后期的技术培训不足，柑橘的循环经济就难以实现（裴培，2017）。

第六章

农村产业融合发展的
国际经验借鉴

对农村一二三产业的融合和发展进行理论研究，根本目的是讨论如何利用农村产业融合来促进我国的农村发展，增加农民的收入和农业现代化，以及建设一种新型、健康和环境友好的农业。一些国家，特别是日本和韩国已经或正在大力发展这一现代友好的农业，因此，本部分内容主要是介绍同样具有小农经济背景的日本、韩国发展的"第六产业"以及荷兰产业融合的一些具体做法和经验，并结合我国实际国情就我国当前如何推进农村产业融合发展提出相应的对策建议。

第一节　日本经验

21世纪以来，日本积极探索一二三产业的融合，并称其为"第六产业"。这个新兴名词最早是由日本东京女子大学教授 Imamura Naraomi 于1996年提出的。它的基本含义是"通过农业一二三产业的相互延伸和融合，将农业生产扩展到二三产业，形成一个集生产、加工、销售和服务为一体的完整产业链。"一二三产业的加法（1＋2＋3）或乘积（1×2×3）正好等于6，因此，有一个新术语"第六产业"。

日本的"第六产业化"从本质上讲是工业融合和产业融合的加深，其包括两个部分，一是农业、林业、畜牧业和渔业的第一产业，二是第二产业中的食品加工业、化肥生产等。同时，它还包括第三产业的流通、销售和信息服务，打破了传统农业与其他产业之间的界限，使农业和其他产业（如旅游、文化、生态和环境保护、生物制药、食品加工、高新技术、金融等产业深度融合，相互渗透，拓展了新的产业格局）。

但与以往工商资本通过整合农业向前延伸产业链条做法不同的是，日本的"第六产业化"始终强调维护农户的利益，立足于农业资源，促使农业产业链条向后延伸，以农户为经营主体，鼓励农户搞多元化经营，利用当地各种农业自然资源，因地制宜发展农产品加工业、农资制造业、农产品销售及休闲旅游观光农业等，实现农业与二三产业的深度融合，让农民也有机会可以参与到来自加工、流通、销售甚至旅游消费等环节所产生的利润分配，增加农产品的附加值，提高农户的收入水平，创造新的就业岗位，激发日本农业发展的新活力。

一、日本发展"第六产业"的背景

日本"第六产业"的发展有着深刻的时代背景。日本作为二战的战败国，积极推进农地改革，以满足国内居民的粮食需求，并颁布实施了《土地改革》《农地法》等一系列法律法规。这一系列措施促进了日本农业产业结构的调整，促进了日本农业的快速复苏，实现了食品自给自足，并改善了日本的农业基础设施。农业机械和农业机械的现代化水平为日本发展"第六产业化"奠定了坚实的基础。

随后，日本经济逐渐转向重工业和制造业，大规模农业活动的实施促进了大批农业劳动力向日本城市的流动，这导致日本在 20 世纪 70 年代发展缓慢。日本许多山区和中部地区的生产出现了衰退现象，农村地区出现了人口稀疏现象，某些地区的耕地被闲置，农产品流通不是很顺利。随着日本人口老龄化的加剧，日本的农业劳动力已经老龄化和女性化，日本农产品的自给率也逐年下降。在此背景下，日本政府再次调整了农业发展战略，并开始提倡区域主义和环境保护主义。日本学界开始积极探索农业的多功能性，并开始在实践中实施大规模的区域发展合作战略，积极发展乡村旅游、区域加工合作等产业集群。并在 20 世纪 90 年代后期开始逐步实施"第六产业化"政策。2008 年 12 月，日本民主党在其内阁会议上制定的《农业、林业和渔业纲要》中指出"农业、林业和渔业的第六产业发展目标"。这是政府首次在政策纲要中提出"第六产业"。随后，日本政府发布了一系列相关发展纲要和扶持政策，自此进入了日本"第六产业"的快速发展时期。

二、"第六产业"发展战略的具体内容

自 2008 年以来，提出了"农业、林业和渔业'第六产业'的发展目标"，作为民主党的农业、林业和渔业政策纲要。2010 年 3 月，日本政府制定了《粮食、农业和农村地区基本计划》。2010 年 4 月，水产部先后发布了《农业、林业和渔业第六产业化政策实施纲要》《农业第六产业化准备工作实施纲要》等一系列文件，全面规划了"第六产业"的相关事项、概述政策和相关财务措施。这些措施对促进日本的"第六产业化"具有战略作用。由此，我们总结出日本政府促进"第六产业"发展的一些具体做法：

（一）积极倡导农产品的"地方消费"，并在当地保持利润

自 2000 年以来，"本地生产和本地消费"已成为日本农业协会实施的重点项目之一。2005 年，日本政府以"本地生产和本地消费"为国家农业和农村发展的主要方向，制定了《粮食、农业和农村地区基本计划》和《食品教育促进基本计划》政策。2010 年，日本内阁通过了《第六产业化法》，再次阐明了促进"本地消费本地生产"的基本政策，即首先在生产区域内积极消费国内生产的农产品，生产区的供应不能满足消费的情况下，应消耗国内其他生产区生产的农产品。

"本地生产和本地消费"运作的主要形式包括农产品直销店、农产品本地加工、农校对接、民营农场、观光农业等模式，其中，农产品直销店是最典型的模式。直销商店可以由生产者自发建立，也可以在农业合作社和地方公共组织等组织的协助下开设。日本各地的许多

农产品都采用了直销方式。据统计，2012 年日本全国约有 23 560 家农产品直销店，年销售额为 8 448 亿日元（宋斌彬，宋晓凯，2014）。

参加直销的农民可以包装自己的农产品，设定自己的价格，然后委托直销店以佣金的形式出售。直销店的所有者将对产品进行定期的质量和安全检查，并要求每个供应农户的农民在其农产品的包装上打印生产者的姓名、照片、联系方式及其他信息，以便消费者在发现农产品的质量问题时可以直接与生产者联系。农产品直销店均采用先进的软件设备。通过该软件，供应农户可以随时通过手机和短信进入系统，了解他们在直销店中产品的销售量，从而使供应农户可以及时做出是否需要的决定，如补货调整和其他决定。在直销商店中，农民还可以直接与消费者沟通，这对有效改善农产品种植的品种和结构具有积极作用。与城市超市中的同类产品相比，直销商店中的农产品价格相对便宜且新鲜。直销商店的农产品赢得了消费者的青睐，同时也大大提高了农业生产者的收入水平。

日本政府大力倡导"本地农产品消费"，以鼓励消费者消费本地生产的农产品，有效降低流通环节的物流成本，积极培育本地农产品品牌，为消费者提供新鲜、可靠的本地农产品，极大地提高了当场农产品的附加值，有效地促进了当地劳动者，特别是女性劳动者的就业，并增加了日本农民的收入。

（二）大力促进农、工、商业之间的合作，增强农业发展活力

促进农林渔业从业者与工商业从业者之间的联合是日本发展"第六产业"的重要内容之一。日本政府通过提供税收、贷款等优惠政策，把来自二三产业的工商业企业引入到农村，共同开发日本的农林渔业，增强农业发展的活力。

在促进农工商业合作过程中，日本政府为了防止工商企业与农民争利，制定了多种措施来保障日本农民的利益。如通过土地规划来确保工商企业不能更改土地使用性质；另外，日本的农户在与工商企业的合作过程中，在农产品生产和商品化之前农户生产者和工商企业之间签订协议，农户生产者估算生产量并制定生产计划，而工商企业则需要提前制定商品销售计划、加工数量、预计价格，双方通过谈判、

协商力争达成"WIN-WIN"的双赢合作，减轻合作双方，尤其是农户生产者的不安感，双方在合理利润分配的前提下进行合作。一旦农户生产者认为利益分配不公，由农协介入，最终可以终止与相关工商企业的合作，而日本相关的法律法规及制度，凡是涉及农户与工商业企业之间的利益分配，均向农民倾斜，确保农户的利益。

（三）努力开展农业产业多元化经营，创造新的利润增长点

日本在促进"第六产业化"的发展过程中，以提高农户收入为主要目的，通过不断创新，努力开展农林渔业的多元化经营。目前日本的"第六产业化"已经呈现出内容多元化、发展主体多元化、开展形式多元化的特点。具体表现为：

首先，产品内容上的多元化，既包括农林水产产品，也包括一些加工的农副产品，甚至把自然资源也融入其中，具体涉及各类蔬菜、水产品、肉类等多类型产品。尤其是近年来，日本在发展"第六产业"的过程中，结合国内涌现出的新需求，不断开发新的事业，创造新的利润增长点。例如，随着日本人口结构老龄化程度的不断加深，日本结合农工商业的合作优势，对老年看护用品、老年功能性食品等附加值高的产品进行大力开发；另外，在大地震发生后，日本国内大幅减少了对核电的使用，转而寻求利用生物质来发电，日本政府通过对企业补贴、税收优惠等政策吸引日本企业到农村与当地农户合作，利用秸秆等生物质进行发电，产生了新的经济增长点。

其次，在发展主体的参与上，包括农户生产者、农业协同组织（简称农协）、株式会社、生产者协会、有限责任组织等众多主体均积极参与发展"第六产业"的过程中。

（四）积极发挥农协作用，为"第六产业"保驾护航

日本农协全称是"农业协同组织"，简称农协，是一个遍布日本城乡、由农民自愿联合、自成体系的经济合作组织，其功能在于为日本的农户、农业和农村提供各类综合性服务。日本农协在发展农业、推进日本农业现代化的进程中功不可没。一方面，农协是日本农民开展日常经营活动的指导者，在农民与大市场对接方面发挥着"桥梁"和"支撑平台"的作用，把千家万户的零散农户与全国的大市场联系

起来，覆盖到了整个农业的生产、流通、分配和销售的全过程。另一方面，日本农协还积极为农户提供金融服务，指导农户制订合理的生产经营计划，提供公共基础设施，并向政府部门反映农民日常生产、经营等问题。日本农协是解决日本"三农"问题的核心力量，在发展"第六产业"过程中，农协同样发挥了积极的作用，为日本"第六产业"的发展保驾护航。

为了适应日本"第六产业"发展的形势，日本农协相应地做出了一些调整。一是在组织结构和人员上进一步精简，由原来的三层结构变为两层结构为主，由原来的"中央农协联合会—都道府县农协联合会—区域农协组织"三层结构精简为"中央农协联合会—都道府县农协联合会或区域农协组织"两层结构，由中央农协直接面对基层的农协组织。随着组织结构的精简，农协人员也相应做了精简调整。2011年，日本农协的雇佣职员为 215 807 人，较 1997 年减少了近 6.9 万人；管理人员则从 1997 年的 44 578 人减少到 2011 年的 18 990 人，下降幅度达到 57.4%，这其中主要削减了不经常参与农协运营的非常务理事和非常务监事两部分人员；与此同时，鉴于日本老龄化和农村女性较多的现状，逐步增加了女性在农协的生产和组织运营中的作用，女性职员由 1997 年的 129 人增加到 2011 年的 851 人。

二是农协的运营机制发生了重大变化，为了提高日本农协的市场竞争力，日本农协出现了经营管理权与所有权的分离，具有经营管理能力的高层经理人作为农协组织的实际代理人越来越多地承担起日本农协经营决策的职责。

三是农协从农民经营组织逐步向振兴地区经济组织转变。为了能够适应"第六产业"的发展，日本农协立足于农村的农林渔业，向涉农的二三产业发展，将"第六产业化"的理念导入农协的实践，以全体社员的利益为核心，以消费者所注重的食品安全、环保、高品质需求为导向，不断开发具有高附加值的农产品，如开发老年看护品、老年功能性食品等，通过"第六产业化"使得地区经济得以振兴，农户收入得以提高。据统计，2009 年在"第六产业化"发展过程中所倡导的"地产地消"模式中，农协所负责运营的农产品直销店销售比例占到日本直销店总销售量的 32%，远远超过其他团体。同时，农协为了能够吸引二三产业进入农村，不断加大对农村基础设施及配套的物流加工设施投入，利用多产业的融合来放大农业多功能性效应，持续不断地振兴当地的经济活力，实现地区农业的可持续发展。

（五）大力培养复合型人才，注重信息搜集与交流活动

为了促进一二三产业的深入融合，促使农业与工业和服务业的协同发展，大力发展"第六产业"，日本政府十分注重对复合型人才的培养，从中央到地方均有培养复合型人才的学校。目前，日本全国有50 多所农业学校，同时还通过举办各类培训班的形式来培养复合型人才。这些被培养出来的复合型人才不仅要懂得农业技术，还要具有商业开发和销售能力，从而可以有效地开展农产品的商品开发、品牌化建设及后续的销售工作。

同时，日本在发展"第六产业化"进程中，日本的中央政府和地方政府均注重对信息的搜集、公布与交流活动，为"第六产业"的发展提供信息支持。如日本中央政府会组织专门针对食品产业及农林水产业的实地调研活动，积极搜集各农产品的产地信息，推广一二三产业深入融合的典型案例等。日本的地方政府也会提供以食品产业为核心的产地信息，为本地发展"第六产业"提供信息支持。另外，日本各级政府会定期或不定期地举办各种性质的交流会，如在中央开展全国产业集群协议会、先进事例研讨会、品牌确立研修会、技术交流会等，促进不同产业、不同地区从事"第六产业"的人群与组织之间的交流与合作。在地方开展农林水产商品展销会等，促进产品之间的交流，扩大农产品的销路。

（六）重视生态环境保护，建设环境友好型现代农业

日本在发展"第六产业化"的过程中，高度重视生态环境的保护。日本农林水产省将农业和农村地区的职能概括为以下几个方面：粮食供应、蓄水和防灾、农业生态旅游、文化遗产、休闲和养护、自然环境保护。通过"第六产业"的发展，一方面，可以通过产业整合增加农产品的附加值；另一方面，可以有效地实现农村自然人居环境的改善。同时，可以结合当地的文化、自然资源和农业发展集农业种

植、旅游休闲为一体的综合性产品。此外，日本政府还专门提出了开展"绿色与水环境技术革命"，通过一系列措施发展环境友好的现代农业。

（七）日本发展"第六产业"的保障措施

日本政府专门针对"第六产业"的发展出台了一系列的保障措施，综合考量，主要体现在多样化的财政支持政策和完善的法律法规两个方面。具体而言：

1. 多元化的财政支持政策促进"第六产业"的发展　为了确保"第六产业"的顺利开展，日本政府出台了一系列相应的财政补贴政策，在 2010 年出台的《第六产业化法》中明确规定，农户在建设农产品直销店，农产品加工、流通和销售设施建设过程中，其资金的 50％可以享受国家的财政补贴；企业和农户在开发新的产品和开拓产品的销售渠道过程中，其所需资金的 2/3 可以申请国家补助；当农户或者其他经营主体在发展"第六产业"的过程中，自有资金不足时，可以申请国家的无息或低息贷款。同时，日本的水产厅也出台了相应的财政支持政策来促进渔业"第六产业化"的发展。2011 年日本水产厅提供了共 32 亿日元的财政补贴，用于渔业的各种软件和硬件建设。

2. 完善的法律法规保证了"第六产业化"的发展　日本政府颁布了一系列法律法规，以确保"第六产业化"的顺利进行。2008 年颁布了《农业产业合作促进法》，通过税收和财政激励措施鼓励农业，工商业之间的合作，并强调在"第六产业化"过程中，农业、工商业企业之间的合作应基于农业、林业和渔业。日本政府在 2010 年颁布的《第六产业化法》中明确规定，所有农林水产或私营企业的雇员都制订了发展"第六产业"的商业计划，并获得了林业和渔业部部长在国家提供的资金和信息服务方面的政策支持。日本政府于 2012 年颁布了《农林水产业发展产业化基金法》，2013 年 1 月，日本政府与民间团体共同出资设立了"农林水产业发展产业化支援基金（Agriculture, forestry and fisheries Fund corporation for Innovation, Value-chain and Expansion Japan，简称 A-FIVE）"，该基金成立的目的就是为"第六产业化"所涉及的各项业务提供资金和精细的管理支援。2013年6月，日本政府颁布了《日本振兴战略（阁议决定）》，并在2014年进行了进一步修订，在该战略中日本政府将"第六产业"的市场规模从现在的1兆日元扩大到了2020年的10兆日元。2015年3月日本政府出台了《食品·农业·农村基本计划（阁议决定）》，本计划提出了一系列通过提高农业生产额度，缩减生产成本来带动农业收入增加，通过"第六产业化"来增加农村地区相关收入的多种举措。完善的法律法规为日本农业"第六产业化"的顺利开展提供了坚强的后盾和制度保障。

第二节　韩国经验

在借鉴学习日本发展"第六产业"的基础上，韩国政府也启动了"第六产业化"进程。韩国对"第六产业"的定义是"以农村居民为中心，以农村现存的有形、无形资产为基础，将农作物和土特产（第一产业）与制作、加工（第二产业）和流通、销售、文化、体验、观光等服务（第三产业）相结合，创造出新附加价值的活动"。

韩国发展农业的"第六产业化"同样以农村和农民作为主体，通过将农业与二三产业的深度融合，使农业超出传统的单纯农产品生产领域，利用本地的人力、自然资源，融入先进的创意与技术，以创新和融合的方式开拓出新的市场和新的工作岗位，增加农产品的附加值，其根本目的是振兴韩国地方农业，激发农村地区新的活力。

一、韩国发展"第六产业"的背景

韩国政府发展"第六产业"并振兴韩国农业的原因与日本相似。首先，韩国的农村人口正在严重老龄化。据统计，韩国农村地区的老龄化率在20年内已远远超过城市，并且有大量的年轻劳动力移居城市，韩国农村劳动力的1/3已经超过65岁，进入了超龄化时代。其次，随着全球化步伐的加快，韩国农产品市场的开放程度不断提高，农产品进口量逐年增加，农产品受到了不同程度的影响，韩国传统农业产业面临巨大挑战。

在这种背景下，韩国政府自20世纪70年代一直在农村地区推动"新村运动"，大力倡导农业多样化，并采取政府支持、农民独立和项目发展等方式来努力发展农舍体验旅游、食品加工业制造、扩大农产品直接销售等振兴韩国经济的方法。据统计，1970—1980年，韩国政府在"新村运动"中投入了超过2 750亿韩元。20世纪90年代后，韩国政府进一步明确提出了农业多功能性的研究和建设，高度重视农业的多功能性。同时，韩国政府制定了相对长期的目标和计划。《农业、林业和食品科学技术发展中长期计划（2013—2022年）》提出，未来10年农林食品附加值的年均增长率将达到3%。2016年和2022年将分别达到67万亿韩元和77万亿韩元。韩国的"第六产业化"进程正在继续加速其发展。

二、韩国发展"第六产业"的具体内容

（一）注重创新，精心设计"第六产业"的方向和类型

韩国在充分借鉴日本经验、结合本国国情的基础上发展"第六产业"，注重创新，精心设计了农业六次产业化的发展方向和类型。目前韩国的"第六产业化"朝着3个主要方向发展：①朝着水平多元化方向发展。由过去地区单一品种的农产品生产向地区性多元化综合农业方向发展，如韩国某地区农村过去可能以种植谷物或豆类为主要生产作物，"第六产业化"之后，不仅种植谷物、豆类，同时发展畜牧产业，种植蔬菜、果树和花卉，甚至会充分利用当地自然资源开发新的产业，如观光旅游、生物质发电等项目。②朝着垂直多元化方向发展。韩国政府在推动"第六产业化"进程中，鼓励农户由过去单一的农业生产向下游产业链条不断延伸，从生产向加工、销售等二三产业领域扩展，不断提升农业和农村的附加值。如韩国农民可以从过去单纯种植谷物豆类的第一产业，朝着二三产业延伸，进一步对种植的农产品进行食品加工，做成年糕、点心大酱、酱油、豆腐、酒类等产品，发展食品加工业。还可以继续向第三产业延伸，进行农产品加工产品的直销，发展本地农村的观光旅游、农业体验、城乡交流、农家

乐及旅游业等。③发展"农工商一体化产业"（也称"农工商连带"），过去韩国的农业生产者如果想要延伸产业链条，必须由农业生产者自己来进行开发新商品、开拓国内外市场或地区品牌等活动。由于受到知识、能力等多方面的局限，农业生产者单靠自身力量进行农业产业化面临诸多困难。韩国政府推动"第六产业化"发展进程之后，通过政府提供税收、补贴等优惠政策，将掌握着高技术的食品制造企业和具有成熟销售网络的流通企业、零售企业等结成连带关系，促进农工商企业之间的联合，共同开发韩国农业，增强农业经济的发展活力。

在朝着这3个方向不断推进"第六产业化"的进程过程中，韩国各地充分利用本地的资源，结合各地的具体情况，主要发展了社区型、连锁销售型和社交型3种"第六产业化"类型。①社区型"第六产业化"。在韩国一些老龄化严重、女性较多的农村地区，发展社区型"第六产业化"，将过去单纯生产粮食、蔬菜、水果等农产品扩展到进行农产品初级加工或进行直销经营，这种类型的"第六产业化"可以为当地创造更多的就业岗位，将农产品附加值留在本地，促进本地农业经济的发展。②连锁销售型"第六产业化"。这种类型的农业产业化是将城市里的专卖店销售方式引入到农业部门，由农业企业与零散的农户签订合同，指导他们的生产，提供相应的生产资料，并最终保障农产品以专卖的形式顺利销售，类似于订单农业。③社交型"第六产业化"。这种形式的产业化其目的是开拓新产品或者市场，创造出新的价值。社交型"第六产业化"一般会通过农工商企业之间的联合来进行，可以是以第一产业作为主导，向二三产业延伸，也可以以二三产业企业为主导，向第一产业延伸，通过3次产业的合作，开发出新的商品，产生新的价值链，产生出新的价值。

（二）农业协会为促进"第六产业"健康发展发挥着积极作用

与日本农业合作社协会相似，韩国农业合作社组织在韩国"第六产业化"进程的发展中也发挥了重要作用。韩国农业合作社是一个由农民主导的自治合作组织，1961年发展为综合性农业合作社。2000年，将建立经营的农业协同组合中央会、畜产业协同组织中央会等中央组织合并为农业协同组合中央会，采取一元化的综合经营体制。韩国农协分为两个层面，中央会主要负责全面统筹规划工作，基层农协主要在中央会的活动宗旨及扶持下开展具体业务。

韩国农业合作社的业务非常多样化，它为各级农民提供了各种服务，促进了"第六产业化"的发展。具体来说：①销售业务。负责购买、分类、加工、包装和销售农民生产的农产品。②统一为农民购买必要的农业生产资料和日常工业产品。③进行传统食品的开发，农产品的粗加工和特殊农产品的加工。据统计，2012 年农业合作社加工的农产品销售额为 4 777 亿韩元。④组织信贷和保险业务，为农民提供财务保护。⑤为会员组织各种农村社会福利计划，例如文化、健康和耕种。⑥负责对其成员进行教育和支持，韩国政府将提供必要的财政支持。2012 年，有 101.4 万农业合作社成员接受了现场实习和其他教育；接受在线大学等教育的农业合作社数量达到了 197 000 个。韩国拥有农业合作大学，是世界上唯一的农业合作大学，所有毕业生都在农业合作体系中受雇。

（三）注重对农户技术层面的培训、精神层面的培养

在发展"第六产业化"过程中，韩国政府十分注重对农民的培训和培育工作，形成了一套完备的农民培育体系。韩国的农业培训机构主要包括农业合作社、农业大学、农村发展局和其他非政府组织。其中，农业协会为不同群体提供不同水平的职业教育和培训；农业大学遍布韩国各地，主要是为中青年农民提供高水平的培训和教育；农业促进部主要负责韩国的农业研究和农业技术推广，农民的农村生活指导和培训农业公务员，是韩国农民技术推广教育和培训的实施主体，也是培训农民、农村青年和农村妇女的机构；其他非政府组织则主要侧重于农村技术人员和青年农民。该项工作对韩国农民的培训体系起着补充作用。

韩国的农业教育包括 3 个层次：4H 教育、农民和渔民的后继教育以及农民专业教育。其中，4H 教育是专门针对农村年轻人的一种教育形式，其目标是培养具有聪明头脑、健康身体和强大动手技能的农民；农民和渔民的后继教育专门针对农业后备人员，以培养和支持愿意从事农业的年轻劳动者；农民专业教育的重点是培养和支持具有

高度工业化经营管理水平和一定竞争实力的大型专业农民。

在培训内容上，韩国政府特别注重农民的需求，把最实用的技术传授给需要的农民。同时韩国政府特别注重对农民实践能力的培训，提高农民的实际动手和操作能力。针对农民的技术培训主要包括新型农业生产经营技术、病虫害的防治、农产品的流通及经营管理等专业技能。同时，充分考虑到农民的实际情况，推行全日制、半日制、夜校等多种形式的农业培训。

需要特别说明的是，韩国政府除了对农民展开专业技能培训之外，还从精神上激发农户，培养韩国农民树立起自立、自强的精神和意识，鼓励农民积极开拓、勇于进取。在发展"第六产业"过程中，韩国还十分注重农村的精神文化建设，提高农民的伦理道德水平，培养其"自立、自助、勤勉、协力"的精神，改善韩国农民的精神面貌。

（四）大力发展"亲环境农业"，实现农业的可持续发展

韩国政府认识到化肥和农药的过量使用，会带来土壤条件的恶化、水资源的污染、削弱韩国农业的国际竞争力等一系列危害之后，大力发展"亲环境农业"，实现农业的可持续发展和环境的改善。

韩国政府于 1997 年颁布了《环境农业培育法》，将 1998 年定为韩国"环境友好农业的元年"。《环境农业培育法》经过多次修订，2009 年韩国政府将其修改为《亲环境农业促进法》。发展环境友好型农业的过程中，中央政府的主要职责是制定和实施环境友好型农业政策及相关制度，发展基础环境友好型农业技术，实施环境友好型农业种植措施。地方政府负责推广和发展环境友好型农业技术，并实施环境友好型农业技术。环保农业培训业务为农民提供教育和宣传，并为农民提供技术指导和监督；私人组织和农民负责引进基本的环保农业技术，发展环保农业生产者组织，并促进环保农业培训、建立环保农产品自律流通体系。这一系列法律法规的颁布和实施，为韩国发展环保农业奠定了坚实的法律基础。

从 2001 年开始，韩国政府开始对韩国发展生态农业进行规划，当年提出了《第一次亲环境农业 5 年规划》。在《第三次规划》中提

出了三大目标：第一，到 2015 年亲环境农产品面积扩大到 12％；第二，每年化肥、农药的施用量减少 3％以上；第三，有机农产品市场规模扩大两兆韩元。同时设定了"七大核心课题"，主要包括：构建可持续生产基础、活化流通消费、为确保消费者信赖构建的安全管理系统、活化加工及农业资料产业、开发技术及培训专业人员、构建农业环境管理系统等，为发展亲环境农业提供各方面的支持。

目前，韩国发展亲环境农业已经取得了很大的成就，据韩国农林畜产食品部数据统计，2009 年与 2005 年相比，亲环境农业实践农户增长了 3.7 倍，亲环境农业实践面积增加了 4 倍，亲环境农产品生产量增加了 3 倍，亲环境农产品占到总农产品产量的 12.2％，较 2005 年增加了 2.8 倍；同时，在化肥使用量方面较 2005 年减少了 35.6％，农药使用量减少了 16％。2009 年韩国财政对亲环境农业的投资达到 5 613 亿韩元，较 2005 年增加了 3 倍。

三、韩国发展"第六产业"的保障措施

（一）政府主导、采取多种途径促进"第六产业化"发展

从某种程度上可以说，韩国发展"第六产业"是政府主导的结果，为了推进韩国"第六产业化"的进程，韩国政府做了多方面的工作，出台了一系列的扶持政策及措施。从财政扶持政策来看，韩国政府为了培育农业"第六产业"的经营主体，由农林畜产食品部、农水产食品流通公社、农协中央会等政府部门负责财政支援工作，扶持农业"第六产业化"进程中所涉及的经营主体的培育、发展、生产、加工、流通、销售等多个方面。目前，韩国政府对于农业"第六产业化"的支持主要包括贷款和补助两种形式。其中，贷款包括低息和无偿贷款两种；补助包括最大限额、一定数额和一定比例事业费 3 种补助方式。2013—2014 年，韩国政府共投资 200 亿韩元用于设立专项资金支持"第六产业化"的发展。

韩国政府为了发展"第六产业"还建立起了较为完善的服务支持体系。中央政府负责创业孵化器咨询、瓶颈技术攻破、与有关机构联系等工作；地方政府负责指导农户克服瓶颈技术等，另外，韩国还有

一些民间组织担负起农产品加工技术、支援技术开发，政府农业基金发放，农特产品直卖场等工作。

（二）完善的农业农村法律体系为"第六产业化"发展扫清障碍

韩国政府在发展"第六产业化"进程中，十分注重立法工作建设，以《农业基本法》为基础，先后颁布了农业振兴、农村现代化、农业组织、农业机械、农村用地、农村能源等多方面的法律法规，形成了较为完善的农业农村法律体系，为韩国发展"第六次产业化"道路扫清了障碍，奠定了坚实的基础，确保了韩国在发展"第六产业"的各个环节，可以做到有法可依、有法必依。

以韩国几部重要的法律为例，1998年12月，韩国政府修订了《农业农村基本法》，该法涉及确立农业农村未来发展的方向，改善农业结构、确保农产品供需稳定、改善农产品流通渠道、促进农产品交易、加强农产品国际合作、促进农地开发、加大收入援助等内容，对韩国农业未来的发展进行了全方位的规范，确立了发展农业各主体的职责和权限。2000年，韩国政府修订了《农业协同组合法》，对农协中央社和地方基层合作社的职责进行了详细的规范和约束。2003年，韩国政府修订了《农村振兴法》，该部法律就振兴韩国农业的范围、实施、基金的设立等多个方面做了相应的规定。2004—2008年，先后出台了《农林渔民生活质量提高及农渔村地区开发促进特别法》《城市和农渔村相互交流促进法》及《食品产业振兴法》。2009年，韩国政府出台了《农渔业经营体培育及支援法》和《农民等非农业收入支援法》。2010—2014年又先后出台了《传统酒等产业振兴法》《饮食服务业振兴法》《泡菜产业振兴法》《农村融合复合产业培育及支援法》。通过这一系列法律法规的出台和修订工作，为韩国农业融合化和复合化、农村产业的兴起、农渔民收入的提高等奠定了坚实的基础，也标志着韩国发展"第六产业"法律体系的形成。

第三节　荷兰经验

荷兰位于西欧北部，这是一个人口众多，农业资源有限的典型国家。该国人口密度高于我国；荷兰的耕地和牧场总面积不到 200 万公顷，人均耕地面积为 1.3 亩，这一点与我国基本一致；荷兰虽然气候温和但是阳光不足，影响农作物的生产，因此，荷兰的农业发展面临先天性不足的问题。相反的是，荷兰却是目前少数几个最先进的农业现代化国家之一。其以不足世界农业人口的 0.02% 及不到世界耕地面积的 0.07%，创造出了出口农产品占全世界 9% 的奇迹，尤其是在畜牧业、花卉业和产品加工业等农业领域取得了举世闻名的成就。荷兰是世界上举足轻重的农业发达国家，素有"欧洲花园"和"欧洲园丁"之称。据统计，2011 年荷兰农业出口总额为 728 亿欧元，仅次于美国，位居世界第二。荷兰农业的特点是集约化、专业化、高科技和现代管理模式化，在短时间内创造了"荷兰农业奇迹"。从荷兰现代农业的发展来看，荷兰的农业奇迹与第三产业的不断融合息息相关，在许多方面都值得我国借鉴。

一、荷兰发展现代化农业的背景

荷兰发展现代农业的实力较短，仅有 150 年左右的时间。荷兰实现农业的现代化与政府实行因势利导的政策密不可分。第二次世界大战之后，面对严重的农产品短缺，荷兰政府开始干预农业并加强了对农业的保护，提出了一系列政策来提高农业的产量，包括通过运用科技手段来提高土地的质量，通过研究作物新品种、研发新技术等手段来提高农产品的产量等，同时，荷兰政府还鼓励农民耕种新作物，以满足市场的需求，稳定粮食供应。20 世纪 50 年代，随着农业专业化、商业化水平的不断提高，西欧各国面对国家间的贸易壁垒，强烈要求取消各国之间的关税及其他贸易限制，在西欧各国的强烈呼吁下，1962 年取消了各国之间的贸易壁垒并形成了欧共体，产生了统一的农业政策。此后的荷兰农业政策进入了一种超国家的调节状态。荷兰的农业补贴政策主要执行欧共体的农业补贴政策，目标立足于保持农民收入稳定，提高农产品质量和促进农业、农村可持续发展，确保生态环境不被破坏。欧共体在整个农业政策的推行过程中，体现了坚持长期补贴农业并根据具体情况变化而不断完善农业政策的特点。

20 世纪 80 年代之后，荷兰农业实现了现代化，进入了农业发展的巅峰时期，成为世界上最大的农产品出口国之一，并一直持续到现在。

二、荷兰发展现代化农业的具体做法

（一）充分发挥农业比较优势，发展集约化农业

荷兰农业的成功与其长期坚持不懈地充分利用该国农业的比较优势和按照比较优势的原则分配农业资源密切相关。荷兰相对较低的地形不利于小麦、谷物和其他粮食作物的种植。自 20 世纪 50 年代以来，荷兰已大幅度削减了缺乏优势的大田作物种植面积，并转而通过国外弥补这一作物需求。从另一个角度看，尽管地势较低，但荷兰的自然条件（如雨水充沛，地形平坦和水淤泥的有机沙子）非常有利于牧场等农作物的生长。因此，荷兰调整了国内的农业产业结构，着力发展蔬菜、畜牧和花卉等在欧洲市场上需求量很大的产业。

由于荷兰土地资源非常稀缺，荷兰人视地为金，农民特别注重土地的集约使用，千方百计地提高土地的利用率。荷兰政府把国土划分为管理规划范围土地、管理协议书范围土地和保留地 3 种类型，对于每一种类型土地的购置和使用都有着严格的政策和法律规定。为了节约耕地，荷兰非常看重设施农业的发展，目前全国已经建成 1.2 万公顷的现代化农业自动控制温室，农户采取无土栽培技术，利用人工智能设备来实现对室内温度、湿度、光照、施肥、用水、病虫害防治等多个流程的控制和调节，将农业生产从自然条件的束缚中完全解放出来。另外，荷兰农民采用温室养鱼节约了大量的水面，同时利用先进的高新技术带来了温室养鱼的高产量。据统计，荷兰的温室总面积已经占世界总量的 25％以上，尤其是在荷兰西部的威斯特兰地区，温室集中连片，设施先进，成为举世闻名的"玻璃城"。

荷兰的奶牛养殖场也早已经普及了计算机管理，每头奶牛都佩戴了耳标，耳标中的芯片记录了奶牛的个体身份、育种记录、健康记录、每天的产奶量、采食量等详细信息，计算机技术的使用大大提高了农场主的管理和决策效率。荷兰奶牛场的挤奶工作高度机械化，每只奶牛均衡挤奶，使得奶牛的产奶量单产提高了 15％以上，荷兰也

是欧洲采用机器人挤奶最多的国家。

荷兰农业和园艺产业的集约程度在不断提高，据统计，在1994—2001年，荷兰农业从业人数从28.2万人下降到26.8万人，下降了5％；从1990—2006年，荷兰的农场数量下降了近1/3，但农场规模在不断扩大，出现了许多巨型农场。2006年，全荷兰约有1 600个巨型农场，其产量占到了荷兰整个农场总产量的20％以上。

高度集约的农业为荷兰农业带来了高产量和高效益，据统计，荷兰每个农业劳动力可以养活112个人，是英、法、德等欧洲其他国家的3～4倍。

（二）推动技术创新，构建高效的农业产业链条、打造产业集群

通过将节能温室、照明技术、机器人、水和废物回收技术、计算机信息技术、机械技术、工程技术、电子技术和生物技术植入到农业中，荷兰实现了现代化的农业生产经营方式，构建了一条高效的农业产业链，包括生产资料的投入和供应，农业生产，农产品加工、销售、服务、贸易等环节，涵盖了从田地到饭桌的全过程。目前，荷兰是世界农产品产业链管理水平最高的国家之一，其农产品产业链已从产品链和物流链扩展到产品价值链和信息链。完整高效的农业产业链为荷兰农产品增加值的增加、农民收入水平的提高和农业国际竞争力的提高奠定了坚实的基础。

在高效农业产业链的基础上，荷兰还充分利用"欧洲门户"的优越地理位置、高效物流系统和贸易体系，形成了"大出口大进口"贸易格局。大量进口国外农业原料和半成品，通过深加工获得增值，然后出口到其他国家。这些类别涉及乳制品、肉类加工、水果和蔬菜加工、酿造和饮料等。目前，荷兰的加工产值可占农业总产值的1/3左右。荷兰农业依靠高效的农业产业链连接以及与二三产业的高度融合来实现农业外汇收入。

近年来，荷兰通过大力推动技术和产业创新，在高效农业产业链的基础上建立了产业集群。其中，"食品谷"和"绿色港湾"是在荷兰高效农业产业链的基础上形成的典型产业集群的代表。"食品谷"是一个工业集群区，聚集了国际食品工业公司、研究机构及瓦赫宁根大学的研究中心。该地区既有食品工业公司，也有高端研究机构，成为欧洲最权威的农产品和食品营养研究与工业中心。"绿色港湾"是荷兰政府聚集园艺业的所有环节，形成的一个全面的、国有化的园艺业领域。在"绿色港湾"中，不仅有与园艺业有关的企业和组织，而且还有从事园艺研究的研究机构，形成了一个完整的产业链，包括园艺产品的育种、生产、获取、加工、储存等所有环节。通过高效的园艺产业链，"绿色港湾"实现了多种用途，例如，生产优化、高端质量、集约土地利用和高附加值，确保了荷兰园艺业的国际竞争力。

（三）大力发展农业创意产业，增加农产品附加值

在高度集约化的农业生产模式和高效完整的产业链的支持下，荷兰整合了其美丽的自然生态环境和乡村风光、丰富的文化氛围、悠久的传统文化习俗、精湛的创意设计和农业产业，大力发展创意农业，大大增加农产品附加值。荷兰的现代农业不仅是工业，而且是荷兰传统文化和习俗的载体。在农业生产过程中，增加了休闲娱乐、文化传承、观光旅游等功能，形成了满足不同消费需要的完整产业链。风车、木鞋、奶酪和郁金香是荷兰的四大瑰宝，在荷兰的创业农业中起着重要的作用。文化创造力、旅游业和农业的结合，在荷兰创造了一种新型的现代农业形式，使农产品在市场上更具吸引力和竞争力，创造了新的市场价值和空间。

以荷兰花卉业为例，荷兰被称为"欧洲花园"和"花坛"。荷兰农业生产总值中的 1/5 为荷兰花卉产业产值。在这一过程中，荷兰创造性地发展花卉产业，每年的 3 月至 5 月，荷兰的花田万紫千红、缤纷绚丽，因此，荷兰的春天被誉为"世界上最美丽的春天"。荷兰政府将每年最接近 5 月 15 日的星期三指定为"郁金香节"，并举行大规模的郁金香花车巡游，以吸引来自世界各地的游客。

世界上最大的郁金香主题公园库肯霍夫公园位于荷兰，建于1950 年。公园内郁金香的品种、数量、质量和排列方式是世界上最好的。每年的 3 月至 4 月，这里都会举行一次花展，为期约 8 周。近年来，在荷兰库肯霍夫公园举行的花卉展览吸引了数百万游客，其中，外国人占多数。主题公园和花卉创意产业的发展大大提高了荷兰

旅游业和农业的附加值。

（四）注重环保，建设有活力的"新农村"

在 20 世纪 50 年代之前，荷兰农业为了追求高产而使用了许多农药和化肥。20 世纪 50 年代后，欧洲开始对自然、环境和食品安全表现出前所未有的关注。随着欧洲共同体农业产业政策的调整和欧洲环境法规的要求，荷兰加强了其农业用地、肥料施用和牲畜排泄。应努力减少农药残留、化肥、重金属和其他对农业有害物质的污染。

特别是 20 世纪 80 年代后期，荷兰政府越来越重视保护生态环境。通过立法、政府计划和税收加强了环境保护，将土地分为农业用途（绿色土地）和非使用土地（红色土地），并制定了重要的农业生产政策：控制农药的使用，如肥料和农药，以防止水和土壤污染；加强粪肥的无害化处理，控制氮、磷等有害气体的排放，促进将不适合耕作的土地转变为自然保护区或户外休闲活动；建立由核心地区、自然开发区和生态走廊组成的国家生态网络，以保护野生动物。此外，国家制定了与环境保护密切相关的税收和财政政策，并征收燃油税和过量施肥税，以鼓励不同的农业企业发展可持续的农业生产体系并从事绿色经济活动。长期以来，环境政策已成为荷兰农业生产的标准之一。农业生产者以及生产和销售的所有环节必须在市场上通过环境质量认证，以证明其质量并增加其产品的附加值。荷兰农业凭借其绿色环保的高品质进一步提高了其国际竞争力，并不断巩固和提高了其在世界农业市场上的份额和价值。

荷兰对于绿色农业寄予了厚望，希望绿色农业能够满足社会多样化的需求，发挥多种功能，为农村地区的经济繁荣和保持居民良好生活品质做出贡献。为此，荷兰政府提出了建设"充满活力的农村"概念，通过发展绿色农业来提高农民的收入，让农民自愿留在农村地区经营农业并保持自然生态环境，繁荣农村地区的经济活力，保障农业和农村的可持续发展。

（五）自发建立互利共赢的农业合作模式

荷兰农业的主要经营主体为家庭农场，相对来说个体农民的市场竞争力有限。在这种情况下，荷兰农民为抵御市场风险自发成立了互惠互利的农业合作组织即农业合作社，其基本特征是：合作社完全基于农民之间的协议，完全基于自愿原则，并以完全民主的方式进行管理。参加合作社的农民在他们自己的生产决策和生产过程中享有完全的独立性。政府无权干预合作社的生产活动。荷兰的合作社覆盖农业生产、销售、农业机械、加工、保险和金融等许多领域，在保护农民利益方面发挥着重要作用。

荷兰的农业合作社主要有两种形式。一种是为农场提供各种服务的合作社，其目的是增强农民的市场力量，包括购买合作社、销售合作社、加工合作社、信贷合作社和其他服务机构合作社，例如，仓库、救济、质量控制和农业管理咨询。合作社的另一种类型是法定的行业组织，例如，各种行业协会、商业协会和其他组织，其目的是团结农民、增强农民的政治和社会地位，最终维护自己的利益。

重要的是要注意，荷兰的销售合作社达到了通过拍卖出售农产品的目的。拍卖行也是由生产者建立和经营的，具有合作社的性质。拍卖用于将供需双方直接联系在一起，并以最短的方式完成交易。这种方法可以缩短流通时间，保证农产品的新鲜品质，还可以提高交易效率。在荷兰，超过 80% 的蔬菜和 90% 的鲜切花通过拍卖出售。总结荷兰拍卖市场，它具有以下功能：①价格生成；②农产品分销中心；③负责农产品的分类、质量检验、包装和标准化管理；④仓库；⑤提供现代化的拍卖和销售设施以及计算机显示系统。目前，随着网络技术的发展，荷兰农产品拍卖市场呈现出萎缩的迹象，许多花卉、蔬菜等行业开始在线运营，可以进行在线交易。此外，一些大型超市通过直接与制造商下订单来完成交易。

（六）推行"OVO"，建立高度发达的农业知识创新体系

所谓"OVO"是三个荷兰单词的缩写，即 Onderzoek（研究）、Voorlichting（推广）和 Onderwijs（教育），合在一起即农业知识创新体系，指的是农业科研、教育和推广系统三者要协同发展，共同构成了荷兰现代化农业发展的三大支柱。荷兰政府将促进农业研究、教育和推广视为政府的重要职责，并建立以农民为核心的国家农业技术

创新体系和网络。该系统通过研究获取农业和相关知识，通过教育传播知识，然后通过技术推广将获取的农业和相关知识转化为实际应用技术。

"OVO"系统的核心内容是结合政府各项政策，通过政府的力量开发农业新技术，积极为农民和农业提供最新技术，提高农业从业人员、农民及相关学科的教育水平，并不断促进整个荷兰现代农业的持续发展。可以说，"OVO"系统为荷兰深加工农业的技术化提供了重要的技术支持，提高了荷兰农业的整体生产效率。正是由于荷兰独特的"OVO"系统的存在，才造就了高素质和高管理水平的荷兰农民，使他们能够跟上世界农业技术的快速发展，并创造了当今高度发展的现代化农业。

三、荷兰发展现代化农业的保障措施

（一）合理的农业补贴政策有力地保障了荷兰现代农业的发展

荷兰政府因时施策，在不同时期农业政策往往随之改变。第二次世界大战后由于战争损害，荷兰国内粮食验证短缺，政府开始干预农业生产并制定了一系列农业保护政策，为20世纪50年代以来荷兰农业快速发展奠定了基础。从1962年开始，荷兰开始遵循欧洲共同体农业政策（CAP），并实施了农产品价格支持政策。随着欧洲农业形势的不断变化，1992年，欧洲共同体对 CAP 进行了第一次重大改革并降低了价格，改变以往的农业支持政策，直接向农民提供了补贴，以增加他们的收入水平；2000年，欧盟对 CAP 进行了第二次重大改革，进一步扩大了直接补贴的范围，并建立了农村发展机构，强调了农业的多功能性和可持续性。2003年，欧盟对 CAP 进行了第三次重大更改，将农业补贴与生态环境保护、食品安全和动物福利严格挂钩，并进一步增加了对农村发展项目的补贴。2005年，欧盟通过了2007—2013年农村发展法规，并成立了欧洲农业和农村发展基金会来支持欧洲的农村发展。2010年，欧盟发布了"迈向2020年的共同农业政策——应对未来的粮食、自然资源和区域挑战"，并建议从2013年起，欧共体的农业政策必须确保粮食生产和对自然资源的持续管理，保持平衡农村地区的发展和多样性，再次强调直接农业补贴应与生态和环境保护、动物福利和食品安全联系起来。从 CAP 的整个演变的角度来看，欧盟一直在根据欧洲农业的发展不断调整其政策，从仅仅关注农业发展到强调农村地区和农业的多重发展，关注环境保护、食品安全以及物种多样性，它在荷兰现代农业的发展中起着举足轻重的作用。荷兰在执行欧共体农业政策的过程中获得了巨大的农业补贴。根据 2011 年的统计，荷兰当年获得了总计 9.8 亿欧元的农业补贴，其中，大部分用于直接补贴和实施市场政策。这部分资金占支持额度的 91％；一小部分资金用于农村发展，占支出的 9％。为了支持家庭农场的发展，荷兰政府设立了农业贷款担保基金，以支持农场建设，特别是中型农场的建立、合并和推广。目前，担保贷款额已达 5 亿欧元，约占荷兰年度农业投资总额的 5％。自 2009 年以来，农业贷款担保基金由荷兰农业部管理，政府每年补贴 200 万欧元。

荷兰政府和欧洲共同体坚持长期农业补贴政策，可以根据农业发展的实际变化及时进行调整和完善。这为荷兰农业的现代化奠定了坚实的基础，是荷兰农业发展的"坚强后盾"。

（二）健全的农业法律制度保障荷兰的现代农业发展

荷兰现代农业的发展也得益于其完整的农业法律体系。以荷兰的耕地制度为例，鉴于荷兰土地的"寸土寸金"，土地制度是荷兰农业制度的基础和核心。1924 年初以来，荷兰先后颁布了《土地合并法》（1924 年）及其后续修订版，《危机农业财产法》（1932 年）《农业财产法》（1937 年）及其后续修订版以及《农业用地》《转让法》（1953 年）《城市和国家法规法》（20 世纪 50 年代）《土地开发法》（1980 年）和其他重要的法律法规，为制定、转让和使用该法律提供了法律和体制框架。正是由于严格的法律保护制度，荷兰的大部分土地得到了有效利用，现代农业的需求得以实现，土地资源的有效利用得到了促进。

20 世纪 80 年代后期，为了促进荷兰农业的可持续发展，荷兰政府出台并实施了严格的生态和环境保护制度，限制肥料和农药的使用，防止水和土壤受到污染；建立严格的农产品质量和安全体系，为防止最大程度危害食品安全的任何行为的发生，荷兰法律将对任何危害消费者健康和安全的行为给予最严厉的处罚，并给予受害者最大限度的赔偿。

此外，为了满足国际和国内社会对动物福利的关注，荷兰政府于2011年制定并颁布了《饲养动物公共卫生条例》，规定必须对动物进行照料和保护。确保动物免于口渴、饥饿和营养不良，免于疼痛、伤害和疾病，免于温度不适、恐惧和悲伤等的情况，并且不得限制动物的自然行为；鼓励和支持户外放牧，建立新的综合性牛舍，并确保牛的日照时间。禁止割断牛尾、随意摘除牛角、使用激素诱导乳汁，倡导合理使用兽药并尽可能少使用抗生素。

这一系列严格而标准化的法律、法规和体系规范了荷兰各种农业产业的标准化发展，"护航"了荷兰农业的现代化，确保了荷兰农产品的高端品质，并增强了荷兰农业的国际竞争力。

第四节　借鉴他国促进农村产业融合发展的对策建议

通过分析日本、韩国和荷兰"第六产业"发展的背景、具体做法和保障措施，可以发现这些国家正在发展现代农业、促进农业和农村产业的融合过程中有许多共同点。这些国家始终把农民的利益放在首位，充分发挥农业协会和农民合作社的作用，建立健全的农业培训体系，注重对农民的培训，坚持发展环境友好的现代化。在农业方面，各国政府在农业补贴、法律法规的制度和颁布以及全方位服务等方面做了大量工作，值得我们学习和借鉴。

一、始终把农民利益放在第一位

从日本、韩国、荷兰发展现代化农业的经验来看，这些国家始终把农民的利益放在第一位，无论是在政策补贴、促进农业与工商业的合作过程中都充分体现了这一点。中国未来在促进农业与二三产业融合过程中，切忌忽略农民利益或以工商业为主、让农民处于产业链条末端的被动地位，要增强农民的话语权，通过立法、国家政策等手段，确保农民的利益，以农民为中心展开产业融合，促进农民收入水平的增加。

二、充分发挥农业协会组织的作用

日本、韩国的农业协会及荷兰的农业合作组织在发展现代化农业的过程中均发挥着重要的作用。一方面，在农产品的生产、加工、流通、销售、培训等环节发挥着积极作用；另一方面，充当着农民保护人的角色，为维护农民各方面的利益保驾护航。中国未来要促进农业与二三产业的深度融合，也需要加强农村合作社等民间组织的力量，鼓励这些机构在农产品生产、加工、销售、技术培训等环节发光发热，促进我国"第六产业化"的发展。

三、注重对农民的培训工作

日本、韩国及荷兰均十分注重对农民的培训工作。对我国而言，要发展"第六产业"、促进农业与二三产业的深度融合，关键是要培育新型的农业经营主体，作为新型的农业主体，不仅要懂得农业技术，还要具备跨界合作经营的能力，从而能够立足于农业，推动产业链条的延伸，有效促进农产品附加值的增加。这些新型的农业经营主体可以在我国广大的农村地区起到引领、示范的作用，带动我国农村地区三产的融合，提高农民的收入和话语权。

四、坚持发展环境友好型现代化农业

日本、韩国、荷兰在发展现代化农业过程中均采取了发展环境友好型农业现代化的道路，我国在发展农业现代化的进程中也早已意识到发展粗放型农业是不可持续的。未来我国在促进产业融合、发展农业"第六产业化"的进程中，要大力发展环境友好型农业。可以充分利用农村的各类资源，发展农业生态旅游、农村休闲旅游等综合型产业，在增加农产品附加值的同时，也注重环境的保护，实现环境友好型的农业现代化。

五、政府做好配套法律、补贴等配套服务

日本、韩国、荷兰均十分注重法律制度的建设，注重为农民及相关组织提供各类优质的服务，在农村地区进行基础设施建设，实行各种类型的农业补贴政策，确保农业融合的顺利开展。我国政府应该充分借鉴三国经验，在促进农业与其他产业的融合过程中，建立健全相关法律体系建设，在完善对农民的补贴政策、加大财政投入、加强农村基础设施等方面做好配套服务。

第七章
推进农村产业融合发展的
实现路径

　　农村产业融合是国民经济发展到一定阶段的产物。这说明农业最基础的生产功能已经得到了一定程度上的发展，人民群众生产生活最基本的物质基础已经能够得到满足，即农业所生产的农产品已经能够基本满足人民群众日常所需。在人们能够满足对农产品基本需求的基础上，农业的其他功能、其他价值得以被认识、被发掘、被重视。通过发掘农业的新功能、新价值，为创造涉农新产业、新业态提供理论支撑和现实指引，这些新产业、新业态同时又在涉农、支农、强农的新载体和新模式中得以快速发展。农村产业融合在本质上是对乡村产业的发展，故而必须重视创新联农带农新机制，使得农民能够作为农村产业融合的主体，既发挥其主体作用，推动乡村产业兴旺，同时也能够作为利益主体，享受农村产业融合所带来的新发展、新机遇。

第一节　发掘农业的新功能新价值

　　农村产业融合在本质上是对农村除满足人民群众基本生活物资的生产价值以外的其他功能和价值的认识和发掘。因此，认识到农业的新功能和新价值是推动农村产业融合发展的理论基础。农业产业具备多重功能。推进农村产业融合的首要任务是发掘农业的新功能、新价值。第一，农业的生产功能是农业最基础的功能。第二，农业的生态功能是推进农业生产功能发展、保障农业文化功能的基础；第三，农业文化功能是农业产业发展的衍生，既是推动农业农村产业融合的重要途径，也是农业农村产业融合之后的主要体现。

农业的三大功能、三大价值，它们相互交织，互为表里。第一，要增强农业的生产功能，发掘农业的品牌价值；第二，要发展农业的生态功能，提升农业的环保价值；第三，要重视农业的文化功能，增强农业的观光价值。要转变过去以农业生产为核心，片面重视产量提升的旧模式，转为农民、农村、农业三者协调发展的新模式。

一、路径一：增强农业生产功能，发掘农业品牌价值

农产品生产主体高度分散，对市场支配能力弱，抗经营风险能力弱；产成品同质化程度高，价格竞争激烈。因此，对于现代农业来说，要走特色化、品牌化的现代农业的经营道路。要发掘现代农业的生产功能、品牌价值，通过利用第二产业与第三产业的先进技术与高附加值，将第一产业做精、做专、做强。通过发展与市场对接水平更高的现代农业增强我国农业产业竞争力，提升农民收入，提高农产品质量水平，满足人民群众日益增长的对健康、高质量农产品的需求。

农产品生产的特色化是农业一二三产业交叉融合发展的重要路径之一。我国国土广袤，地形、地势、气候等农业生产环境具有多样性的特点。这种多样性为我国走特色化农产品生产道路打下了非常良好的基础。特色化农产品生产主要指产地有特色、产品有特色，是在特定的产地所能够孕育出的最佳农产品品类。

农业生产环境不同地区有不同的情况，大地形区之间有较大的农业生产形势差异，在大地形区内部也有较大的农业生产形势差异。不能单纯效仿美国、澳大利亚、巴西等国家走大规模专业化、单一化的农业生产路线；与我国人均农业生产要素禀赋相近的日本、韩国等同样具有相近历史环境、生产习惯的东亚国家在发展特色农业生产上的经验，如日本的"一村一品"、韩国的"区域公用农产品品牌"的做法，更加值得我国借鉴和学习。

在农产品生产特色化的基础上，要对特色农产品进行品牌化生产。我国是一个人均农业资源禀赋贫乏的国家，因为历史、环境等因

素使得农业生产主体规模小，在大豆、玉米等对土地平整程度、农业生产机械化程度、农业生产规模化需求较高的土地密集型农产品的生产上不具备贸易的优势。同时，伴随着整体经济形势的不断发展，人均收入不断上涨，劳动力价格不断上涨，土地密集型农产品生产的成本在不断上涨，相关生产活动对国内支持政策的依赖程度在逐渐上升；在原有瓜果等对劳动力需求较大的劳动密集型农产品上的比较优势也在不断削弱。这就表现为在国内农产品贸易上，农产品品质良莠不齐；在国际贸易上，农产品进口不断大幅增加，出口逐渐放缓。在经济发展过程中，成本上涨是必然结果。土地、劳动力等要素价格上涨是一国劳动生产率上升、经济发展水平提高的一个例证。在成本上涨是必然结果的情况下，走特色农产品品牌化道路提升农产品品牌价值，通过建设特色农产品品牌提升农业竞争力，做强农业生产功能，是缓解我国农产品生产成本上升的一条重要道路。特色农产品品牌建设的过程是一个农产品加工业、农产品销售服务业等二三产业相融合的过程，农产品加工业的工业属性更加要求上游原料生产保持标准化，下游农产品销售服务业要求农产品具有特色，能够在激烈的市场竞争中脱颖而出，因此，建设农产品生产特色化、品牌化的过程也就是一个农村产业融合的过程。

农产品生产的品牌化、特色化主要有 3 点内涵：

1. 品牌特色农产品生产在区域内部保持较高的统一性　这种统一性表现在区域内参与品牌特色农产品生产的农户都要在一套农产品生产技术规则、产品质量标准、产品销售渠道的指引下生产、加工、销售特色农产品。从其本质上看，这种统一性是小区域内劳动、资本、土地、管理等生产要素向小区域内最具竞争力的农产品品种集中的表现，并且通过这种生产要素的集中，推动区域内最具竞争力农产品生产的单一化、专业化、规模化，从而降低成本，提升产成品质量，使得这种农产品的竞争力被强化。在这种统一性下，区域内特色农产品生产的成本得以降低，产品质量得以提升。

2. 品牌特色农产品在区域间保持较高的独立性　这种独立性表现在两点，第一，产品特性的独立性。区域间拥有不同的特色农产品品牌，特色农产品的产品功能、定位各不相同，保持着一定的独立性，同时，政府通过法令严格管控低质农产品以次充好的现象，防止对区域内品牌农产品的口碑造成冲击；第二，生产区域的独立性。经由政府划定特色农产品基本生产范围，形成一个独立的生产单元，在生产范围以外，彼此互不干涉。

3. 大区域内品牌特色农产品统一性和独立性相互交织　从本质上看，农产品生产的特色化、品牌化是在一个大的农产品生产区域内、在不同小区域的生产情况下最优化生产要素的行为。因此，在一个大的农产品生产区域内这种农产品特色化、品牌化生产行为是独立性和统一性相交织的体现。既要保持一定的独立性，张扬特色品牌，增强市场竞争力；也要坚持统一性，防止区域内的特色农产品出现无序竞争、恶性竞争的局面。在大区域的调控下，呈现出不失各自特性，又相互配合、相互支撑的良性发展局面。

二、路径二：发展农业生态功能，提升农业环保价值

农业生产是一种培育动物、植物的生命产业，这也就意味着农业与环境的联系非常紧密，主要表现在农业对生态环境的支撑和改善的作用上。农业各要素本身就是构成生态环境的主体因子，因此，农业可直接发挥生态功能的效用。农业的生态功能，对农业经济的持续发展、人类生存环境的改善、保持生物多样性、防治自然灾害，为二三产业的正常运行和分解消化其排放物产生的外部负效用等，均具有积极、重大的正向意义。

这种农业的生态意义主要包括两个方面。第一在模式上，通过循环经济的模式，形成一个兼顾能源、环境、效率、效益的综合性农业生产体系，运用系统工程方法，依靠现代科学技术和社会经济信息的输入组织生产。通过食物链网络化、农业废弃物资源化，充分发挥资源潜力和物种多样性优势，建立良性物质循环体系，促进农业持续稳定地发展，实现经济、社会、生态效益的统一。第二在农业生产上，通过利用信息技术、生物技术等现代工业技术对农业全产业链条进行更新，通过上游生产端和中游加工端的集约化，提升化肥、农机等现

代农业生产要素的集约程度，降低农业生产污染，提质增效，建立起一个更加高效、成本更加低廉的农业生产体系。

我国过去创造了很多具备明显增产增收效益的生态农业模式。如稻田养鱼、稻田养萍，林粮、林果、林药间作的主体农业模式，农、林、牧结合，粮、桑、渔结合，种、养、加结合等复合生态系统模式，鸡粪喂猪、猪粪喂鱼等有机废物多级综合利用的模式。这些模式在各地零星分布，为我国生态农业的发展和进一步提升奠定了坚实基础。

2012年，我国设施农业面积已占世界总面积85％以上，其中，95％以上是利用聚烯烃温室大棚膜覆盖。我国设施农业已经成为世界上最大面积利用太阳能的工程，绝对数量优势使我国设施农业进入量变质变转化期，技术水平越来越接近世界先进水平。设施栽培是露天种植产量的3.5倍，我国人均耕地面积仅有世界人均面积的40％，发展设施农业是解决我国人多地少制约可持续发展问题的最有效技术工程。

在生态意义的第二种内涵中，主要是通过发展设施农业来发挥农业的生态功能。设施农业过去主要在西方发达国家采用，以园艺等能够在大棚中栽培的作物为主。但是伴随着信息技术以及电子商务等新模式的诞生、开拓与发展，我国设施农业快速发展，早在2012年我国的设施农业面积已经占到世界总面积的85％以上，我国设施农业已经成为世界上最大面积利用太阳能的工程。发展设施农业是未来解决我国人多地少制约可持续发展问题的最为有效的技术工程。

在过去的40余年间，我国农业发展创造了巨大成就。但是从总体上看，我国农业仍然处于传统劳动密集型农业向现代资本密集型农业过渡的阶段，这就导致农业生产过程粗放，造成了巨大的农业生态污染。同时，因为农业生态环境的严重污染，已经给人民的生命安全造成了极大的威胁。粗放的生活垃圾倾倒方式，缺乏监管的农村生活、生产污水的排放，造成农村生活用水水质的急剧下降，严重影响了农村居民的生产生活。土地的不合理开发、过度放牧、乱砍滥伐等不仅造成耕地资源的浪费，而且还引发耕地荒漠化，最终导致土地流失、土壤污染，土地难以生产出高质量的农产品等恶性环境问题，影响人们的健康与安全。我国农业生态环境面临巨大的危机。

农业环境污染已经成为威胁农村居民生活健康的关键因素之一。据估计，每年由于生态环境污染所导致的死亡人数占世界死亡人数的40%，90%以上的癌症患者都是因为生态环境污染造成的。因此，环境污染给人们带来了巨大的灾难，严重影响人们的生存与生活。

我国农业污染造成了水土资源的进一步浪费。我国是一个严重干旱缺水的国家。我国水资源人均总量少，地区分布不均匀，东南多，西北少，加剧了北方地区的缺水状况。我国水资源季节分配不均匀，年际变化大，加剧了冬春季节和降水少年份的缺水状况。有些地区虽然降水多，但由于渗漏严重地表水缺乏，比如西南喀斯特地貌地区。随着经济发展，人口增加，用水量增加，北方和西部部分地区已出现重度缺水。我国水资源在利用的过程中存在着严重的浪费和污染现象，导致近些年来缺水状况更加明显。农业污染一直是地表水体污染的主要源头。农业的污染主要为农业废弃物，包括废旧农用化学品包装、农作物秸秆、水产养殖业及禽畜养殖业等物质，这些废弃物随意排放、弃置以及燃烧都会对环境造成极大的危害。

这就需要我国发展农业的生态功能，提升农业的生态价值。在我国的西北、西南地区，自然环境承载能力差，地方经济发展水平有限，更是需要通过建设现代生态农业，实现农村一二产业融合的契机，增强当地农业生产集约化程度，促进生态农业的发展，与国家扶贫战略相衔接，推动乡村振兴。

三、路径三：重视农业文化功能，增强农业观光价值

农业具有文化功能，其主要表现为农业在保护文化的多样性和提供教育、审美和休闲等作用。农业是一个古老的产业，其内部蕴藏着丰富的文化资源。农业对教育、审美等有关人们的价值观、世界观和人生观的形成有积极作用，有利于人与自然的和谐发展，农业正承担着传承传统文化载体的职能。

我国是世界上农耕历史最为悠久的国家之一。农业对于我国而言

并不仅仅是一种农产品生产的产业，同时有大量的传统文化蕴藏其间。长期的农耕社会使得我国拥有大量的农业文化遗产，为我国观光农业的发展奠定了坚实的基础。

农业文化遗产从狭义上来阐述是农村与其所处环境长期协同进化和动态适应下所形成的独特的土地利用系统和农业景观。遗产对自然、社会经济发展的促进作用或经济资源的实物、独特资源开发与利用产能的交换价值是目前社会公认的农业文化遗产的价值，历史农业文化遗产中蕴含的休闲价值是指遗产中所含的自然资源和文化要素对个人的休闲娱乐与社会进步的作用。农业文化遗产蕴含多种价值包括生态价值、经济价值、教育价值、休闲价值、科研价值等。农业文化遗产休闲价值的构成从广义的角度上来说可以分为社会层面和个人层面。从社会层面上看，休闲价值涉猎广泛，主要包含经济、文化传承与传播、生态环境这3个方面。经济方面，建设休闲农场、农家乐、发展农业休闲旅游等是对农业文化遗产的休闲价值开发，为当地带来重要的经济效益，成为当下开发休闲价值的主要内容之一。近年来，国家推行乡村振兴战略，鼓励农村结合自身特色文化发展乡村旅游，休闲价值中的经济部分不断被挖掘与延伸。农业文化遗产的休闲价值中必不可少的是文化传承与传播，休闲方式中蕴含着优秀的农业文化，人们选择这种休闲是想要感受其传统历史文化的魅力，无形中用休闲的方式对优秀的传统历史文化进行保护与传承。农业文化遗产的休闲价值开发使得农业文化遗产中所包含的优秀传统文化，通过休闲娱乐的方式传播和弘扬。这也是休闲价值能够经久不衰、长期稳定发展的根本原因。农业文化遗产休闲价值的构成必须包括其生态环境的好坏，利用其休闲价值的过程中兼顾维护其生态平衡，良好的生态环境才是使休闲价值得到健康、循环发展的保障。

近年来，国家不断重视农业文化遗产的保护与发展。乡村振兴战略的提出为我国乡村发展提供了强有力的保障。农业文化遗产中具有多功能性的特点，其中也包含其休闲价值。休闲价值的开发利用主要形式是发展休闲农业。休闲农业是利用农业文化遗产的自然风光、自然资源、传统的风俗文化，使游客观光、体验农作、感受风土人情，形成集住宿、饮食为一体的乡村旅游产业。

改革开放以来，由于我国整体经济快速发展，社会结构迅猛变迁，农村大量劳动力离开农村，使农村呈现出老龄化、空心化的态势，很多自然村庄迅速凋零。很多村庄中的文化遗产也就随着村庄的凋零而失传。重视农业的文化功能不仅仅是以农业文化遗产或自然遗产为载体，承担农村产业融合的使命，更是对我国蕴藏在农村中的文化宝藏进行开发，发扬当中先进的民族文化，促进乡风文明，推动乡村振兴。

第二节　培育新产业新业态

农村产业融合是建立在一个农业、工业、服务业交相辉映的新业态之上的。这种新产业新业态经由不同的产业路径所激发，最终达成农村产业融合。因此，培育新产业新业态是农村产业融合的具体举措。一要发展特色农产品加工业，增加农产品附加值。这是农村产业融合最基本的产业形态。通过改造传统农业，延长农业产业链，打造农业供应链，从农业生产的源头入手，将第二产业、第三产业纳入农业中去。二要发展多种类型的生态农业，减少农业污染。发展生态农业是农业农村产业融合过程中的技术支撑。本质上是在循环经济思想指导下，用现代工业技术改造传统农业，提升农业发展技术含量，降低农业污染，这是以工业为核心，向上改造传统农业，向下延伸出相关旅游业与服务业；三要发展观光农业、休闲农业，弘扬传统文化。发展观光农业在本质上是现代农业农村产业融合之后的一个产物。通过挖掘农村传统优秀文化、历史习俗，同时减少农业生产污染，为农村生活环境的山清水秀提供了良好基础。

一、路径一：发展特色农产品加工业，增加农产品附加值

推动特色农产品加工业快速发展是建设特色农产品品牌的主要组成部分。直接作为消费产品的农产品差异小，产品附加值低，价格竞

争激烈，品牌效应不明显。我国农产品的一个显著特点是农产品加工比率低，根据 2016 年印发的《国务院办公厅关于进一步促进农产品加工业发展的意见》，按照规划，我国到 2020 年目标达到农产品加工转化率 68%，农产品加工业与农业总产值比达到 2.4：1；到 2025 年，我国农产品加工转换率的目标也才能够到达 75%，也就基本上能够接近发达国家的农产品加工业水平。因此，建设特色农产品品牌的主要工作之一就是要推动特色农产品加工业的快速发展。推动特色农产品加工业的发展，一是可以延长产业链，提升供应链，增强三大产业间联系；二是通过加工的农产品附加值增加，有利于增加农民收入；三是经过加工的农产品更加易于储藏、销售，有利于增加特色农产品竞争力。同时，因为农产品加工业的工业属性，对上游原材料有低成本和标准化的要求，发展特色农产品加工业在本质上是以需求反作用于供给，通过市场的力量督促上游特色农产品生产规模化、标准化。通过发展特色农产品生产加工业显著延长产业链，提升价值链，打造供应链，推动整体农业竞争水平上升。

生产上的标准化、规模化，为保证特色农产品产量奠定了坚实的基础。质量是农产品品牌的基础，这种生产上的标准化、规模化是特色农产品品牌知名度和美誉度的重要基石，特色农产品品牌知名度和美誉度得到了提升反过来也会促进相关农产品生产的繁荣发展。贵州遵义的特产虾子辣椒产业的发展就是一个典型案例。贵州遵义虾子辣椒具备长时间的商品化生产经历。根据记载，早在明末清初的时候贵州遵义的农民就开始对虾子辣椒进行商品化生产。1957 年时遵义就已经成立了出口虾子辣椒的生产基地。但是，在虾子辣椒制品的发展初期只是零星生产，数量较少的小规模生产。这种小规模生产使得虾子辣椒的品牌一直未能打响，虾子辣椒也并未存在着一个繁荣的产业。十三届三中全会以后，当地政府充分利用当地的虾子辣椒的特色优势，积极引导当地的辣椒产业化建设，依托于虾子辣椒市场的发展，打造了 30 多个辣椒品牌，并且将虾子辣椒品牌成功申报为国家品牌，获得了中国国家地理标志产品称号，透过产品质量打造一个强势的特色农产品品牌，反过来推动了虾子辣椒产业的繁荣。近年来，虾子辣椒产成品的总量呈上升趋势，截至 2017 年，虾子辣椒制品量比 2013 年增长了 76%。

　　这种依托于当地资源特色所形成的特色农产品加工业，其所延续的产业链越长，从这条产业链上延伸出来的产业形式越丰富，其所能够带来的增加值越高。福建省柘荣县的太子参产业就是典型。柘荣县（古属福宁府霞浦县）是福建省宁德市下辖县，位于福建省东北部，东接福鼎，西连福安，有"中国太子参之乡"的美誉。2009 年时，全县药材种植面积 41 520 亩，其中，太子参的种植面积为 38 050 亩，占全县药材种植面积的 91.6%。2012 年柘荣县建立太子参 GAP 中心示范片 2 000 亩，推广面积 1 万亩，是全国太子参单品种区划的"最佳生产种植适宜区"和太子参交易主要集散地。"柘荣太子参"为中国驰名商标，并被列入国家地理标志保护产品。以此为契机，柘荣县中西制药相关产业开始蓬勃发展，在柘荣县聚集药业及相关联企业 20 多家，基本形成了一个从药品、保健品、饮料、家庭药膳等多种产品，原料、片剂、胶囊、口服液等多种形式的多元化、多层次的太子参产业链条。在这个链条上，开发的产品包括"复方太子参口服液""复方太子参颗粒剂""太子参好味口含片""太子参咖啡"等国药准字号产品。还有一些如"太子参奶茶""太子参醋"有本地地方特色的产品。产品的精深加工提高了产品的附加值，同时也增加了种植户的收入，极大地促进了本地经济的发展。

　　同时应当看到，在当前我国绝大多数农村地区仍然存在着乡村财政积累薄弱、农村基础设施缺位、农民科学文化素养相对较低的情况。这也就意味着，在促进特色农产品生产标准化、规模化以及最后打造强势的特色农产品品牌的过程中，政府在政策引导、产业规划、财政支持上不可或缺。上海仓桥水晶梨的品牌建设就是这样的一个典型案例。上海仓桥地区种植梨的历史长达数百年，最早可以追溯到元代。20 世纪五六十年代，上海市农业科学院园艺研究所的科技人员，对仓桥水晶梨进行了品种改良，成功地应用杂交育种技术，并保留了汁多味甜的品质特征，到了 20 世纪 70 年代，上海市农业科学院园艺研究所的科技人员育成了以"早生新水"为代表的新品种，使仓桥水晶梨独具特色。2000年，上海仓桥水晶梨发展有限公司成立，在市、区两级梨研究所和农技部门的指导下，实施"以科技创造品牌，以品牌致富果农"战略，引进优良品种，推广科学栽培，使梨的品质大幅提升，自"仓桥牌"成为注册商标之后，更是声誉鹊起，新品迭出。到21世纪初，成为松江区"一区一品"的代表。2010年，仓桥水晶梨专业合作社种植的水晶梨18个品种平均亩产值8 000多元，共收获850多万斤，产值达到2 500多万元。在上海仓桥水晶梨的建设过程中科技人员改良优质品种，以及政府在打造品牌上的规划是上海仓桥水晶梨品牌能够得以成功的关键所在。

总体来看，特色农产品生产的标准化和规模化提升了特色农产品品牌的质量控制能力，降低了生产成本。延长产业链、打造供应链，是对特色农产品生产区域内的生产要素进行的一次优化和升级。这种依托于当地资源特色所形成的特色农产品加工业，其所延续的产业链越长、从这条产业链上延伸出来的产业形式越丰富、能够带来的增加值越高，这样的特色农产品品牌就越有价值。

二、路径二：发展多种类型的生态农业，减少农业污染

我国国土广袤，地形地势复杂多变，大地形区中间又嵌套小地形区。其中，山地、丘陵较多，平原面积较少。此外，我国虽然水资源较为丰富，但是一方面存在着时间上的分配不均，另一方面存在着地区上的分配不均。在我国的北方存在着数量型短缺，在我国的南方则存在着质量型短缺。因此，对我国生态农业的总体要求首先是减少和避免对水土资源的浪费和污染，此外就是能够产生足够的生态效益。与我国农业生产资源要素禀赋相近的日本和以色列是我国生态农业学习的目标。

以色列是典型的运用信息技术、生物技术等现代工业科技改造传统农业，增强农业生产集约性的国家。以色列几乎全国一半以上的国土位于干旱和半干旱气候区内，土地和淡水资源十分匮乏。故而节水成了以色列农业发展的核心任务。以色列着力解决的是单位土地面积

和单位体积水产生最大的经济效益。以色列的农作物和其他绿色景观植物几乎全部采用滴灌方式进行灌溉。滴灌按时按量地把水及营养直接输送到植物的根部，避免了水的流失，可以以少量的水达到最佳效果，水、肥利用率高达 80%～90%，节水 50%～70%，节约肥料30%～50%；同时，防止了土壤次生盐渍化的发生，节约了传统灌溉沟渠占地问题，使单位面积产量成倍增长。

此外，以色列还重视研究利用废水进行农田灌溉的再循环利用。他们将废水通过不同的过滤装置，降低其污染物质和细菌含量，使废水变为适宜灌溉的水源。灌溉时，综合考虑水质、土壤质地与状态，制订出合理的灌溉策略与方式，并选定适宜的作物，以利于水中物质的分解和避免地下水质的污染。

借助科技手段，以色列特色节水农业不仅保证了农产品的质量和产量，还提高了农业生产全过程机械化、集约化、规模化程度，达到以水为中心的田间水—土壤—作物—大气系统的协调关系，保持降水、地表水、地下水、土壤水和作物水之间的适应于农业生产用水相互转化的平衡，提高了水源到作物产量转化环节的水分利用率，形成了对农业生态环境最大限度地优化和利用。

日本是典型的通过在循环经济思想指导下，主要采用模式变革的方式改善农业发展条件的国家。日本农业资源有限，因此，日本生态农业的形式往往因地制宜、多种多样。日本主要的生态农业的类型主要有两种。

1. 循环再生利用型 即通过充分利用土地的有机资源，对农业废弃物进行再生利用，减轻环境负荷。主要采用的方式一是"稻作—畜产—水产"三位一体型。即在水田种植稻米、养鸭、养鱼和繁殖固氮蓝藻的同时，形成稻作、畜产和水产的水田生态循环可持续发展模式。这种模式的做法是在种植水稻的早期开始养鸭，禾苗长大后，田中出现的昆虫、杂草等为鸭提供饲料，鸭的粪便作禾苗的肥料又可为水田中的虫类和其他浮游生物提供食物来源，同时又给鱼等提供饵料，进而实现生态循环。二是"畜禽—稻作—沼气"型。即农民在养殖家畜过程中，将动物的粪便作为供制造沼气的原料。同时，农作物的秸秆经过加工用来作家养畜禽的饲料或作为沼气的原料，沼气又可为大棚作物提供热源等。这样，经过能量转换实现生态的均衡，并且生产的农作物比较环保，又能实现经济效益。

2. 有机农业型　即在生产中不采用通过基因工程获得的生物及其产物，不使用化学合成的农药、化肥、生长调节剂、饲料添加剂等物质，而遵循自然规律和生态学原理，协调种植业和养殖业的平衡，采用一系列可持续发展的农业技术，维持农业生产过程的持续稳定。其主要措施有：选用抗性作物品种，利用秸秆还田、施用绿肥和动物粪便等措施培肥土壤，保持养分循环；采取物理和生物的措施防治病虫草害；采用合理的耕种措施保护环境，防止水土流失，保持生产体系及周围环境的基因多样性。

总的来看，以色列和日本走了两条不同的生态农业道路，以以色列为代表，依托大量科技，通过科技提升生产力；以日本为代表，通过循环经济的模式，降低农业的污染程度。我国国土广袤，两种农业模式都可以采纳。与日本相仿，我国同样具备基塘农业等循环经济为主的生态农业。但是我国受限于农业生产区域的特殊性，我国以循环经济为主的生态农业还比较零散。

伴随着经济的进一步发展，我国的农业投入不断上升，农业设施不断改善，农业投入不断提升，我国也出现了很多资本密集型的生态农业生产基地。如位于浙江省德清县莫干山风景区内的德清阳光园艺基地，是目前国内先进的标准化容器苗生产基地，由德清绿色阳光农业生态有限公司投资建设。该基地主要种植包括红掌花、蝴蝶兰、金森女贞、红叶石楠及欧洲荚迷等新优品种的种苗、色块工程苗和中大容器景观苗、特色造型苗等。目前，年生产能力为各类种苗 1 500 万株，色块工程苗 800 万株，中、大容器苗 50 000 盆。2014 年上半年，为了加快基地早日实现智能化、规模化、标准化、容器化生产，顺应我国园艺生产发展的方向，德清绿色阳光农业生态有限公司开始着手于基地种植与托普物联网联姻。物联网系统严格的环境条件与种植条件管控，不仅解决了传统容器苗生产依靠人工经验管理而产生的误差问题，同时还减少了人力成本、缩短了种苗生长周期。托普物联网系统采集温室内空气温湿度、土壤水分、土壤温度、二氧化碳浓度、光照强度等实时环境数据，通过中继节点传输到控制中心，由中心平台系统将最新监测数据与预先设定适合农作物生长的环境参数作对比，若出现偏差，计算机会自动发送指令，智能启动与系统相连的通风、遮阳、加湿、浇灌等设备进行工作，直到各数据恢复到正常范围之内。

高资本集中度的设施农业随着我国经济发展水平的进一步提升而不断提升，是未来我国从传统劳动密集型农业向现代资本密集型农业转型的必经之路。因此，虽然当前我国设施农业尚还处于幼稚阶段，但是会有很好的发展前途。

三、路径三：发展观光农业、休闲农业，弘扬传统文化

在发扬农业的文化功能时，我国应当主要通过建设观光农业、休闲农业的方式，具体原因有 3 点：

1. 我国观光农业旅游资源丰富、类型多样　我国从南方热带到北方温带，地形分山地、高原、盆地、平原、丘陵等，类型齐全，江河众多，辽阔的土地上分布着近千座城市，从而也形成了各具特色的城郊农业生态类型及景观区域组合。从南方热带的珍树奇木、果甜花香到北方的林海雪原；从东部沿海的休闲度假村到西域的草原风情、沙漠景观，这些具有鲜明特征的资源与景观，不仅为消费者提供了丰富的食品，而且更为开发各类农业科技示范园区及观光农业旅游提供了条件。

2. 观念更新，生命力强　我国既是农业大国，又是人口大国，发展观光农业旅游前景广阔。一方面，我们依靠几千年来所创立的农业文明与用于农业的现代技术，在不到世界 10% 的耕地养育了世界22% 的人口，从而为我们发展观光农业提供了实践基础；另一方面，随着城市化进程的加快，城市生活节奏也在不断提速，双休日及节假日的加长，使旅游者的观念在不断更新，他们已不仅仅局限于对自然遗迹和人类文化遗迹的旅游，而是开始向往着大多傍依在各城郊周围

具有休闲娱乐参与性的观光农业旅游；再者，观光农业园区给旅游者创造了观光的条件，它的经济效益并不像其他旅游景观一样完全依赖旅游收入，主要还是依赖于以高科技为主的各类优质高效农业。因此，观光农业旅游的生命力强，发展潜力大。

3. 依托都市，持续发展　目前，国内观光农业及农业科技示范园区多位于城市近郊，这是因为城市经济实力雄厚，农业科研院所以及院校众多，科技力量强，为观光农业旅游的发展提供了坚强的科技实力。此外，城市人口集中，经济水平较高，有较稳定的客源消费市场，从而加速了对观光农业旅游的人流与物流运转。另外，区内除自然农业景观外，还可通过人造农业景观与当地有较好基础的农业经济和技艺观光相结合，开发新的农业"三高"园区，走出一条新的生态环境效益、经济效益和社会效益持续发展之路。伴随着我国农村经济的不断发展，我国在建设休闲农业、观光农业的路上有了较大水平的进步。

作为"中国梅花鹿之乡""中国民间文化艺术之乡"的吉林省长春市双阳区，依托区位、生态和产业优势，大力发展以农事体验、农家休闲、农业观光为主体的休闲农业和以文化旅游、生态旅游、节庆旅游为支撑的乡村旅游，全力打造全域发展、全景布局、全时共享的新型农业嘉年华。按照"月月有节庆，四季有亮点"的思路，以媒体、节庆、展会等为载体，利用双阳都市农业和温泉、梅花鹿等优势资源，融合淳朴的民俗乡情，积极举办梅花鹿节、奢岭草莓节、冰雪嘉年华等系列节庆活动，极大提升了乡村旅游人气。

距博鳌亚洲论坛永久会址 4.6 公里的海南省琼海市博鳌镇沙美村，面朝生态优美的沙美内海，远眺广阔无垠的中国南海，形成了集"山水林田湖海"于一体的农业生态景观。该村大力发展热带高效农业、休闲渔业、民宿、农家餐饮、电商等农村特色产业，推进乡村融合发展，让村民共享美丽乡村建设成果，在家门口创业就业实现致富梦。

广西壮族自治区田东县林逢镇把户区变景区，把风景变"钱"景。林逢镇积极引导杧果产业做大做强，多方筹措资金 5 000 多万元，扶持那王杧果庄园建设集现代特色农业、观光采摘、休闲度假、民俗接待、风情娱乐等于一体的景点。现已建成文化馆、古榕树广场、景观步行道、骑行道、亲水平台、观光亭等设施，实现了华丽转身。

山东省青岛市即墨区灵山镇因镇域灵山而得名，深入探索以居促产、以产兴居的产居融合发展新模式，打造远近闻名的"花乡药谷"，实现了社区化治理、园区化发展、融合化共建的"三化"华丽转身，从产业、旅游和文化等不同领域撬动村庄和农民增收。

浙江省淳安县下姜村以严守生态保护为重点，配套开发绿色旅游路线，充分挖掘绿水青山、自然风光中的"雅"。目前，已建成下姜林下中药材基地、下姜葡萄采摘园、枫林港精品水果基地等多个创意农业园区。推进创建下姜及周边地区 AAAA 级旅游景区，实现五狼坞登山环线和森林景观等旅游项目的落地。乡村旅游、民宿经济、现代服务业，是下姜村的主体产业。在坚持原山、原水、原村落的发展理念下，下姜村坚守乡土文化底蕴、注重地域特色，打造"白墙灰瓦"独具韵味的"淳派民居"，让文化资源搭上市场资本的"快车道"。

梅县雁南飞茶田度假村位于叶剑英元帅的故乡——广东省梅县雁洋镇，总面积 450 公顷，广东宝丽华集团公司饱蘸着祖国茶文化，在青山绿水间浓墨重彩挥洒而就的融茶叶生产、加工和旅游度假于一体的山区"三高农业""生态农业""旅游农业"的开放型旅游度假区。雁南飞-围龙雁南飞茶田把农业与旅游有机结合，融茶叶和水果的生产、生态公益林改造、园林绿化和旅游度假于一体的生态农业示范基地和旅游度假村。雁南飞茶田度假村以"茶田风光、旅游胜地"为发展方向，营造浓厚的茶文化内涵并融客家文化于其中，既有自然风光，又有农业开发、度假功能，在弘扬茶文化方面，创出了一个新的模式。雁南飞茶田度假村先后荣获国家 AAAA 级旅游景区、全国农业旅游示范点、全国高产优质高效农业标准化示范区、全国青年文明号等 20 多个荣誉称号，种植了优质茶叶、水果 3 100 亩，园林绿化等900 亩，赏心悦目的自然环境和园林艺术、传统与现代相得益彰的围龙屋建筑、多情的客家山水、可口的客家美食、精彩优美的客家歌舞和茶艺表演，吸引了无数海内外游客前来休闲度假。

上海孙桥现代农业开发区自 1994 年 9 月成立至今，已先后被批准为国家首批 21 个农业科技园区之一、国家引进国外智力成果示范推广基地、农业产业化国家重点龙头企业、国家级绿色蔬菜温室栽培标准化示范区、上海市现代农业园区重点建设单位。开发区以现代科技武装的工厂化、设施化农业为基础，以高科技生物工程与设施农业相关的农产品加工业为主导，以内外贸为纽带，走产加销一体、农科游结合的农业产业化道路，发挥生产示范、推广辐射、旅游观光、科普教育和出口创汇五大功能，实现社会、生态、经济效益三统一。开发区重点发展六大主导产业：以蔬菜、花卉为主体的种子种苗产业，以绿色蔬菜、食用菌、花卉为主体的设施农业产业，农产品精深加工产业，利用细胞工程、微生物工程和基因工程的生物技术产业，温室工程安装制造产业，与农业相关的物流交易、休闲居住、观光旅游、会展培训等第三产业。

以花卉产业为载体发展乡村休闲旅游的"五朵金花"是成都锦江区三圣乡 5 个村的雅称。采取自主经营、合作联营、出租经营等方式，该区域的农户依托特色农居，推出休闲观光、赏花品果、农事体验等多样化的休闲农业项目，现已形成了红砂村的"花乡农居"、幸福村的"幸福梅林"、驸马村的"东篱花园"、万福村的"荷塘月色"、江家村的"江家菜地"等著名休闲农业景点，吸引着众多游客前往，成为休闲农业开发的典范。

浙江省嘉善县通过积极培育发展休闲观光农业，形成了以碧云花园为代表的农业园区型，以浙北桃花岛为代表的基地拓展型，以汾湖休闲观光农业为代表的资源景观型，以祥盛休闲农业园、龙洲休闲渔业园为代表的特色产品型，以西塘荷池村、陶庄渔民公园为代表的"农家乐"型等多种休闲观光农业和乡村旅游。2011 年 3 月，嘉善县获得了农业部和国家旅游局（现文化和旅游部）联合授予的首批"全国休闲农业与乡村旅游示范县"称号。

贵州省余庆县地处黔北南陲，是遵义、铜仁、黔东南、黔南四地州（市）的结合部。北与湄潭，东与石阡、凤冈，南与黄平、施秉西与瓮安接壤。北部、中部为乌江河谷阶地，县城所在的白泥盆地，是贵州省著名的万亩大坝之一。规划区紧靠余庆县县城，白泥万亩大坝是贵州省 19 个万亩大坝和全国 100 个万亩大坝之一，是余庆县粮食生产的主要地区，具有良好的区位发展优势。

总的来看，我国观光农业、休闲农业资源丰富，各地在因地制宜发展观光农业、休闲农业，利用旅游业这一第三产业，向上推动第一产业和第二产业在生产上的集约化程度，促进在农村产业融合上探索出更多方法、缔造出更多模式。

第三节　打造新载体新模式

农村产业融合需要创新产业载体，创新承载模式，带动新产业、新业态的发展，是农村产业融合的物质基础和实质体现。为此，一要做好加工园区设计工作，推动城镇化与加工园区建设相结合。加工园区是最基础的产业载体。农产品加工企业在产业园中公用基础设施，通过规模效应降低基础设施成本，发挥协同效应，增强产业的竞争力。以加工园的规划和设计为契机，引导道路、学校、医院等现代化的基础设施进入农村，提升农村居民生活质量，促进城乡公共服务质量均等化，使得小城镇建设与农业加工业的发展相配套。二要推进科技创新成果转化，因地制宜探索生产方式。在发展生态农业的过程中，要加快科技创新成果转化，在循环经济思想指导下，建设好循环农业、设施农业，推动农业发展集约化。三要因地制宜开发观光农业模式。观光农业的发展必须与当地的历史、文化、经社会发展现实相契合，不能搞"一刀切"。形成多姿多彩的观光农业既是农村产业融合，推动农村、农业发展的重要推手，同时也是民族复兴、乡村振兴的应有之义。

一、路径一：做好加工园区设计工作，推动城镇化与加工园区建设相结合

农产品生产的特色化、品牌化能够为延长农产品价值链，打造农

业供应链发挥积极作用。农产品加工企业在原料生产区域周边集聚，共用基础设施，带动农村的城镇化。国办发〔2016〕93号《国务院办公厅关于进一步促进农产品加工业发展的意见》指出，"推进加工园区建设。加强农产品加工园区基础设施和公共服务平台建设，完善功能、突出特色、优化分工，吸引农产品加工企业向园区集聚。以园区为主要依托，创建集标准化原料基地、集约化加工、便利化服务网络于一体的产业集群和融合发展先导区，加快建设农产品加工特色小镇，实现产城融合发展。"

正如同上文中所提及的虾子辣椒的案例。遵义当地注重发挥辣椒产业基地的规模生产效应，进一步降低交易时间和费用，积极拓展产业链，充分挖掘虾子辣椒的价值，注重提升市场运作水平，品牌影响力得到提高。

伴随着虾子辣椒的品牌影响力不断发展，产业形态不断丰富，产业链不断延长，交易规模不断扩大，虾子镇建立了一个虾子辣椒专业批发市场。虾子辣椒市场的建立、兴起和迅速发展，振兴了辣椒产业，富裕了地方百姓。随着虾子辣椒的交易规模不断扩大，虾子镇辣椒产业实现多元化发展，增加了工作岗位，振兴了产业，繁荣了经济。虾子镇虾子辣椒产业兴旺，为乡村振兴奠定了坚实的经济基础。虾子镇以辣椒产业为支撑，积极打造了一座新城——中国辣椒之都，城区内基础设施完善，小城镇初具现代气息。

科学的发展规划为虾子辣椒的发展描绘了美好的蓝图，"小辣椒"积极调动各方优势资源成就了大产业，实现辣椒产业的兴旺；做优新型城镇化，促进小城镇建设及农民生活富裕；突破生态农业循环经济，促进经济集约化发展和生态宜居；扎实推进新农村和服务型党组织建设，加强组织领导，促成治理有效的格局；打造宜居、宜商、宜游的文明新虾子镇。农产品品牌化和农业现代化让生产者共享发展成果，促进人们生活富裕、乡风文明，让农村成为安居乐业的美丽家园，从而提升人们的幸福感和获得感。虾子辣椒市场的发展促进了城镇建设及区域经济的发展。

广东省江门市新会区陈皮村用现代农业的标准和方式来打造新会

陈皮行业，创建国家现代农业产业园。作为中国首个大型特色农产品商业文化综合体，新会以陈皮村为农村产业融合建设试点，发展至今，陈皮村已汇集陈皮种植、深加工、仓储、鉴定、交易等于一体的产业集群。目前，正发展科普教育、特色餐饮、观光旅游等文化产业，不断提升新会陈皮品牌价值。产业园还引导"互联网、金融、科技和人才"等要素向陈皮产业聚集，吸引 50 000 多人参与陈皮产业创业创新、助力融合发展。

山东省金乡县鱼山街道已建成全国最大的大蒜加工及贸易区、全国最大规模的大蒜仓储冷藏集群，主要以农副产品精深加工、恒温库冷藏为主，同时包括管理服务中心、信息中心、电子交易市场、农产品农药残留检测中心等配套服务体系。正是这些资源禀赋和优越的基础条件，为鱼山打造国家现代农业产业园和蒜都特色小镇提供了坚实基础，为振兴乡村、实现城乡融合发展提供了有效途径。

在鱼山街道标准化种植基地内，这里 5 月份刚刚收获了大蒜，现在又整整齐齐地栽上辣椒苗。据鱼山街道农技站站长杨本山介绍，田地里的辣椒苗移栽也全部实现了机械化。他告诉记者："我们此次引进的移栽机，集种植、施肥、搅拌等于一体，移栽效率高、质量好，秧苗成活率高达 98%，而且可以根据基地实际情况进行株距或行距的调整，大大提高了劳动效率，减轻了劳动强度，降低了栽苗成本。"

不仅如此，鱼山街道的行动还在推进，根据当地的规划，把增加绿色优质农产品供给放在更加突出的位置，推动大蒜种植向标准化、专业化、规模化布局发展。依托浙江蓝城集团农业研究院、中国农业科学院、山东省大蒜工程技术研究中心等科研院所，发展产学研基地，努力在品种选育等方面实现突破。继续推进万亩大蒜标准化种植基地建设，力争在此基础上再辐射带动推广 1 万亩，创建 11 个大蒜种植合作社，建立"基地＋企业＋合作社＋农户"的生产体系。

在完善生产体系的同时，鱼山街道还将依托食品园区、中蒜生物科技园与蓝城集团成立股份制企业，由蓝城集团控股，加速产业研发及成果转化，推进大蒜食品的研发和精深加工，围绕生物保健、大蒜生物医药等，建立大蒜高端产品加工体系。力争 3 年时间培养 2～3 个大蒜深加工上市企业，引领二产向高端发展，积极为中蒜大数据、海尔物联网与蓝城集团牵线搭桥，促成强强联合，探索建立"互联网＋农产品＋消费者"的产品直供体系和可追溯体系。

意见指出，要"鼓励企业打造全产业链。引导农产品加工企业向前端延伸带动农户建设原料基地，向后端延伸建设物流营销和服务网络。鼓励农产品加工企业与上下游各类市场主体组建产业联盟。"伴随着经济社会的进一步发展，高速公路、机场、铁路、港口等现代物流体系以及农产品冷藏保鲜技术的不断发展，农业贸易自由化程度不断上升。这为农产品跨区域流动提供了良好条件。

2018 年，扬州市组织冶春食品等 15 家农业产业化龙头企业、专业合作社、种植与养殖基地共同发起，成立了"扬州市扬子江淮扬菜点产业化联合体"。这个联合体的共同使命是将淮扬美食行销到全世界。所使用的原料来自全扬州乃至全中国、全世界的优质原料："肉包馅心一律用丹麦皇冠猪肉制作、青菜包馅心全部来自用三类水质以上水源灌溉种植的高效农业基地、五谷杂粮产自东北粮食基地……"这些来自各地农产品生产基地的优良农产品在扬州冶春食品公司的"中央厨房"加工之后，制成带有淮阳特色的美味食品行销到全国乃至全世界。产业振兴是乡村振兴的基石。扬州市牢牢把握农业供给侧结构性改革这一主线，深入研判自身资源优势、科研实力和物流条件，积极顺应人民群众"吃上放心菜、健康菜"的需求，围绕华东地区"中央厨房"建设，全面打通产业链，系统推进"现代农业、食品加工业、商贸物流业"一二三产业融合发展，乡村产业发展呈现出结构优化、链条延伸、功能拓展、质量提升的发展特点，推动扬州农业产业兴旺、乡村振兴。

21 世纪以来，电子信息技术不断发展，伴随着我国基础设施的逐渐完善，我国电子商务逐渐成熟，并配合移动支付等先进技术手段开始形成技术优势，也为我国农产品加工业进一步发展提供了良好的契机。在吉林省洮南市，洮宝团队借助电商平台销售杂粮杂豆收入超千万元。同时，他们还向下岗工人、返乡大学生等群体传授自己的创业经验，让他们也能通过电商方式创业增收。在互联网创业大潮中，以"三只松鼠"为代表的零食电商异军突起。2019 年初，在年货节促销期间"三只松鼠中国年"大礼盒销售火爆，一再断货。"三只松鼠"是电商利用信息技术优势将上游的农产品加工企业和下游的消费者相对接，进而产生巨大经济效应的典型。2018 年"双十一"，"三只松鼠"全渠道实现销售收入 6.82 亿元，其中，天猫旗舰店销售收入 4.51 亿元，是食品行业的"七冠王"。"三只松鼠"一方面，通过数字化系统连接中国众多的食品生产企业；另一方面，通过更广泛的渠道连接消费者，把两者之间的链路做得更短。"三只松鼠"的数字化供应链，不仅仅是把效率提高、成本降低、质量做得更好，而是更加方便地对接消费者满足更高质量的零食消费需求，进而实现上游种植者、中游加工者与下游渠道的三赢。

在素有"苹果之乡"美称的甘肃礼县，由于"买种难、种地难、卖果难"和交通不便严重制约了礼县苹果产业的发展。该县村民康维起经过一年多的深入考察，在当地工商部门登记成立了甘肃良源农业有限责任公司，开启了电商创业之路。高薪聘用电商人才 35 人、吸纳返乡创业大学生 26 名。公司旗下 4 个淘宝店、2 个天猫旗舰店，苏宁易购、京东商城、三维商城和善融商城也同步上线运营。多次在"聚划算""淘抢购"等大型网络营销平台参加热卖活动，举办新品发布会，一分钟成交量高达 16 000 单、交易额 64 万元，在阿里巴巴和网销行业引起了较大轰动。良源电商发展的突飞猛进，让全县人民对电商有了新的认识，从以往被动培训开店 500 多家到目前的主动自学开店 2 200 多家，带动当地就业将近 5 000 人，为贫困地区电子商务对接精准扶贫提供了推广经验。

二、路径二：推进科技创新成果转化，因地制宜探索生产方式

生态农业在本质上是农业生产与生态环境的有机结合。因此，要加强政策支持力度，推动各地按照各自模式开展科技创新成果转化，因地制宜地探索新的生态农业生产方式。具体案例如下。

云南省怒江州贡山独龙族怒族自治县独龙江乡以林下产业为主，林果为辅来选准产业，取得了显著成果。2018年6个行政村整体脱贫出列，实现独龙族整族脱贫。该乡立足气候、区位、生态优势，积极贯彻落实农业产业结构调整的重要任务，持续挖掘培育特色产业，形成了以草果、重楼林下产业为龙头，羊肚菌、黄精等其他林果产业以及独龙鸡、独龙牛养殖等林下产业为辅的产业格局。全乡农民人均纯收入也从2009年的不足900元，增长到2018年底的6 122元。

四川省三台县是中国麦冬之乡，近年来，该县进行麦冬生产模式创新，复合种植以增产增效。采用了"粮—药"复合模式、"粮—药—菜（露地）"复合模式和"粮—药—高架菜—菜"复合模式。其中，以"粮—药—高架菜—菜"复合模式为标杆，全县推广面积5 000亩，是经济价值最高的种植模式。每亩安装高架水泥柱60～70根，套作苦瓜等经济作物，实现"一年麦冬、一季粮食、两季蔬菜"复合种植目标。通过高架间种苦瓜60余株，每亩苦瓜产量8 000～10 000斤，每斤批发价1元，产值8 000～10 000元；苦瓜收获后亩平均间种大蒜4 000余株，产值1 500余元。立体种植园共计产值41 000～43 000元，较单一麦冬种植亩平均纯收入增加10 000元以上。

每到小龙虾上市的旺季，湖南省南县4万多户虾农一夜捕捞上来的数十万斤小龙虾，在各村里被商贩们直接收购、打包、装车后，运往全国各地。从2004年开始，南县就开始探索"稻虾生态种养"模式，把虾苗放养在肥沃的稻田里繁养，小龙虾以稻虫为食，被"粮"心孕育，稻与虾共生，环保与创收并行。经过15年的发展，全县稻虾种养面积迅速扩大，种养技术稳步成熟。2018年，南县"稻虾共生"种养总面积50万亩，年产小龙虾8万吨，实现综合产值突破100亿元。小龙虾产品畅销全国、欧盟和美国等40多个国家和地区，南县也成了全国性小龙虾交易中心，走出了一条生态农业致富之路。

三、路径三：因地制宜开发观光农业模式

我国各地人民依据各地不同的生活情况拥有不同的文化遗产和自然遗产。同时应当注意到，观光农业是因地制宜的，很难出现标

准化和统一化的倾向，相反，越多姿多彩其生命力会越强。因此，对于观光农业来说应当是因地制宜的，具体来说有如下 8 种开发模式。

1. 连片开发模式　以政府投入为主建设基础设施，带动农民集中开发现代观光农业。政府投入主要用于基础设施建设，通过水、电、气、路、卫生等基础设施的配套和完善，引导农民根据市场需求，结合当地优势开发各种农业休闲观光项目，供城市居民到农业观光园区参观、休闲与娱乐。该模式依托自然优美的乡野风景、舒适怡人的清新气候、独特的地热温泉、环保生态的绿色空间，结合周围的田园景观和民俗文化，兴建一些休闲、娱乐设施，为游客提供休憩、度假、娱乐、餐饮、健身等服务。主要类型包括休闲度假村、休闲农庄、乡村酒店。该模式在全国各地尤为常见，如上海市郊区、北京市郊区、南京市郊区基本上都在采用此开发模式。

2. 农家乐模式　农家乐模式是指农民利用自家庭院、自己生产的农产品及周围的田园风光、自然景观，以低廉的价格吸引游客前来吃、住、玩、游、娱、购。主要类型有农业观光农家乐、民俗文化农家乐、民居型农家乐、休闲娱乐农家乐、食宿接待农家乐、农事参与农家乐。最典型的是在北京的周边如长城等景点周围，均有较为成熟的农家乐。成都近郊郫都区友爱镇农科村就是该经营模式的典型代表。该村原有农户 310 户，总人口 650 人，总耕地面积 45 公顷，在农业观光旅游发展鼎盛时期，村旅游接待点有 128 个，年均接待游客量达 50 万次以上，旅游年经营收入达 2 000 余万元。农家乐模式主要提供餐饮服务，在浙江省绍兴市，以娱乐（如垂钓）、农家特色餐为主的休闲农庄，占调查总数的 41.3%。

3. 农民与市民合作模式　在农民承包地合理流转集中后，建立休闲农园，以"认种"方式让城市居民委托农民代种或亲自种植花草、蔬菜、果树或经营家庭农艺，使消费者共同参与农业投资、生产、管理和营销等各环节，与农民结成紧密联结关系，体验和参与农业经营和农事活动。该模式最早出现在 20 世纪 90 年代的苏州未来农林大世界，当时称为"市民农园"，将土地分割为 50 平方米一块，向城市居民招租；后来在不同地区演变成多种类型的经营方式，如市民种植纪念树、纪念林、市民租赁农舍经营农家乐等。根据 2006 年最新调查，在苏州旺山休闲农庄，农户将自家住宅的一楼租给城市人来经营餐饮农家乐，租金年收入能达到 5 万元。

4. 产业带动模式　休闲农园首先生产特色农产品，形成自己的品牌。然后通过休闲农业这个平台，吸引城市消费者来购买，从而拉动产业的发展。在这类园区，游客除了餐饮旅游，还带回土特产品。如浙江省绍兴市稽东镇的山娃子农庄，游客除花费 100 元门票和 50元中餐费外，在离开农庄时还可购买价值 50 元一只土鸡和特色高山蔬菜。园区经营者在该基础上，注册自己的品牌，在自己的种养基地自种蔬菜、自养家禽并在城里设定销点，或与一些企事业单位挂钩直销时鲜产品。该模式深受城市居民的欢迎。在浙江省绍兴市的调查中，采用该模式的园区占总数的 37％。

5. 村镇旅游模式　许多地区在建设新农村的新形势下，将休闲农业开发与小城镇建设结合在一起。以古村镇宅院等建筑和新农村格局为旅游吸引物，开发观光旅游。主要类型有古民居和古宅院型、民族村寨型、古镇建筑型和新村风貌型。如山东省济南市先后重点建设了 13 个中心镇和 30 个重点镇，充分利用小城镇周围的风景名胜和人文景观，大力发展休闲农业。其中，历城区仲宫镇、柳埠镇等一批近郊小城镇，已成为城市居民观光、娱乐、度假的休闲农业基地。又如江苏省南京市金桂园农庄开发公司，南京郊区桥林镇结合新农村建设而发展休闲农业。他们试图先将农村居民迁移到集中居住点，以提高农民生活品质和卫生条件，然后利用空出的宅基地开发休闲农庄和庭园经济，发展休闲农业。

6. 休闲农场或观光农园模式　随着我国城市化进程的加快和居民生活水平的提高，城市居民已不满足于简单逛公园的休闲方式，而是寻求一些回归自然、返璞归真的生活方式。利用节假日到郊区去体验现代农业的风貌、参与农业劳作和进行垂钓来实现休闲娱乐的需求，对农业观光和休闲的社会需求日益上升，使我国众多农业科技园区由单一的生产示范功能，逐渐转变为兼有休闲和观光等多项功能的农业园区。主要类型有田园农业型、园林观光型、农业科技型、务农体验型。如北戴河集发农业观光园、北京朝来农艺园、上海孙桥现代农业开发区、苏州未来园林大世界、珠海农科中心示范基地等，也都吸收了国外休闲农场或观光农园的很多经验和设计理念。

7. 科普教育模式　利用农业观光园、农业科技生态园、农业产品展览馆、农业博览园或博物馆，为游客提供了解农业历史、学习农业技术、增长农业知识的教育活动。农业园主要类型有农业科技教育基地、观光休闲教育基地、少儿教育农业基地、农业博览园。如农业科技园区作为联结科教单位科研成果与生产实际的重要纽带，为农业科技成果的展示和产业孵化提供了实现的舞台。目前，我国的一些大学或科教单位建立的农业高新技术园区，与国外的农业科技园区模式极为相似，园区的建立为科教单位和入园企业科技产业的"孵化"和"后熟"，提供了重要的基础平台，大大促进了农业科技成果的转化和辐射推广。最典型的是上文中所提及的广东省江门市陈皮镇相关产业的发展，为农产品生产带来特色化、品牌化的特点，最终这种特色化和品牌化带动了农业生产的专业化、规模化、集约化，最终形成农业工业化的生产方式，成为一道亮丽的风景线。

8. 民俗风情旅游模式　民俗风情旅游模式即以农村风土人情、民俗文化为旅游吸引物，充分突出农耕文化、乡土文化和民俗文化特色，开发农耕展示、民间技艺、时令民俗、节庆活动、民间歌舞等休闲旅游活动，丰富了乡村旅游的文化内涵。主要类型有农耕文化型、民俗文化型、乡土文化型、民族文化型。如每年一度的呼伦贝尔那达慕大会，在这里通过那达慕大会，可以充分地感受到蒙古族一年一度的盛会，创造了很好的经济效益和社会效益。

　　例如，位于青海省东部的海东市乐都区的峰堆乡，地处湟水谷地南侧山地、沟谷地，是典型的脑山、浅山地区，也是国家级贫困地区。峰堆乡面积为 81.7 平方千米，平均海拔 2 600 米，境内峰峦重叠、沟壑纵横。受自然地貌影响，该地区社会经济发展缓慢，全乡共有 11 个自然村，其中，6 个是贫困村。充分保护和利用底蕴深厚的民俗文化、山清水秀的自然景观和丰富多样的农业资源，全力打造峰堆乡的果蔬采摘游、民俗文化游、休闲度假游、乡村生态游、亲子自驾游等特色项目，促进休闲农业产业发展，带动农牧民致富。规划在峰堆乡南部的上一村、上二村、上阳洼村，一直延伸到石门沟水库周边，打造休闲农业风光体验区，开辟高原花海观光游线路，并与周边瞿昙寺、西来寺、柳湾遗址等景点联通，形成区域旅游路线。

同时，正如同上文中所描述的鱼台街道的案例，鱼台街道结合自身发展实际，按照宜农则农、宜商则商、宜游则游的原则，支持各类新产业新业态发展，促进大众创业、万众创新。以农业主题公园等项目为引领，叫响王杰奶梨、石店葡萄、寻楼西瓜、葛村火龙果等"一村一品"特色品牌，并积极发展休闲农业、乡村旅游、农村电商、民宿经济、创意农业等建设项目。崔口村依托省级美丽乡村示范村优势，引进蔬菜脱水深加工项目，发展食用菌种植，建设食品加工企业；王杰村依托王杰故里红色资源和金水湖湿地有利区位优势，开展招商引资，推动土地流转300余亩，发展集特色种植、采摘、餐饮等于一体的观光休闲农业；张翟村依托省级生态文明村和市级美丽乡村示范村优势，积极发展乡村旅游，提升旅游产业层次，探索发展游居项目。据不完全统计，目前，鱼山街道从事设施农业种植、大蒜生产加工、生态观光旅游及其他创业形式的群众超过2万人，带动周边数万名群众就业，极大地促进了群众致富增收。2018年，鱼山街道农民人均可支配收入达到18 952元。

第四节　完善联农带农利益联结机制

农村产业融合，在本质上是以工代农、以城促乡，将工业技术、城市经验带入农村，进而激发农村、农业、农民内生发展动力。因此，必须完善联农带农利益联结机制。第一，要利用多种模式带动小农户参与大市场，发挥农业生产功能。小农户是我国农业生产的主体。第二，要利用多种模式带动小农户参与大市场，使其能够更好地发挥农业的生产功能。要推动新技术、新设备在农户的推广，提升农业生产过程中的环保程度。新技术、新设备不能总是浮空，要加大新技术、新设备的下沉力度，使其能够在农户中普及开来，提升农业发展的环保程度。第三，要利用多种方式促进农户联合，开发农村文化资产。在促进观光农业的发展过程中避免单个农户各自为战，形成文化建设破碎化的局面。要在局部小区域内形成联合体，更好地发掘农村的文化资产。

一、路径一：利用多种模式带动小农户参与大市场，发挥农业生产功能

在农产品生产特色化、品牌化的过程中，发展特色农产品加工业是必不可少的环节。因此，"公司＋农户"的机制是发展农产品生产特色化、品牌化的重要途径之一。这种方式是契约公司在农户生产过程中根据农户的需求而对农户提供必需的技术帮助与物质支持，提高农产品质量，在收获之时，将农产品统一收购，并负责将其推向市场。这种结合方式更利于农户把握市场的变化，根据市场的变化与市场经济的内在要求而进行有效的生产，灵活性更强。例如，河北邢台绿岭公司高标准治理荒山 1.8 万亩，培育核桃苗木基地 2 600 亩，打造核桃种植合作基地 20 余万亩，使万亩荒山变成核桃林海，让当地的百姓看到了致富的"摇钱树"。核桃多了以后，就有核桃难卖的隐患。绿岭公司投资 3.2 亿元建成了年加工核桃原果 3 万吨的核桃深加工工厂，把农户的核桃高价收过来，又通过深加工帮助农户把核桃卖出去。通过建立深加工工厂，为周边群众提供直接就业岗位 500 多个。同时，结合电商销售以及公司在仓储、物流方面的优势，开展了"全民卖核桃"活动。"全民卖核桃"即免费为全县有意愿的人进行系统的电商知识培训，在手机端开设个人电商微店，并通过微信、微博等工具进行推广销售，赚取佣金。

福建省云霄县虽然无霜期长、土壤肥沃，但是在传统农业的桎梏下，始终摆脱不了"丰产不丰收"的魔咒。多年来，福建漳州绿洲农业有限公司不仅积极引进现代蔬菜种植技术，还致力于推广普及新技术。2010 年，该公司总经理林婕首次引进新疆哈密瓜南移设施栽培技术，在东厦镇佳洲岛试种成功，实现了春秋两季种植，年亩产值达

3万多元，有效填补了"北菜南种"的技术空白。作为省级优秀农村实用人才及巾帼创业导师，林捷积极举办农民田间学校，通过现场指导及技术培训等方式方法，技术人员做给农民看、带着农民干，培育了一大批蔬菜生产实用技术人员。

上海市浦东区水蜜桃虽然总体上供不应求，但是很多小农户生产的不符合标准的小桃子很难卖出去。针对这种销售难的情况，浦东农业委员会和农业协会联合牵头，积极引导生产主体将体型较小、达不到精品装箱标准的小桃集中销往新成格林尔食品公司，把桃子打成果肉加入牛奶和空气后，再膨化、冷凝，制作水蜜桃雪芭冰激凌，打造了一款网红冰激凌。不仅解决了小桃子的出路，还为桃农增加了收入。目前，南汇水蜜桃产业的生产、生态、生活功能得到充分拓展，形成了以桃为原料的桃果汁、桃冰激凌、桃酒、桃木制品等深加工产业。

合作经济组织以自发形成为主，由被称为"能人"的农户或者有一技之长的专业户牵头，联合本村和周边地区进行同类生产的农户组成，共同进行生产、运输、采购、销售等一系列经营活动。"能人"或者专业户由于其自身所具有的优势而被村民所拥戴，或因其专业技术、经营能力、人脉关系、种养经验，而不自觉地联合本村及周边地区的进行相关生产的农民成立专业合作经济组织而共同生产、共同面对市场、共进退。专业合作经济组织负责采购生产资料，适时地引进新品种和新技术，并定期组织成员参加技术培训、进行信息交流，为成员提供技术服务与指导，发展当地优质产业，并负责后期的产品销售及新技术的推广，逐步形成专业的生产基地。这种合作经济组织的模式以带头人为核心，是一种较为松散的经济组织，属于民间组织。成员对组织带头人的熟悉与信任，在很大程度上对组织的生存与发展起关键性的作用，使得组织的独立性、自立性，成员间的凝聚性较强，容易被农户所接纳。

例如，内蒙古巴彦淖尔市乌兰图克镇通过发展设施农业、肉羊产业等优势产业实现高质量发展。设施农业方面，依托鲜农农业，种植名优特产品，打造采摘旅游、观光为一体的农业示范园区，提高农民收入。发展特色设施农业，提升设施农业规模。规模养殖业方面，培育壮大肉羊产业，打造优质羊肉品牌，实现肉羊产业转型升级、提质增效。构建了集饲草订单种植、饲料加工、优质肉羊生产、羊肉精深加工、有机肥循环利用及产品销售网络、技术研发及推广为一体的现代肉羊全产业链条，通过"龙头企业＋合作社＋农牧民"的合作模式，形成产业联盟，与农牧民共享一二三产业深度融合发展的红利，为地区社会和谐、经济腾飞作出重要贡献。

青海省依托牦牛、藏羊、奶业、油菜、青稞等特色产业，农牧业通过组建联合体开始分工协作。青海省新绿康食品有限公司为核心打造青海新绿康青稞产业化联合体。产品在全国都建立了稳定的销售渠道，投入了8条产业线还是供不应求。联合体一边是合作社、种植大户和农户与企业合作，种植的青稞不仅高于市场价收购，为企业提供了高品质原料。另一边省级龙头企业瞄准市场开发出青稞新产品，以自己成熟的销售渠道稳定占据国内一线市场。从种植到加工，再到销售，公司与3家专业合作社、8家种植大户和部分周边农户共同成立产业化联合体抱团发展，一条青藏高原完整的青稞产业链条趋于成熟。从上游到末梢，实现了农户增收、企业增效的利益共同体。根据企业介绍，2017年企业销售收入达到6 100万元，2018年通过互联网已发展线上销售商家60多家，年销售额400多万元。同时，企业从联合体内采购原料青稞占总采购量的62％，带动600户农民增收，户均年增收3 000元。2018年联合体内的合作社和青稞种植大户共承包、租赁土地533公顷，由企业提供青稞良种并订单收购，合作社及种植大户只要保证青稞品质，每年高于市场价格10％进行收购。目前，联合体以青稞种植、精深加工、电商销售等为主导产业，以"电商＋企业＋订单＋基地＋农民"模式，形成一二三产业融合发展态势，推动了青海青稞产业向精深加工升级。

此外，海南省文昌市会文镇是住房和城乡建设部公布的全国特色小镇，佛珠产业的蓬勃发展带动了会文镇的经济社会发展，餐饮、住宿、运输业和制造业等行业欣欣向荣。据了解，会文佛珠产业风生水起，带来大量的人流和物流，从而也带动了会文镇服务业的发展。如今，佛珠加工业已发展成为会文镇的特色支柱产业。今后，会文镇将依托佛珠加工和海水种苗孵化两大优势产业，采用"互联网＋产业"新模式，做大做强特色产业，发展旅游观光购物，把会文镇建设成集观光、购物、旅游为一体的佛珠风情小镇和旅游工艺品交易集散地，打响"海南礼物，会文佛珠"品牌，更好地带动会文镇的经济发展。

二、路径二：推动新技术、新设备在农户的推广，提升农业生产环保力度

在生态农业、设施农业建设过程中，伴随着农产品生产的规模化、集约化。通过利用"公司＋农户"的方式利用信息技术和设施农业的联动建设，提升农业的环保力度。榆中县大力推进"互联网＋设施农业"模式，在田间地头覆盖无线网络，实现农产品的全程溯源、智能监控、标准化管理和社交网络销售。据了解，榆中县现在已经建成现代农业示范园上千亩，配备了智能设备的蔬果大棚，不仅提高了种植产量和生产效率，也保证了"舌尖上的安全"，越来越多的当地菜农在当地的龙头企业以及专业合作社的带动下，投身设施农业，增收致富。

榆中县利用物联网技术，在榆中县的高效设施农业示范园的每个蔬菜大棚里都安装了智能检测仪器，负责监控棚内的温度和湿度以及土地的微量元素，设定好适合蔬菜生长的各种环境指标之后，利用物联网技术，只需一部手机就能管理一座蔬菜大棚，可以通过手机及时了解大棚内的水、肥情况，这极大地节省了人力和物力，降低了成本。

通过利用互联网、物联网等信息技术，降低农业生产过程中的成本和废弃物，降低农业生产过程中的污染，但是值得注意的是，由于设施农业在建设过程中对资本的高需求，这也就意味着建设以设施农业为代表的生态农业对于资本有很高的需求，这种需求无论是合作社还是农户彼此之间的联合，都是不可能达成的。因此，当前以设施农业为代表的生态农业的建设主要还是通过财政投入为主，部分农业生

产公司的投入为辅。但是由于我国现代农业建设过程中，大多数的农业公司都是集中在中游和下游，直接进入上游的农业生产的公司还比较罕见，这也就意味着来自私企的投资目前在我国设施农业的建设过程中还比较稀少。这也限制了以设施农业为代表的生态农业的发展。未来要做好一系列的设施农业支持政策，以财政政策为引导，撬动社会资本参与设施农业的建设过程。同时，要鼓励金融机构向进入农业上游生产领域的农业公司提供更强大的金融支持，并辅以税收政策对其进行扶持。

三、路径三：利用多种方式促进农户联合，开发农村文化资产

在丰富的观光农业建设过程中，主要出现了 3 种联农带农利益分享机制。

1. 个体农户经营模式　个体农民经营模式是最简单和初级的一种模式，它主要以农民为经营主体，农民自主经营，通过对自己经营的农牧果场进行改造和旅游项目建设，使之成为一个完整意义的旅游景区（景点），能完成旅游接待和服务工作。通常呈现规模小、功能单一、产品初级等特点。通过个体农庄的发展，吸纳附近闲散劳动力，通过手工艺、表演、服务、生产等形式加入服务业中，形成以点带面的发展模式。在全国各地迅速发展的"农家乐"就是这一经营模式的典型代表。如湖南益阳赫山区的花乡农家乐旅游区和内蒙古乌拉特中旗的瑙干塔拉草原旅游区，通过旅游个体户自身的发展带动了同村的农牧民参与乡村旅游的开发，走上共同致富的道路。

2. 农户带农户模式　农户带农户模式是由农户之间自由组合，共同参与乡村旅游开发的经营模式。这是一种初期模式，通过农户间的合作，达到资源共享的目的。在远离市场的乡村，农民对企业介入乡村旅游开发有一定的顾虑，大多数农户不愿把资金或土地交给公司来经营，他们更信任那些"示范户"。在这些山村里，通常是"开拓户"首先开发乡村旅游并获得了成功，在他们的示范带动下，农户们纷纷加入旅游接待的行列，并向"示范户"学习经验和技术，经过短

暂的磨合后，就形成了"农户＋农户"的乡村旅游开发模式。这种模式通常投入较少，接待量有限，但乡村文化保留最真实，游客花费少还能体验最真的本地习俗和文化，是最受欢迎的乡村旅游形式。但受管理水平和资金投入的影响，通常旅游的带动效应有限。

在湖南省汉寿县的"鹿溪农家"，从 2001 年 7 月起开发乡村旅游，最初只有两户村民参与，在不到一年的旅游接待中，"开拓户"获纯利 8 000 元，产生了巨大的示范效应，到 2003 年全村 30 多户中有 14 户条件较好的农户参与旅游接待服务，还有不少农户为游客提供特种家禽、绿色蔬菜、山里野菜、生态河鱼等农产品和民俗表演，逐渐形成了"家禽养殖户""绿色蔬菜户""水产养殖户""民俗表演队"等"专业户"和旅游服务组织，吸纳了大量富余劳动力，形成了"一户一特色"的规模化产业。通过乡村旅游的开发，顺利调整了农村产业结构，实现了农村经济的良性发展。

3. "公司＋农户"模式　"公司＋农户"模式的主要特点是公司开发，经营与管理，农户参与，公司直接与农户联系与合作。这种模式的形成通常是以公司买断农户的土地经营权，通过分红的形式让农户受益。它是在发展乡村经济的实践中，由高科技种养业推出的经营模式，因其充分地考虑农户利益，在社区全方位的参与中带动了乡村经济的发展。它通过吸纳社区农户参与到乡村旅游的开发，在开发丰富的乡村旅游资源时，充分利用社区农户闲置的资产、富余的劳动力、丰富的农事活动，增加农户收入，丰富旅游活动，向游客展示了真实的乡村文化。同时，通过旅游公司进行管理，对农户的接待服务进行规范，避免不良竞争损害游客的利益。

沙美村位于琼海市博鳌镇南面，面朝生态优美的沙美内海，全村辖 10 个村小组，总共有 1 075 人。沙美村作为博鳌田园小镇沙美乡村振兴示范村，按照"山水林田湖草是一个生命共同体"的生态保护理念，推进沙美内海全面退塘还林还湿，恢复生态和景观功能，打造出"椰林水韵""饮水思源""滨海长廊""耕读传家""山海在望"和"金牛泉涌"沙美六景生态景观，成为一个"望山看水忆乡愁"的好去处。琼海市博鳌镇沙美村党支部书记冯锦锋告诉记者，这里退塘还林了 600 亩，红树林种植了 560 多亩，村道、绿化各方面全部覆盖，现在要建成一个宜居、高水平的环境，还要朝增加农民收入这个方向发展。除了建设农村的生态美，沙美村还结合自身情况，成立农民专业合作社，引进社会资本，以"农户＋合作社＋公司"的模式进行统一经营管理，发展热带高效农业、休闲渔业、民宿、农家餐饮、电商等农村特色产业，推进乡村融合发展，让村民实现家门口的创业就业致富梦想。

第八章
推进农村产业融合发展的
保障措施

推进农村一二三产业交叉融合发展的具体保障措施，根据前文产业融合中遇到的问题以及产业融合路径，提出切实保障农村一二三产业交叉融合发展的具体措施，即政策体系构建、一二三产业融合主体培育以及相关部门体制改革。首先，推进农村产业融合需要政策跟进，产业融合造成产业交叉，政策体系需要积极创新适应新型产业发展需要，为其提供政策支持和法律保障；其次，农村产业融合需要具备一定实力的产业融合主体来发挥引领带头作用，现阶段我国农村各经营主体培育还不充分，需要通过各种方式加快形成农村产业融合的自发主体，提高产业融合的内生动力；最后，还需要加快部门体制机制改革，适当拓宽管理范围，使其更好的监督管理农村产业融合发展，及时修正和完善农村产业融合过程中出现的一些问题。

第一节　加快农村产业融合政策体系的构建

农村产业融合过程中，既要坚持市场在资源配置中的决定性作用，还要发挥好政府的支持引导作用。由于产业融合会造成产业发展出现交叉现象，要积极推进政策创新、探索合理有效的财政支持政策，逐步构建融合型产业发展的产业政策体系，并以政策体系为基础，制定融合产业发展的标准规范，最终上升到在国家层面上建立全国性的法律制度，为保障农村产业融合快速发展提供稳定的外部环境。此外，现阶段中国农村产业融合整体上仍处于低层次融合阶段，融合产业科技含量低、效率水平低下，其中，一个重要原因是我国农业科技进步进程缓慢，农业科技推广体系不完善，传统农业科技推广效率低、成果不明显，严重阻碍了传统农业向二三产业融合的发展进程，因此，推进农业科技体系建设，创新科技体系推广也是农村产业融合政策体系中的重要内容。

一、构建融合型产业发展的产业政策体系

产业政策体系的含义可界定为针对市场经济运行过程中可能出现的市场失灵以及错误导向，相关政府部门为修正市场运作机制作用和优化经济发展进程，对产业发展、产业结构的调整和对产业组织所采取的各种经济政策的总和，按照内容的不同，可分为产业发展政策、产业结构政策和产业组织政策三大类型。农业与传统的二三产业以及信息产业、生物技术产业等高新技术的融合发展，涉及工业、农业、服务业、高新技术产业等领域。不同产业各有不同的直属管理部门，以及相应的产业发展、产业结构和产业组织政策。数字农业、旅游农业、生物农业等融合性产业，具有跨产业属性，尽管难以具体划归到现有产业分类中，但其发展成效却惠及融合相关的各个产业。因此，客观上需要构建融合型产业发展的产业政策体系，从科技、财政、金融、土地管理等方面为产业融合提供政策支持。上述融合型产业均与现代农业发展相关，因此，可考虑由农业农村部牵头，联合国家发展改革委员会、科技部、财政部、自然资源部、生态环境部等相关部委联合制定。科技政策上，打破现有的分行业、分部门的研究与开发政策，在制订国家科技计划、进行涉农科技项目立项时，充分考虑一二三产业间的技术融合因素，提高一二三交叉融合产业相关技术研究优先级，引导建立不同学科交叉融合研究的科研机制，促进更多融合性产业技术成果，在一定程度上降低技术成果的资产专用性。财政政策上，为融合性产业发展涉及的相关企业提供税费减免等优惠，扶持融合性产业发展金融政策，对融合性产业发展在贷款金额、贷款期限、

贷款利息、还贷方式上提供商业或政策性金融支持，大力发展农业风险投资。土地政策上，对融合性产业发展减少土地出让金或土地使用费。

农村产业融合，说到底实质上是通过要素融合具体实现的，因而也需要在要素融合方面的政策支持。这主要涉及土地、资本、技术等方面的政策支持。

（一）充分利用现行土地政策并努力创新以支持农村产业融合

要充分利用好坚持所有权、稳定承包权、放活经营权的农地"三权分置"政策，在搞活农地经营权上下功夫，以促进农村产业融合。要继续推进农村土地产权制度改革，通过加速农村土地确认权、经营权流转、村集体用地改革等一系列措施，解决当前推进农村一二三产业交叉融合过程中土地要素短缺的瓶颈。土地资源本身也是农村产业融合产业发展尤其是农业生产经营发展的基础要素和重要载体，相关政策应给予农村产业融合项目用地合理地倾斜。例如，对农产品加工、农产品流通、乡村文化旅游、乡村特色餐饮等与一二三产业融合相关的项目，实行土地建设用地计划指标单列。此外，还可在土地充分确权的基础上，倡导农户合理转包、转让、出租土地等，有序地流转其土地承包经营权，确实提高农村土地的利用效率。具体而言，就是农民可以以土地使用权作价入股农民合作社，依托合作社发展产业融合；也可以以土地使用权作价入股相关的企业，如参股农产品加工企业等，从而促进第一产业和第二产业的紧密融合；还可以通过向农业创意企业、旅游公司等出租农地经营权，使得后者能够在不改变农地根本用途的前提下，使租赁土地用于发展农田艺术和农田景观，以此促进农业与文化产业、旅游产业的紧密融合。要积极盘活农村闲置、沉淀的集体土地资产，增大农村产业融合的土地载体，进而发展产业融合。具体来说，就是充分挖掘利用农村"空心村"的闲置土地、中小学撤并学校后留下的校舍操场等闲置土地、遭受重大自然灾害而没有恢复利用或废弃的原建设用地等，在禁建小产权房或国家明令禁止的其他项目前提下，农村集体经济组织可以将这些闲置的集体土地资产转变为农村产业融合的建设用地。

（二）要优化创新农村产业融合发展的资金支持政策

一方面，继续加大各级财政对农业生产特别是农村产业融合项目方面的投入力度。充分发挥政府部门引导和杠杆撬动作用，利用广泛的社会金融资本、相关产业内部资本和社会中潜在的各种支农力量保障农村产业融合的资金支持，调动社会支农力量的积极性，充分有效地利用其资金投入到该领域的重点扶持项目和相对薄弱的环节，有利于促进农村产业融合提高融合质量、增长效益、优化升级。另一方面，加大力度重点解决农村融资难、融资贵等阻碍农业融资渠道的问题。拓宽农村融资渠道，鼓励各种金融机构提升针对"三农"业务的服务供给。构建健全的、操作性强的农村金融服务体系，落实商业性金融机构的支农责任，切实保障支农资金来源。应考虑农户土地承包经营权预期收益可以用于农户发展产业融合的抵押贷款，尝试推行土地抵押贷款。虽然在目前已有的实践中农户土地承包经营权预期收益的抵押贷款主要用于农业生产，但这种预期收益的抵押贷款既不涉及抵押土地用途的改变，也不涉及土地经营权的权属变更，因而这种抵押贷款用于发展农村产业融合也是可行的。应考虑设立用于支持农村产业融合发展的专项贷款。现在的各种贷款覆盖面已经很广泛，但多为单一的指向性贷款，这难以适应支持农村产业融合发展的需要。农村产业融合发展的过程，是一个覆盖的产业领域、融合的链条、融合的环节、融合的要素不断增多的过程，随着时间的推移，这种跨界融合将产生越来越多的难以分离的新业态、新模式，这就要求不能再如以往的单一的指向性资金支持，而是要对一个融合经济体进行整体上的综合性的资金支持，因而需要有这样一种政策创新以满足农村产业融合的资金需求。政府部门应建立相关扶持政策，积极鼓励和支持工商资本投入到农村产业融合的建设中，产业融合面向广大传统农户来说仍然是一种较新事物，在农民知识、资本积累不足的条件下，客观需要社会资本的进入，以解决农民干不了、干不好的融合项目，因此，这种融合仅仅依靠小农本身还难以实现真正的产业间交叉融合，需要社会各相关融合主体的共同参与，才能使其向前发展。

（三）要进一步优化涉及农村产业融合发展的相关政策

推动农村产业融合发展，不仅涉及土地、资金，还涉及文化、环境等各个方面。即使从经济的视角看问题，也需要有农村相关产业扶持政策。第一，要设计实施农村文化产业的扶持政策。我国农村产业融合，在相当一部分地区是农业和农村文化的融合，具体表现为农业与农村传统的耕读文化、民俗文化、建筑文化、景观文化、红色经典文化等联系在一起，形成了较为普遍的农村文化旅游业，实际上就是农业、文化产业、旅游业的融合结果。因此，有关部门应制定农村文化产业发展支持政策，或在国家整体文化产业发展的框架下对农村文化产业发展予以倾斜支持政策。在国家有关部门的农村产业发展项目中，应列编农村文化产业发展项目，切实把文化产业发展也纳入农村发展的产业融合支持内容，要创新实施农村生态产业的扶持政策。我国农村产业融合，在相当的程度上也与生态产业有着密切的关系。农村生态产业内容较为庞杂，从产业融合的角度看，最为现实的就是需要农村生物质能源和农村秸秆"五化"（即原料化、肥料化、基料化、燃料化、饲料化）的支持政策。虽然从技术层面的角度看，农村生物质能源和秸秆"五化"技术问题已基本解决，但由于其发展的成本在现阶段显得偏高，从投入产出比的角度看其推广受限。针对这些问题，国家应从农村产业融合的角度设计安排相应的支持政策，也可以考虑在发展的相关项目中设置这一类项目，给予贷款、国投资金的支持以及必要的政府补贴。第二，要创新实施农村康养产业的扶持政策。随着人民群众收入水平的提高和我国老龄化问题的凸显，一些农村地区依托于良好的自然环境条件，逐渐培育起了养老、养生产业，这也是农村产业融合的新内容。但就目前而言，这类产业特别是养老产业具有一定的准公益性质，因而也需要政府的补贴政策予以扶持。尽管现在已有这方面的支持政策，但还难以满足这类产业发展的需要，还应适当加大扶持力度。

二、加强促进产业融合的标准规范建设

一二三产业融合提供了多元融合型产品尤其是具有农业属性，涉

及资源消耗、生态保护、环境污染、物种多样性、食品安全、健康营养等与人民生命财产安全乃至人类长远发展直接相关的重大问题，因此，必须建立完善的发展规范和标准。一方面，农村产业融合发展无论对于农民大众还是基层企业，都是一个相对较新的事物，因而政府建立相关融合产业的发展规范与行业标准就显得尤为重要。另一方面，我国国土面积大，各省份地区自然资源条件、经济发展水平、风俗文化等条件各不相同，不同地区一二三产业融合形式和发展类型复杂多样，因此，加快农村产业融合发展进程要求各地政府切实联合地方实际情况合理有序开展工作，切实做到因地制宜地制定产业融合发展规范和地方标准。

（一）要积极主动开展农村产业融合发展示范区建设并总结地方经验

我国农村产业交叉融合发展起步较晚，各地区还未形成系统成熟的发展规划，缺乏融合发展经验指导，因此，需要在不同地区开展融合发展示范区建设，逐步积累和总结经验，进而在全国推广。各地政府应当制定示范项目筛选标准，实施一二三产业交叉融合典型试点项目，借助融合示范主体，进一步细化当地农村产业融合发展的行业标准和技术规范。同时明确示范地区县、乡、村各级任务分工，例如，示范县应着力为农村产业融合发展营造良好的制度环境，形成规范化管理制度，孕育有一定知名度的若干示范乡；示范乡按照"一乡一业"发展模式开展不同特色的产业融合项目，逐渐形成产业融合群；示范村根据"一村一品"发展理念开展各具优势的产业融合项目，形成特色鲜明的专业村。

（二）制定地方一二三产业融合发展行业标准要紧密结合地方实际情况

政府积极组织协调地方相关行业协会、农业产业联盟、科研院所以及相关利益群体等，制定产业融合认定标准，形成产业融合评价指标和评估体系，明确产业融合的生产经营形态、技术规范和业务流程标准框架，细化产业安全生产和环保标准。在总结地方成功经验与失败教训的基础上政府应积极推出地方产业融合发展标准。例如，全国旅游农业发展的成功典型——成都农家乐，成都市政府根据地方实情制定了《农家乐开业基本条件》《农家乐旅游服务质量等级划分及其评定》等农村融合产业发展规范，对农家乐的开办条件、审批办法、管理制度等予以明确。

（三）应积极构建推动我国农村产业融合发展的负面清单制度

这既有利于提高融合的效率，也可以体现环境保护、文化传承方面的底线要求，同时又可以降低制度性交易成本。推动农村产业融合，涉及一二三产业的各类项目，涉及各种相关甚至较为繁多的政策，这就不可避免地带来多头审批或审批环节较多的问题，有可能影响到推动融合的工作效率。建立负面清单，明确准入条件和项目，有助于克服制度性交易成本过高导致的效率损失。同时，推进农村产业融合涉及大量的新产业、新业态、新模式，而这些新产业、新业态、新模式在与农村产业融合的过程中，也有可能会带来一定的负外部性，预防和克服其外部性，实施负面清单制度就可以起到事先告知、划出底线的作用。当然，这也是坚持农村产业融合原则的具体体现。如不能以各种名目变相建设小产权房，不能以损害农业农村生态环境建设项目，不能以损害农村传统文化传承来发展所谓的融合项目，不能排斥农民参与在农村上马的融合项目等。通过负面清单制度的构建，恪守发展产业融合的政策底线、环境底线、文化底线等，使农村产业融合发展更具有可持续性。

（四）要进一步加强农村产业融合发展的舆论宣传，解读农村产业融合的相关政策

要充分利用各种形式的舆论媒体以及面向农业农村的培训工作，宣传推进农村产业融合的相关政策，让农民、合作社、企业能够切实了解党和国家推进农村产业融合的方针政策，从而使政策转变为农民和相关参与主体的自觉行动，并发掘已取得成功经验的先进典型案例作为教材，供农民和企业学习和借鉴。由于农村产业融合是在开放条件下的融合，会有越来越多的农村以外的市场主体参与融合，因为这种政策舆论引导不仅仅是要面向农民群众和农民合作社以及农业企业，同时也要面向社会。加强这方面的宣传和引导，以启发和促进各

类市场主体积极参与到融合发展的进程中来。

三、建立全国性的法律规范

为建立完善的农村产业融合发展规范，仅仅建立地方标准规范还远远不够，需要上升到国家层面建立起全国性的法律规范。纵观国际农村产业融合发展，法制化管理是西方国家农业公共管理的普遍手段。一如，日本有包括《农业基本法》《新粮食法》《土地改良法》《农业改良促进法》《种子法》和《批发市场法》等一系列较为完备涉农法律体系，对日本农业资源利用、自然资源保护、食品安全等进行法制化、全方位管理，为涉农产业融合提供法律保障；二如，美国为了促进国内农业发展修订了一批新的法律条例，一方面，为缓解农产品过剩问题，美国联邦颁布了《1985 年食物保障法》等一系列法律；另一方面，美国国内开始追求农业可持续发展，例如，1997 年《土壤和水资源保护法》中明确规定保护土壤、节约水资源等；2002 年美国政府制定了《农业安全与农业投资法案》，大幅提高了农业补贴力度与农村投资水平；2008 年推出《食品、环保、能源法案》以规制农业发展与能源发展之间的平衡；2014 年美国再次颁布《新农业法案》，对农业保险、补贴、环境保护等方面做出具体规定。

改革开放以来，中国在农业农村发展方面立法逐渐完善，现已基本形成了具有我国特色的农业法律体系的总体框架，但是随着农业与相关产业进一步融合，又出现了新的涉农法律问题，如转基因生物技术应用、转基因食品安全性等，关系生态环境和人类健康的长远性、复杂性问题迫切需要法律依据和强制性的发展规划。应以全国人大立法为主，加强农业与相关产业融合发展的法制建设，既是解决科技发展与人文关怀矛盾的需要，也是现代农业发展的客观要求。同时，标准制定应积极参考国际标准，与国际接轨，为促进农产品出口、提高农业国际竞争力创造条件。此外，我国还需要出台一些专门的、具有针对性的关于农村三大产业融合发展的法律法规，要制定各项涉及调节三大产业之间关系的法律法规，规范农村三大产业融合的市场行为。对一些能够有效促进农村一二三产业交叉融合发展的政策，要进一步上升到法律法规层面以提高权威性和约束力，保障农村三大产业融合有法可依、有法可循。

四、推进农业科技体系建设，创新科技推广体系

创新农业科技推广体系建设前提是需要完善的农业科技体系为基础，因此，创新农业科技推广体系第一步任务需要逐渐完善农业科技体系建设。一是调整农业科技发展战略。产业融合有利于提高农业的信息化、生态化、服务化、集约化水平，促使农民增收和农村经济发展，但需要相应的技术进步成果作为支撑。农业科技主管部门应根据中国农业转型的实际，及时调整农业科技战略目标、战略方向、战略重点和战略措施。目标上，要求能够促进农业综合生产能力的提高，有效保障国家食物安全；方向上，从仅注重提高农作物产量转向同时关注产量和质量，提高农产品精深加工和鲜活储运等生产和流通技术的研发，从注重资源开发为主转向资源开发技术与市场开拓技术相结合；战略重点上，以满足农民实际需求和农村产业振兴为导向，重点支持高产集约型农业技术创新，以及信息采集、精准作业、农村远程通信等农业数字化技术创新，将技术创新与农村需求、农业发展和农民增收有机结合起来；战略措施上，可考虑建立综合性、跨学科的国家农业科技创新体系，以促进产业融合为出发点，整合全国涉农科技资源，通过重大、重点课题立项，以"学科带头人研究团队"的方式，在进行原始创新、消化吸收再创新的同时，进行集成创新，将农业科技成果建立在跨学科、跨专业、跨产业的基础之上，为农业与相关产业融合提供技术进步支持。二是提高农业科技进步成效。首先，增加农业科技投资总量。农业科技产品属于准公共物品，尽管受专利法保护，但具有一定的非排他险，如农业生物产品在生产过程中可以自我繁殖和非竞争性，即某个农业生产者对某项技术的采用不对其他生产者采用该技术构成限制。因此，农业科技产品必然存在市场供给不足，需要政府提供。三是提高农业科技贡献率。农业科技贡献率是农业科技进步的直接经济成效，其高低受到众多因素的影响。其中，

农业科技进步水平和农业科技成果转化机制是两大重要因素。涉农企业、科研院所是农业科技进步的主体，政府应通过产业政策调整，创建科技创新平台，建立技术进步的激励机制，鼓励科研主体进行符合农业科技战略重点的技术研究开发，形成具有自主知识产权的科技成果。

为解决传统农业技术推广体系的弊端与不足，国务院和农业农村部分别下发了《关于深化改革加强基层农业技术推广体系建设的意见》和《关于贯彻落实国务院关于深化改革加强基层农业技术推广体系建设的意见》，要求有步骤、分层次地构建"多元化基本农业技术推广体系"，培育"多元化服务组织"。当前，为进一步适应市场经济体制改革和现代产业融合发展要求，农业科技推广体制创新已经进入更深入的探索阶段。构建新型农业技术推广体制既是一个利益调整的过程，也是一个制度创新的过程。依据现有研究根据一般物品和服务的所有权归属与应用效果，农业科学技术可以划分为公共技术、准公共技术和私人技术。对于不同类型农业技术，应结合其特点实行分类推广，依托各类不同推广组织。

（一）公益性服务是政府农业科技推广的主体任务，公益性推广服务主要由政府推广机构承担

明确政府型农业科技推广服务体系的主体地位，农业的弱质性、农业科技成果的公共产品属性决定了在农业科技推广领域政府直接投资建设公共农业科技推广体系，通过公有财产和供给公共物品的方式，为农业和农村发展提供农业科技推广服务，应当成为新型农业科技推广制度安排的最主要形式。政府在农业技术推广体制中的领导和支持作用体现在：制定法规和政策，规范和引导农业推广；成为农业推广的主要投资者；成为农业推广体系的主要管理者。基于公共技术的特点，农业科技技术难以物化，其不可排他性的特性决定了所有用户可以平等使用，难以消除"搭便车"现象，市场无法提供最为有效的投资。同时，中国是发展中的农业大国，农业效益低，农民是弱势群体，农村经济尚不发达，主要靠盈利性机构进行农业研究和推广是不现实的。因此，对公益性技术的研发与推广，应由政府负责投资。

政府农业科技推广部门应着力解决那些效益高却投资回报长的技术推广难题。政府型推广体系理应是以公益性为主旨。公益性服务应当是政府农业技术推广的主体任务，市场在这些技术领域是失灵的，不可能促使个人或企业在这些领域进行足够多的投资。因此，这些公益性技术领域的推广必须靠政府去投资和开展无偿推广服务。

政府型农业科技推广体制创新：目前，我国政府型农业科技推广改革困境实质上是制度性困境，要想顺利脱困，就必须从新的制度视角进行体制创新。改革创新政府农业科技推广机构要立足于解决"三农"问题的大局，基于农业的发展、农村的实际情况和农民的根本利益，组建精干高效的推广队伍，从而促进推广事业的发展。首先，为了从根本上解决政府型农业科技推广体系的多头管理、机制不灵活、效率低下、行政依附性强，特别是基层管理体制不顺等一系列问题，政府型农业科技推广组织制度必须进行改革和创新。政府型农业科技推广机构的设置应按照精简高效的原则，根据本地农业的主导产业和区域经济特点，综合考虑地方财力的实际情况，选择适宜的形式进行。中央、省、市、县、乡各层级都应设计相对独立的组织架构；其次，对各层级机构的职能重新定位，明确政府农业科技推广机构的职能。政府农业技术推广机构应积极参与和组织一般性农业科技推广服务的实施，如动植物良种繁育及推广、技术咨询及对农民进行技术培训；逐步退出技物结合以及产后加工、运销等经营性服务领域。再次，逐渐完善地方政府合理参与当地农业科技推广实施的工作机制，构建垂直管理及参与管理双向管理体制。最后，对提供公益性服务的政府农业科技推广部门实行统收统支制度和全额拨款。用于农业科技推广的人员经费、固定业务经费和专项补助费必须以法律形式固定下来，政府型农业科技推广服务体系创新改革的重点在基层农业科技推广机构。首先，基层地区农技推广机构应当集中人力、物力和财力，建设完善的县一级农技推广机构，使得县级机构能够成为上接科研推广部门，下接村干部、专业农户、龙头企业和各种农民专业合作组织及协会的枢纽和桥梁。其次，基层农技推广机构可以依据 4 种方式选择进行设置：一是在集中整合乡镇原有相关机构的基础上综合设置；二是由上级农技推广机构通过指派方式设置乡镇机构；三是跨乡镇联合设置，形成区域推广机构；四是由上级农技推广机构派出农技人员进入乡镇完成推广工作。最后，用人机制改革。应提高对农技术推广人员的资格和业务素质的要求，对于进入农业技术推广机构的专业人员，应当实行严格的资格考试，建立激励机制和动态的人员管理机制。

（二）经营性农业科技推广应采取市场化机制，经营性农技推广由市场型推广组织承担

由于农业技术具有排他性、竞争性和独立性的特性，在市场化运行机制下，"私人技术"通常是知识产权保障较高的技术，投资内部回报率较高，相应的技术研发与推广部门可以借此获得较高的收入回报，在这种高回报下，一些具备经济、科技实力的企业就会主动地投资此类技术研发与推广。对这类技术的推广应用主要依靠市场机制发挥作用，通过技术市场等中介进行公平交易来加快私人技术的推广应用。因此，私人技术的研发推广一般借由农业技术企业、农村技术协会、农民技术联盟等非政府技术推广组织为行为主体进行。这类主体通常以营利为目的，因此，他们会自发采用多途径、多方式、高效地向农户推广技术，使尽可能多的用户接受并使用以达到盈利目的。这类主体通常在技术推广前要进行多次技术可行性验证，所以选择的技术一般符合市场需求且经济效益较高，所以其推广效率也相对较高。纵观国际农业技术推广的"私有化"倾向以及国内农业技术推广发展呈现的多元化趋势，私人经营部门的农技推广系统在农业科技推广中的重要作用已经越来越明显。我国新型农业推广体系中的市场型力量包括涉农企业、农民专业合作经济组织、农产品行业协会等。近些年来，我国涌现出了一大批以龙头企业为主的企业型技术推广组织，它们在我国农业技术推广事业中发挥着不可低估的作用。龙头企业已成为农业技术推广的一种有效组织形式。它可以调动农户应用农业科技的积极性，将产学研有机地结合起来，把农业技术的应用与市场需求联系起来提高农业科技成果转化率和应用效果，为增强农户的科技素质和提高他们的竞争意识开辟新途径。农民专业合作社与农产品行业

协会的产生和联合有利于帮助农民掌握和运用科学技术，不仅减轻了农民负担，降低了信息缺失成本，而且也增加了农民收入。经营性农业科技成果推广项目，应采取市场化机制，以涉农企业为主，农业大学、科研单位和基层推广组织参与配合，积极培育、发展技术市场，通过公平交易，无偿服务与有偿服务相结合，鼓励多元化推广主体参与，项目经费主要由企业自筹资金，同时吸引和聚集社会资本，引导市场型推广组织做大做强。

市场型农业科技推广组织体制创新。目前，市场型农业科技推广组织尚处于发展的初期阶段。由于各地的自然、经济和社会条件不同，其创建和发展也不可能采取统一的模式。正确的选择是因地制宜，尊重农民的创造，遵循协会发展的规律，坚持多种形式共同发展。市场型农业科技推广组织的自身发展与其自身建设息息相关，完善的管理体制和运行机制则会相辅相成共同促进其良性发展，因此，推广组织内部建立合理的利益互补机制、利益分配机制和民主科学管理机制是保障市场型农技推广组织良性发展的重要举措。首先，深化产权制度改革，构建参与市场竞争的微观主体，建立利益互补机制；其次，建立利益分配机制，农村专业技术协会的核心问题是如何解决好公司和农户之间的利益分配关系；最后，建立民主科学管理机制，运用现代管理方法和制度，提高推广企业的科学管理水平和经营管理效率，完备企业各项规章制度，加强营销管理和树立品牌意识，按需生产，保证市场型农业科技推广组织的健康发展。

（三）中介性技术推广采取政府调节与市场机制相结合的方式

准公共技术（中介性技术）由于具有排他性，在运作上可采取市场机制的运行方式；同时，由于准公共技术具有一定的外部效益，所以为了促进该类技术的推广应用和社会需要相协调，有关部门采取一系列措施调节外部效应，使得外部效应内部化，如当采用该技术发生负外部效应时，由有关部门向技术采用主体征收一定费用或采取其他惩戒手段，另外对因此受到损失效应的农户加以补偿，借此将"外部负效应"转化为技术用户的内部成本；当存在外部正效应时，可通过相关部门向除技术用户以外的其他受益者征收一定的税费，用于补偿技术用户本人。因此，在推广过程中对于此类技术应采取市场机制与政府调节相结合的方式。例如，对合作社举办实用农业技术培训时，就可采取补贴和收费相结合的办法，向参加培训的农户收取部分费用，其余费用由政府给予补贴。

第二节　加快农村产业融合主体的培育

　　农村产业融合能否可持续进行，关键在于能否培养一批具备经济实力的融合主体。我国农村发展的各类市场主体数量已经很庞大，无论是农民合作社、农产品加工的龙头企业等，都已在不在少数。但从实践上看，农村产业融合发展，仍然是处在一个初期阶段，不少地区的农村甚至还没有起步，或者说还没有融合的行为或迹象。这其中一个非常关键的因素就是不少地方农村虽然有可融合的主体，但可依靠的融合主体的经济实力较弱，因而没有足够的实力和能力去开展融合、带动融合。就农产品加工企业而言，在农村的这类企业多为中小微企业，由于规模小，产品多为初级加工制成品，竞争力不是很强，因而多数企业的实力很有限。此外加工原料目前容易得到满足，因而也缺乏与农业开展融合的意愿和动力。作为由城市转移进入农村的农产品加工业、旅游文化企业等，具有一定的企业规模和资金实力，这类企业相对来说经营理念新、生产经营能力强，是推动农村产业融合发展的生力军，但出于企业自身发展利益，往往排斥农民参与融合。就农村的留守农户而言，一般其传统农业理念较重，现代经营意识不强，大多只能作为农村产业融合的跟随者。而另外一部分农村文化程度高、能力强的人群往往选择离开农村外出就业，积累了工作经验和创业资金，也是加快农村产业融合发展不容忽视的力量。就农民合作社而言，很多处在劳动和资本的简单联合阶段，有些合作社只能维系简单的农业再生产，有些合作社尚处于不规范状态。因此，很多现有的农民合作社还难于开展农村产业融合。

　　综上所述，我国农村产业融合的相关主体发挥作用还远远不够，主体自身经济实力不足是制约我国农村一二三产业交叉融合长期发展的重要因素。从长远看，推进产业融合可持续发展需要一批实力较强的农村产业融合主体，具体可以从提高涉农企业能力、增加农村人力资本投资、鼓励农民工返乡创业和支持合作社发展四个方面展开，进而提高农村产业融合发展的内在动力。

一、提高涉农企业的企业能力

提高涉农企业能力需要从两方面进行，即企业内部条件与外部环境，两者缺一不可。

（一）从内部条件来说，要加强涉农企业自身的建设和提高

目前，我国涉农企业能力不强，具体表现在科技研发能力较弱、企业规模效应缺乏、价值增值程度不高。彭罗斯的企业成长理论中介绍到，企业应该是一个任意时间段内具备一定能力和决策规则的生产者，即生产性知识和能力的综合体。企业自身的核心知识储备和盈利能力是企业长期发展过程中内生性知识和能力逐渐积累的结果，具有其自身的独特性和难以模仿性，这也是企业的关键性生产要素，也是为企业获取市场剩余和在竞争中保持长期动态优势的根本所在。企业自身的生产可能性边界，一方面，由组织成员个体所拥有的知识和能力所决定；另一方面，还取决于企业作为一个组织整体具备的知识和综合能力。根据这一理论观点，彭罗斯创立了一个"企业资源—企业能力—企业成长"的理论分析框架，首先企业自身的资源状况是决定企业能力水平的基础要素，凭借企业内部物质资源所能提供的服务内容及其质量取决于企业内部人力资源的知识储备，两者相辅相成共创各个企业特有的主观生产机会。另外，决定企业能力的最为关键因素在于管理能力，企业管理能力的大小是决定企业成长率的基本因素，现在一般把管理水平对企业成长的关键性作用机制称作"彭罗斯效应"。企业核心知识和能力的外在表现是企业强大的技术创新、资本营运和组织创新等市场竞争力。在充分研究顾客对融合型产品需求的前提下，整合企业内部资源，推进融合性技术创新，提高企业科技研发能力和技术进步水平。以此为基础，扩大生产经营规模，获取规模经济效应，充分积累企业内在的核心知识和能力。这种能力积累到一

定程度，可考虑资本营运，与其他产业的相关企业建立战略联盟、进行投资入股、兼并或收购等，发展跨产业的多元化经营，在获取范围经济效应的同时，充分利用整个社会资源，提高企业整合外部市场资源的核心能力。企业经营的多元化和资本营运，必然带来组织形式的变革，即由单一的产业内企业，发展成为跨产业存在的、界于企业与市场之间、类似于企业网络的"混合组织"。"混合组织"的发展，客观要求企业改变核心知识和能力的产业刚性，实现柔性化管理。基于节约交易成本的"混合组织"，有利于提高企业生产经营的价值增值水平。技术创新不仅可以形成新技术、新工艺、新产品，并且可以通过创新导致的知识溢出效应，实现产业融合，产生融合性技术、融合性产品和融合性市场。涉农企业的核心知识和能力的提高，有利于推进农业与相关产业在技术、产品和市场领域的融合，加速产业融合进程。

（二）从外部环境来说政府要积极支持涉农企业发展

一方面，要共同努力破解涉农企业的融资难问题。在企业、金融机构和政府的帮助下积极探究出最佳的切入时机，努力寻找出适合涉农企业发展的融资模式。涉农企业具有以下特点：从业人员的数量众多，劳动力市场占用量较大，产品价值低廉，资本密度小，技术含量水平太低。对于一些属于劳动密集型的涉农企业而言，他们由于自身特性往往难以直接进入融资市场，所以这类企业就只能通过间接融资这种方式来获取资金。同时，涉农企业由于自身发展阶段不同，其所处的生命周期也不相同，具体可以分为初创期、成长期、成熟期和衰退期4个发展阶段。在不同的企业生命周期阶段就需要利用不同的融资手段。在企业发展初创期，由于涉农企业发展方向还不稳定，需要大量的资金支持，所以融资失败率通常很高，引进银行信贷资金难度较大，因此，多数以企业选择业主自筹为主，银行信贷为辅的方式进行融资。在企业成长期，涉农企业的规模逐渐发展扩大，经营业绩也逐渐有所成就。但是为了企业能够扩大在市场中的占有份额，就需要有大量的资金投入来进行开发新产品的研究。短期资金一般都是以银行贷款、商业信用的形式为主要筹集方式，长期资金就是以银行信贷和融资租赁的形式为主的筹集方式。到了成熟期，涉农企业就会面临着更激烈的竞争和企业之间的巨大挑战。如果涉农企业将带动区域发展作为企业目标，就需要衡量企业的资金投入和投资回报，通常都会选择多元化的融资模式。只有做到技术创新和产业的升级才能使企业长期立于不败之地，才会有机会成为农业融合产业中的佼佼者。处于衰退期的涉农企业，它将面临内外部的双重困境和资金的严重匮乏；产品如果没有了市场，便会丧失竞争实力，因此，必须从本质上进行改革，可以根据企业的实际情况考虑改制、合并或者联营，最坏的地步就是破产。另一方面，建立和健全多层次的农村金融体系。一般表现在资本市场当中涉农企业融资存在严重困难和阻碍，银行对涉农企业还采取慎贷、惜贷的措施。目前，我国的农村金融体系呈现出多层次的水平，但是因为产品的相同性和服务对象的相同性，所以对于金融机构的业务差别的水平自然也就不是很大。从现有涉农金融机构的规模和效应上来看，还难以达到服务农村多层次融资的要求。这样的措施将为众多的涉农企业带来莫大的金融支持和保障，也对农村金融机构的形成起到了帮助。中国农业银行在经过了业务转型之后，就放宽了对相关涉农企业的贷款政策；农业银行也发出声明指出将继续扶持相关涉农产业，同时还发布了相关通知，其中，就提到了会对重点农业产业化龙头企业放宽相应的信贷条件。在坚持惠民、惠农的观念下，要逐渐建立起政策性农村商业金融体系，直接服务于涉农企业，并且要帮助实现涉农企业的扩大再生产，从而带动产业升级的同时促进农村经济的蓬勃健康稳定发展。此外，政府还要加强对涉农企业发展的支持，适当给予政策倾斜。农业需要政府保护，而竞争处于劣势的涉农企业更加需要政府的保护和支持。我国政府应该向发达国家学习经验、总结启示，结合本国的国情对涉农企业采取相应的保护措施。技术创新方面的保护，政府要制定相关的法律法规，鼓励企业的技术创新；还要建立技术评估体系和项目评审的体系，以此来规范市场化的激烈竞争；要加大对涉农企业的资金帮扶，积极拓展企业的融资渠道，制定关于涉农企业的科技扶持措施，把具有农业高新技术的企业作为扶持的关键对象和重点。

二、增加农村人力资本投资

根据现有研究，人力资本可以理解为劳动者个体所具备的知识水平、技术能力、劳动技能等。在著名经济学家舒尔茨的人力资本理论中，人力资本投资是促进经济增长的重要措施，具备较高人力资本的农村更有力开展一二三产业融合。农民一旦掌握了现代农业生产技术、经营管理方法，具有了相应的社会保障，其自利性动机必然激发出应用现代农业科技、发展农业生产经营的高度热情，通过自发性激励机制加快农业与相关产业融合发展。从广义上来说，人力资本内涵丰富，但具体主要表现为劳动力知识、技能、体力（健康状况）价值的总和，因此，增加农村人力资本投资可以主要从农村教育以及农村医疗两大方面入手。

（一）改革并完善农村教育与人才培养体系

一方面，着力发展农村的基础教育，提高职业教育投资比重。顾名思义基础教育是其他教育的根本与前提，包括高等教育和职业培训都以它为基础，并以此逐步提高职业教育比重。开展农村基础教育工作是各级政府的基本职责，也是科教兴国战略在农村实施的重要抓手。因此，地方政府尤其在农村必须摒弃培养之后顾虑流失的观念，充分认识人才流动的正常规律，不断提高本地区农村的基础教育水平。一直以来，由于各方面条件限制，许多农村地区都存在普通教育升学率较低的情况。很多农村学生中学毕业就不得不投入到农业生产活动中或外出务工补贴家用。对于这种情况，需要调整农村基础教育目的，切实做到学以致用，而不是偏重于升学的目的。从教育投资的有效性来讲，教育投入规模的大小只是一方面，而如何将教育投资的效能发挥到最大是必须考虑的问题，这要求其投资的每个环节能够对接与协调，不能重此轻彼，只重视基础教育而忽视职业教育的做法是不可取的，而这种现象在福建农村却普遍存在。笔者认为观念上的偏差是最主要的原因。纵观全国，这一问题也并不鲜见。国家和地方政府将大部分的资金投入到基础教育和高等教育，尤其是义务教育和大学教育，同时一大批扶持政策纷纷出台，使得全国的义务教育和大学教育的发展趋势较为良好。而反观职业教育，不仅没有得到较好的发展，甚至出现略见衰退的现象，很显然，这并不利于各类教育的均衡发展，也不利于发挥教育投资的最大效率。农村作为职业教育的主要场所，农村学员占据了职业教育的半壁江山，更应该提高职业教育的投资比例。另一方面，完善农村成人教育体系。成人教育的地位与职业教育类似，虽然中央对此较为重视，如颁布《中共中央关于农业和农村工作若干重大问题的决定》，其中明文规定，"积极推进农村教育综合改革，统筹安排基础教育、职业教育和成人教育，进一步完善农村教育体系。"农村成人教育应该明确重心，可以将农村的产业结构优化和农民的就业素质提高作为主题。就后者而言，有多种可选的形式，这针对农民的具体情况而定。如对文盲半文盲群体而言，可以建立多种形式的扫盲班，提高他们的文化水平，为后期的职业培训打基础；对有一定知识积累的农民可以进行农业知识、科学技术以及其他与就业相关的培训等。此外，还可以针对需要提高自身学历层次的农村劳动力进行成人教育、远程教育等。在这方面，美国的经验可以提供借鉴。政府对劳动者提供多种职业能力的培训，包括对劳动者读写能力和数学能力的补充教育；特殊职业技能培训；向私有部门提供补充使其为受训者提供短期的在职培训；由政府及非营利性机构提供的短期"工作经验"岗位支付工资或不支付工资，为受训者建立良好的工作记录，提供寻找工作方面的帮助，包括简历书写、面试、工作信息、工作安置指导等内容。此外，政府的在职培训有时还包括对受训者提供财务支持、幼儿入托、个人及职业性建议、培训期间的费用偿还等服务，美国政府期望通过上述努力提高低收入者的就业能力和就业意愿，减少国家社会保障制度的负担。

（二）改进农村卫生医疗体系，增加农民健康存量

对于农村劳动力而言，健康存量对经济收益的影响很大，这是由农村的生产大多需要大量的体力所决定的。从这一层面来看，健康存量和农村的经济收入有直接的关系。同时，健康投资和教育投资的收益有相似之处，就是它们并不直接带来收益，而要将它们与其他的生产经营活动结合并且在投入一段时间之后才能显现。它是一种潜在的

投入，是无形的。但是一旦不投入，让农民无法进行生产活动，这就直接导致经济上的损失，利用人力资本推进产业融合也就无从谈起。健康投资的手段是农村卫生医疗，改进与完善这一体系是一项系统性工作，与合作医疗改革、农村医疗机构重心调整和医疗设施及医疗人员的水平都有密切的关系。一方面，大力推进农村合作医疗改革，普及农村合作医疗是针对农民的医疗互助供给制度，其中，国家和地方政府的资助是资金的主要来源，而农民与集体也需要交纳一定的费用。由于这种制度是自愿参与的，因此，覆盖率并不是很广。突出大病统筹为新型农村合作医疗改革的重点。在农村，费用较高的长期慢性病、恶性疾病已经成为威胁农民健康的罪魁祸首，现阶段必须把有限的新型农村合作医疗基金用在保大病上，以此解决农村地区因病致贫、返贫的主要矛盾，所以制度规定以大病统筹为主。另一方面，适当调整现阶段医疗改革的工作重心。我国大部分省区农村医疗服务体系从下至上包括三部分：村卫生所、乡镇医院以及县级医院。作为农村医疗的主要服务场所，各个部分发挥的功能也不同，它们共同完成了对农村患者的分流。由于交通以及成本方面的原因，较轻的患者都会选择村卫生所，只有村卫生所无法治疗的患者才会选择去乡镇医院或县医院。县医院的医疗水平一般又强于乡镇医院。因此，乡镇医院应是村卫生所与县级医院的枢纽。而在福建省，乡镇医院的处境却十分尴尬：小病没人看，大病没能力。根据对农村患者的调查，对村卫生所能够解决"小病"的患者选择直接就诊，而只有极少数患者选择去乡镇医院，而村卫生所不能够解决的"大病"，选择去县级医院。因此，一大批乡镇医院的经营状况十分不理想，房屋趋于老化，医疗设备无法及时更新，一些原本在乡镇医院工作的员工辗转其他行业或者外出打工。针对这一现状，可以考虑将三级医疗体系中的乡镇医院剔除为两级医疗体系。这样将原来需要发展三级医疗体系的资金集中，尤其是壮大村卫生所的实力。目前，福建对乡镇一级医院的改革存在多种可行的方法，如以县医院和规模较大的乡镇医院保留原有的服务，而其他的小乡镇仅提供公共卫生的职能；传染病的预防、健康知识的宣传等；将一些经营状况较差的乡镇卫生院出让，采用公开招标的方式引入市场进入。此外，部分地区农村的医疗设施还有待完善，农村医护人员的业务素质有待提高。培养完善农村的医疗设施的最大问题在于资金的投入，解决了资金的难题，医疗设备的问题才能得到有效的解决。因此，必须进一步拓宽资金流入的渠道，多元化投资主体。除了国家、地方政府以及村民集体等投入外，还可积极引导社会团体、民间捐助以及企业或个人进入。在此过程中，政府还可以出台各种优惠或者补贴，尽量减轻农村卫生所购置医疗设备的负担。在完善农村医疗设备的同时，必须加强农村医护人员的业务素质培养，提高医护人员的工作能力。同时政府还可以根据本地区的实际情况，进行财政投入，培养定向医务人员。

三、鼓励进城务工农民返乡创业

农民工返乡创业是推动一二三产业融合发展不可或缺的重要动力。进城务工农民往往从乡镇企业不发达、经济实力薄弱的中西部农村地区流向东部沿海地区或者进入当地城镇务工。通过鼓励进城务工农民返乡创业把其在城市中逐渐积累的资金储备和市场观念、行业技术、管理方法带回家乡，推动中西部欠发达地区尤其是农村地区的多种产业发展。返乡创业人群中有相当一部分可以通过依托积累的经验和资金从事非农产业、创办工商企业，从而自发推动当地农村产业融合发展。同时扶持鼓励进城务工农民返乡创业，能够带动优势资源从发达城市地区流向农村地区、由经济发达地区引向不发达地区，将城与乡、发达地区与不发达地区的发展链接起来，以返乡创业人群为行为主体实现沿海发达地区带动不发达地区农村发展，加速农村融合产业发展进程。

（一）完善农民工返乡创业宏观协调机制

近些年来，各级政府、相关部门陆续制定了一系列鼓励扶持进城务工人员返乡创业的优惠政策。湖南省通过税收减免和信贷支持等5项优惠吸引进城农民工返乡创业；陕西省采取放宽市场准入的方式，降低农民工返乡创业成本；河南省出台了《关于认真做好农民工回乡创业工作的通知》，在政策、培训、服务和维权等多个方面为农民工返乡创业开辟绿色通道。因此，建议尽快出台国家层面的政策文件，明文彰显农民工返乡创业的重要意义、指导思想、扶持措施等方面的内容，在工商登记、资金、技术、人才、劳动力、税费、创业培训、人员招聘、土地使用等方面给予优惠，使农民工返乡创业同招商引资一样享受同等甚至更为优惠的待遇。

（二）建立农民工返乡创业引导机制

一是要大力宣传引导，鼓励农民工返乡创业。各级政府要通过举办乡情恳谈会、老乡联谊会、创业典型推介会等形式，加深农民工对家乡的了解，激发他们的返乡创业热情，吸引更多农民工返乡创业。二是要对农民工返乡创业进行产业指导，引导农民工走农业产业化经营、新型工业化、发展现代农业和现代服务业之路。三是要发挥财政政策的激励作用，扶持农民工返乡创业。要实施等同于或优越于引进外资的优惠政策，对农民工返乡创业实行一定时期的税费减免。同时，加大财政对农民工返乡创业的补贴力度，对农民工返乡创办的企业，在人才引进、劳动保障、人事管理、教育培训、员工落户、政府奖励等方面，给予一定的政策扶持。四是要根据各地社会经济发展的实际情况，把政府官员促进农民工返乡创业的工作成效指标化，并将其作为评价其政绩的重要依据。

（三）拓宽进城务工农民返乡创业融资渠道

地方政府应通过加快信贷改革与创新积极支持农民工返乡创业。具体来说，一是运用再贷款、再贴现的投融资方式，合理引导各类金融机构对进城务工农民返乡创业加大信贷资金支持。二是国有商业银行、股份制商业银行加大返乡创业专项信贷支持，增加县级支行专项贷款额度的授权。三是通过积极发展村镇银行、基层信用社、创业互助基金等基层农村金融机构，拓宽进城农民返乡创业融资渠道。四是建立进城务工农民返乡创业担保公司，建议中央和地方财政给予一定的资金支持，由各级财政共同出资，并吸引部分社会资金，以县、镇为单位建立"返乡创业担保基金""返乡创业风险基金"，为农民工返乡创业获取贷款提供方便。五是政府用于开发性生产经营项目的资金，在使用方面向返乡创业农民工倾斜，促使从事农业信贷工作的金融机构对返乡农民工创办的养殖业项目以及非农产业项目给予优先支持。

（四）优先解决农民工返乡创业用地

当地政府应将进城务工农民返乡创业用地纳入城乡发展和土地利用的总体规划中，在坚决执行严格保护耕地和节约、集约利用土地的原则下，结合实际情况着力解决进城务工人员返乡创业用地难题。具体来说，一是可根据实际情况和客观需要，在设立的各类产业园区中或者非农建设用地中设定一定的土地资源和设施支持农民工返乡创业。有条件的地方可根据返乡创业的规模、形式和创业内容专门规划建设返乡创业园、创业基地、创业一条街等，指导其集中经营、集聚发展。二是鼓励投资建设一批专业市场、低价厂房或廉租厂房，然后以低价租赁转让给返乡农民工创业，引导返乡创业农民工利用闲置土地、闲置厂房、荒滩、荒林等创业。三是在符合规划和用途管制的前提下，将各地存量集体建设用地优先用于农民工返乡创业。允许地方通过农村集体土地整理折抵建设用地，并从中拿出一定比例用于农民工返乡创业。四是国家要在市场规则下倾斜性地给予农民工返乡创业者一定的土地使用资金支持，即以低于市场价格的土地资源为返乡创业农民工提供创业用地，并由国家财政补贴其中差价。

（五）优化农民工返乡创业投资环境

地方政府需要加强投资的软、硬环境建设，为农民工创业及经营创造良好的环境。一是很多地区农村的基础设施建设还很缺乏，基础设施不齐全将会提高返乡民工创业的起始成本，当地政府应当拓宽融资渠道，加快当地农村基础设施建设，改善基础条件相对落后的局面。二是相关政府部门应当转变政府职能，增强公共管理服务意识，建立"一站式服务"网络，简化烦冗的投资手续，对符合条件的返乡农民创业合理减免费用，简化手续，克服部门关卡多、办事难等问题，努力为返乡创业者提供绿色通道。三是要为返乡创业提供相对稳定的创业环境，相关部门应加大对周边环境的整治，推行投诉举报制度，重点加强对强行搭车收费、不法强买强卖、强行摊派的整顿与治理，对故意扰乱、破坏自主创业经营发展环境的行为进行严肃查处，做到有诉必查、有查必果、快查快结，为返乡创业农民工营造良好宽松的创业环境。

四、积极支持农业合作社发展壮大

作为维护农民利益的集体组织，农业合作社具有提供农业技术信息宣传、农业生产指导服务的低交易成本优势，与广大农民具有直接利益关系，是推动一二三产业融合的重要主体。因此，积极支持农业合作社发展壮大对合理加快一二三产业融合进程具有重要的积极作用。

（一）完善农业合作社运行机制，提升合作社发展水平

针对农民专业合作社发展中盈利、决策和人才等瓶颈性问题。一是要完善盈余分配方法，科学评估，合理分配合作社交易盈余，既保证合作社内生发展动力，又能充分调动入社农户和社会资金的积极性，把资金引导到农业现代化建设上来。二是要规范管理规章制度，保证合作社的决策权与资产所有权的同一性，在重大决定中充分体现民主管理，同时兼顾合作社运营管理的灵活性以适应市场。三是要加强积极引导推动管理现代化，鼓励合作社聘用专业人员参与运营管理，同时探索入社农户对于包括外聘经理人在内的管理层的监督考核办法，在促进合作社运营管理现代化的同时探索建立现代化的合作社监事制度。

（二）壮大农业合作社经营实力，激活组织发展潜能

地方政府积极制定产业规划，因地施策。一是要培育地方特色品牌，依据地方文化历史环境特色，挖掘当地特色品牌，以规范化的产品打出知名度，为合作社积攒软实力。二是要抓住优势产业，综合考虑当地出产和市场需求，有的放矢，促进合作社面向市场，面向消费者。三是要延长产业链条，推动合作社解放思想，从单一农产品的购销、生产等业务拓展开来，争取覆盖相应农产品的育种、种植、田间管理、仓储、运输、加工和销售整个流程。四是要关注联合发展，鼓励同质或相关的合作社积极沟通整合，在保证一定竞争的前提下实现规模效益，扩大合作社的经济技术实力。

（三）转换农民生产经营观念，促进规模化的健康发展

中国传统农业的家户经济造就了农民生产经营的思维方式，为维系家庭乃至家族的生活，农民的劳作可谓勤劳而又艰辛。将劳动型农民打造成经营型农民是发展新型农业合作社的首要任务。要使农业劳动者实现转型成为农业经营者，就必须对农民进行思想观念的转换，使他们的思想跟进时代，赶上现代市场经济的潮流。拘泥于家户经营的小范围、小圈子，集镇贸易的小市场，衣食蔽体的小愿望，怨天尤人的畏缩心理，面对市场经济大批农民工远走他乡而进城务工，现代市场经济需要人们转换观念。在农村，广大农民必须更新传统观念，要面向现代市场的发展，挣脱家户在经济生产经营上的束缚，充分发挥农民辛勤劳动的美德，将劳动型转换为经营型。摆脱传统生产理念的羁绊，放眼市场，捕捉经济发展的机遇，正确面对市场竞争的挑战，转换生产方式，更新经营理念，构建成适应现代市场经济生产经营的合作组织模式。发展规模经济，以新的面貌打造新型农业，促进新型农业合作社的发展。农业生产客观上要求因时制宜、因地制宜，经营灵活、组织多样，但较小规模的农业合作社难以抵御来自自然、市场国内外经济环境及条件变化甚至管理经营突发事端带来的冲击，存在着缺乏市场开拓、品牌研发、营销突破、融资通畅、劳动及资源合理配置、节约，以及无力组织生态环境保护等问题，有着一哄而上，又一哄而下的状况。将零散分散的微型农业合作社组织起来，打造成农业生产集团、公司，形成规模经济，促进规模化发展。规范经营是当前农村农业生产合作经济发展的现实需要。此外通过延长产业链条，调和不同领域基层社的矛盾与问题，打通分散在不同基层社的生产、运输、仓储、加工、销售和生产资料购销等业务，解决制约基层社发展的瓶颈，深挖农产品的潜在价值，为入社农户争取更多盈利。

（四）积极引导农民合作社联合发展机制，共创发展前景

一是要加强竞争力与风险抵御力，通过合作社的联合与重组，扩大合作社规模与市场影响力，实现合作社效益的倍增，争取实现"1+1＞2"。二是要创新组织模式，探索合作社之间联合重组整合的

新途径新方法，既能保证各方利益平衡，又能保持合作社的灵活运营与多样性。三是要更好地服务社员，通过联合社的资源统筹优势，促进合作社为入社农户提供更加优质的购销服务和技术指导，通过对接大型企业高新项目，为入社农户争取更多的政策扶持和经济利益。随着社会主义市场经济体质的不断深化，单一农民专业合作社应对市场波动的能力比较差，在同大型集团企业进行业务往来时仍然会处在议价权劣势地位。为了获得持续稳定的市场运营地位，提高合作社的风险抵御力和竞争力，改善小规模合作社在发展前景、服务水平上的不足，部分合作社尝试走上了联合之路。理论上说，联合社是合作社发展到一定程度后在内外部压力下的必然产物，是合作社扩大规模和扩张业务的阶段性结果。

第三节　加快体制机制的改革与创新

农村一二三产业的交叉融合发展，不可避免地涉及对土地、水利等农业资源进行市场化的优化配置决策，因此，客观需要建立融合性的农业管理思维和服务模式，提供融合性产业管理服务迫切要求深化当前农业管理体制改革。首先，地方政府应加强组织领导，清晰职能边界，合理制订具体工作方案，建立多个部门之间有效协作机制，健全多部门协作服务体系，切实有效做好政府服务职能中对农村产业融合的支撑和引领作用，使其更好地引导公益性和经营性服务组织有效触发其在该领域的带动作用。应尽快建立适应农村产业融合发展的管理体制。农村产业融合方式与发展模式复杂多样，涉及多个部门和管理机构，需要从总体宏观上加强统筹协调和规划引导工作，避免部门分割和行业间垄断。其次，应当拓宽农业管理的范围，实行宽领域管理，随着一二三产业逐渐融合，现代农业产业的功能日益扩展，涉农产业的内容也更加丰富，农业行政管理领域不能仅仅局限于农、林、牧、渔业的生产管理还需进一步拓宽管理范围。最后，应赋予农业管理部门有效的管理手段与权力，以此加强相关部门对农村产业融合发展的监督与管理能力。

一、建立适应农村产业融合发展的管理体制

（一）继续推进农业大部制改革，合并现有的中央农业直接管理部门

虽然在 2018 年国务院将原农业部以及国家发展和改革委员会、财政部、国土资源部、水利部的有关农业投资项目管理职责整合组建农业农村部，但是仍有少部分涉农部门遗漏在外，如国家林业局等。涉农管理部门进行合并后组建农业农村部，实行大部制管理，有利于统筹农业、林业、水利设施、土地资源、林业资源等发展规划。将涉农管理的各个环节，包括农资供应、农业初级产品生产、农产品加工、包装、储运、销售、食品安全、检验检疫等纳入统一管理，避免职能交叉，多头管理。

（二）整合地方农业管理部门职能，实行分工管理

中央农业管理实行大部制后，地方农业管理部门亦需要进行相应的整合性改革。整合性改革的依据是在明确中央对农业农村部宏观管理职能的前提下，对省、市、县、乡镇级的农业、水利、畜牧、林业管理机构进行整合归并，实行农业统一管理。同时，根据本地农村产业融合发展的实际需要，结合地方特色制定农业发展规划和政策措施，不必生搬硬套地建立上下完全对口的机构和运转机制。根据发达国家发展经验，农业一体化管理是发达市场经济国家农业管理体制的共同特点，美国农业部涵盖了中国目前中央所有涉农管理部门的农业管理职责，日本主管农业的农林水产省，负责从农产品的生产、流通到加工、销售、国际间流通及农业生产资料供应等全程管理。

（三）组建农村一二三产业交叉融合发展推进委员会

借鉴日本、韩国等国经验，在中央层面建立农村产业融合发展推进委员会，负责农村一二三产业交叉融合总体发展规划制定、政策起草、信息交流、区域协作和督导管理，推动形成部门间有效协作机制，整合资源要素，发挥政府宏观引导作用，同时需要对情况落实建立跟踪分析机制，及时将出现的重大情况和问题向相关部门和机构汇

报。明确相关部门的职责分工。细化实化发改、财政、农业、工信、商务、国土、环保、工商、科技、旅游、供销、银行、保险等一系列有关部门的权责职能，落实各个部门的工作任务。各级地方政府要结合顶层规划与地方实际情况制订推动本地区农村一二三产业加速交叉融合发展的可行实施方案。此外，要增强推进农村产业融合发展支持政策的透明度，使政策优惠能够公平公正，并接受农民群众和社会的监督。推进农村产业融合，党和国家会陆续出台相关的支持政策，但这些政策能否公平公正地惠及到农民群众乃至合作社、企业，就需要地方政府特别是县、乡两级政府就农村产业融合的具体扶持项目的惠民政策做细做实，公开发布，接受质询和监督，以调动农民和各方面的积极性，促进其参与融合，推动共同融合发展。这里特别需要指出的是，在推进农村产业融合的进程中，在各种参与融合的主体中，农民是相对弱势一方，因而更需要将面向农民群众的政策落实公平公正原则。

二、拓宽农业管理的范围实行宽领域管理

随着一二三产业逐渐融合，现代农业产业的功能日益扩展，涉农产业的内容也更加丰富，产业发展空间范围更加广阔，农业行政管理领域不能仅仅局限于农、林、牧、渔业的生产管理，而应进一步深入到土地规划利用、农业教育、科研、推广、农村发展、农业生产资料供应、农产品加工、农产品质量标准、食品安全、生物多样性、生态安全等更加宽泛的涉农领域，实行宽领域管理。但是目前由于适应农村产业融合的部门管理体制尚未完全建立，因此，仍然存在相关农业部门对涉农融合产业管理权限缺失的问题，这就需要对现有的农业管理体制进行改革，并拓宽农业管理的范围，特别是基层县、乡农业管理部门。经济基础决定上层建筑，同样上层建筑也为经济发展提供制度保障。但是目前我国的农业部门管理改革还滞后于农村融合产业的发展，因此，我国建立适应农村产业融合的管理机制以及拓宽农业管理范围的任务迫在眉睫。

三、赋予农业管理部门有效的管理手段与权力

通过农业立法，农业部门制定农业发展政策、宏观调控农业的行政手段，财政、金融、税收、价格、补贴等经济手段，以及制定农业行政法规和执法手段，进行法制化的明确和规范，建立起相应的法律依据，使农业管理部门成为拥有实际管理权限、权责统一的管理部门，提高管理绩效。

（一）完善立法，明确农业行政执法依据，完善农业行政执法体系

进一步完善立法，增强相关法制法规在实际操作中的可行性，随着农村融合产业的不断发展，其产业经营范围和管理方式都发生较大变化，现行的部分农业法律法规已经不再适应现行体制的发展要求，因此，需要积极对不合理的农业法律法规提出修改建议，增强农业法律法规在实际中的可行性和自身的完整性。考虑到当前农业行政执法职能部门多而杂，人员较少形不成合力，执法不规范，政企和政事不分的特点。结合机构改革的实际，进一步理顺关系，明确农业行政执法主体，明晰职能，减少交叉扯皮，积极探索实践农业行政综合执法的方法，努力造就一支高起点、严要求、规范化管理的农业综合执法专职队伍，培养大农业系统坚强有力的行政执法正规军，从法制建设、执法监督、质量检测等建立完善的分工合作的有机整体，形成一套"快速、便捷、高效"的运行机制，提高行政执法效率，强化内部管理，降低行政执法隐患。完善内部管理制度、规范行为、依法行政是做好农业行政执法工作的保障。在农业行政执法工作中，要严格建立工作制度。一方面，建立报告制度，对重大案件及时上报。建立回避制度和过失责任追究制度。另一方面，建立举报制度，设立举报箱或电话。此外，农业行政执法的实施必须遵守基本的法律制度，尤其是基本的工作制度。

（二）加强多部门沟通协调，建立合作互通机制

随着农村融合产业不断发展，相关管理执法工作涉及多个部门，需要多个部门之间协调配合，因此，如果缺乏一定的合作互通机制将

是一项复杂的系统难题。此外相关涉农部门行使管理权力的种类和形式也多种多样。因此，一方面，客观要求农业行政管理内部之间的协调统一，通力合作；另一方面，有需要加快协调农业行政管理执法与技术监督、工商行政管理，公安、法院、环保、土地、水利等多部门的合作机制，既要在法定职权范围内进行执法活动，又不可失职，更不可以越权，切实有效为农村一二三产业交叉融合保驾护航。

（三）加强相关法制宣传教育，普及农业相关法律法规

普及地方农业法律法规，使得农村地区知法懂法，是保障农业管理执法部门有效行使行政管理手段的基础。农业管理工作的工作重点主要在于基层农村，为保障各地区农业执法管理工作顺利进行，必须要求广大农民群众和基层领导干部了解掌握农业及相关融合产业的法律法规，加强融合产业负面清单宣传工作，合理引导、规范，限制农村一二三产业交叉融合发展，做到知法懂法不犯法，并及时检举揭发违背不符合农村长远利益或者损害农民收入的不法行为。各级农业行政执法机关或主管部门积极采取多种措施，充分利用各种宣传工具普及农村法律。

（四）农业行政管理方式进行创新性探索

在不断发展的时代，一二三产业逐渐融合，相应的我们在完善农业管理手段中也应该有创新性的探索，例如，逐渐构建了我国农业行政管理模式，建立各级农业行政管理体制的绩效评价机制，考核各级农业部门行政管理绩效。逐步深入探寻我国农业行政管理绩效评价机制，以此形成我国农业行政管理绩效评估标准——绩效目标、绩效比较、绩效测定和绩效反馈；建立农业行政管理部门绩效反馈机制，提出支持农业行政管理体制创新的政策建议。

主　要　参　考　文　献

白春艳，2013. 塔里木盆地平原区中盐度地下水分布及水质评价［D］. 乌鲁木齐：
　　新疆农业大学．

白春艳，2013. 周金龙．中盐度地下水灌溉试验研究现状及展望［J］. 地下水，35
　　（1）：69－71.

碧禾，2010. 农业旅游为创意农业添彩——记梅县雁南飞茶田有限公司［J］. 农产品
　　加工（2）：58－59.

蔡世忠，2007. 农业现代化进程中农业产业化地位和作用研究［D］. 郑州：河南农
　　业大学．

曹娟，2008. 基于旅游开发的农业观光温室项目景观策划与规划设计研究［D］. 南
　　京：南京农业大学．

陈慈，陈俊红，龚晶等，2018. 当前农业新业态发展的阶段特征与对策建议［J］. 农
　　业现代化研究（1）：48－56.

陈丹，2017. 哈尔滨宾县农村产业融合发展研究［D］. 长春：吉林大学．

陈建华，2018. 以服务为中心加强合作社规范化建设——对山西省永济市蒲韩种植
　　专业合作社联合社的调查［J］. 中国合作经济（11）：27－31.

陈毛应，严红枫，2018. 美丽乡村怎么建，看看安吉鲁家村［J］. 就业与保障，205
　　（9）：22－23.

陈山枝，2006. 信息通信产业融合的思考——关于网络、终端与服务［J］. 当代通信
　　（Z1）：29－34.

陈曦，欧晓明，韩江波，2018. 农业产业融合形态与生态治理——日韩案例及其启
　　示［J］. 现代经济探讨（6）：112－118.

陈晓涛，2006. 技术扩散与吸收对产业融合演进的影响．科技管理研究，26（11）：
　　45－48.

陈学云，程长明，2018. 乡村振兴战略的三产融合路径：逻辑必然与实证判定［J］.
　　农业经济问题（11）：91－100.

陈嫣，2008. 农产品地理标志原理与实践探索［D］. 北京：中国农业科学院研究
　　生院．

单元媛，赵玉林，2012. 国外产业融合若干理论问题研究进展［J］. 经济评论（5）：152-160.

董景奎，2007. 贵州农业多功能性研究［D］. 贵阳：贵州大学.

董坤祥，侯文华，丁慧平，王萍萍，2016. 创新导向的农村电商集群发展研究——基于遂昌模式和沙集模式的分析［J］. 农业经济问题，37（10）：60-69、111.

杜雷，魏英明，2015. 一二三产业融合发展的样板——记都江堰市高凤笋用竹种植专业合作社［J］. 中国农民合作社（6）：27-28.

杜通平，王元珑，王桂兰，2003. 今年花胜去年红——成都市龙泉驿区观光农业旅游发展的思考［J］. 资源与人居环境（3）：34-36.

段敏，赵锁劳，王波，等，2004. 西部地区有机食品发展现状及前景［J］. 西北农林科技大学学报（社会科学版），4（4）：30-34.

冯伟，石汝娟，夏虹，等，2016. 农村产业融合发展评价指标体系研究［J］. 湖北农业科学，55（21）：5697-5701.

葛新权，和龙，2017. 促进我国农村产业融合发展的政策取向［J］. 经济纵横（5）：80-85.

巩春源，冯国新，赵晓亮，2017. 农业现代化与农业植保发展思考［J］. 农业开发与装备（6）：105-106.

古广胜，2012. 论农业产业化与地方特色品牌农业的培育——以广东省梅州市为例［J］. 山东纺织经济（7）：39-43.

谷兢兢，2015. 发展高效生态农业　增强县域经济实力——以炎陵县生态农业发展为例［J］. 吉林农业：下半月（9）：56-57.

关浩杰，2016. 农村产业融合发展综合评价指标体系如何构建［J］. 人民论坛（20）：52-54.

郭军，张效榕，孔祥智，2019. 农村产业融合与农民增收——基于河南省农村产业融合案例［J］. 农业经济问题（3）：135-144.

郭雅玲，冯会，郑明芬，等，2011. 茶文化旅游资源类型与产品发展探讨［J］. 福建茶叶，33（2）：43-47.

郭志仪，金沙，2009. 中西部地区扶持农民工返乡创业的机制探索［J］. 中州学刊（2）：106-108.

国家发展改革委宏观院和农经司课题组，2016. 推进我国农村产业融合发展问题研究［J］. 经济研究参考（4）：3-28.

国家发展改革委农村经济司课题组国家发展改革委宏观经济研究院，2016. 产业融合：中国农村经济新增长点［M］. 北京：经济科学出版社.

韩永辉，黄亮雄，王贤彬，2015. 产业结构升级改善生态文明了吗——本地效应与

区际影响 [J]. 财贸经济（12）：129－146.

郝立丽，张滨，2016. 新时期我国农村产业融合的发展模式与推进机制 [J]. 学术交流（7）：116－121.

何立胜，李世新，2005. 产业融合与农业发展 [J]. 晋阳学刊（1）：37－40.

何艳桃，2011. 我国生态农业经营模式及其发展趋势分析 [J]. 湖北农业科学，50（14）：2809－2812.

侯春灯，2016. 山地生态农业发展路径探索——以酉阳花田贡米为例 [J]. 重庆师范大学学报（哲学社会科学版）（3）：11－15.

胡汉辉，邢华，2003. 产业融合理论以及对我国发展信息产业的启示 [J]. 中国工业经济（2）：23－29.

黄国华，2008. 北京市花卉产业发展研究 [D]. 北京：北京林业大学.

黄赛俐，2015. 农业行政管理体制创新改革的对策思考 [J]. 台湾农业探索（2）：51－54.

吉鹏辉，2018. 山西省尧都区农村产业融合发展策略研究 [D]. 太原：山西农业大学.

姜晶，崔雁冰，2018. 推进农村产业融合发展的思考 [J]. 宏观经济管理（7）：39－45.

姜长云，2015. 课题组推进农村产业融合发展问题研究，推进农村三次产业融合发展要有新思路 [J]. 宏观经济管理（7）：48－49.

姜长云，2015. 推进农村产业融合发展新题应有新解法 [J]. 中国发展观察（2）：18－22.

姜长云，李乾，芦千文，2017. 引导农业产业化组织推动农村产业融合的现状、问题和对策建议 [J]. 经济研究参考（66）：5－17.

姜峥，2018. 农村产业融合发展水平评价、经济效应与对策研究 [D]. 哈尔滨：东北农业大学.

焦丽娟，2018. 安徽省农村产业融合发展研究 [D]. 合肥：安徽农业大学.

雷瑛，2018. 深化农业供给侧结构性改革的思路与对策——以河南省为例 [J]. 学习论坛（4）：43－48.

雷志清，马志刚，2005. 阻碍生态农业发展的因素 [J]. 农业与技术，25（2）：43－44.

李春生，娄玉芹，穆桂松，等，2001. 城郊观光农业旅游开发研究——以郑州市近郊为例 [J]. 河南教育学院学报（自然科学版），10（3）：59－62.

李含悦，2018. 我国休闲农业产业提升的新机遇与新思考 [J]. 黑龙江农业科学（2）：125－128.

李乾，芦千文，王玉斌，2018. 农村产业融合发展与农民增收的互动机制研究 [J].

经济体制改革（4）：96-101.

李姝，2011. 城市化、产业结构调整与环境污染 [J]. 财经问题研究（6）：38-43.

李远远，2009. 基于粗糙集的指标体系构建及综合评价方法研究 [D]. 武汉：武汉理工大学.

李云新，戴紫芸，丁士军，2017. 农村产业融合的农户增收效应研究——基于对345个农户调查的 PSM 分析 [J]. 华中农业大学学报（社会科学版）（4）：37-44、146-147.

李芸，陈俊红，陈慈，2017. 北京市农业产业融合评价指数研究 [J]. 农业现代化研究，38（2）：204-211.

李志强，张一彦，2018. 精英"依附式"生态社区治理的探索——基于陕西袁家村的启示 [J]. 西北民族大学学报（哲学社会科学版）（6）：84-92.

厉无畏，2002. 产业融合与产业创新 [J]. 上海管理科学（4）：4-6.

连静，2007. 湖南省农产品质量安全体系的研究 [D]. 长沙：湖南农业大学.

梁伟军，2010. 农业与相关产业融合发展研究 [D]. 武汉：华中农业大学.

梁伟军，2012. 产业融合与现代农业发展 [M]. 武汉：华中科技大学出版社.

廖少云，2001. 世界水资源危机和以节水为中心的以色列农业现代化 [J]. 新疆农垦经济（3）：13-15.

林微微，2018. 基于产业融合的福建省农业旅游开发模式研究 [D]. 舟山：浙江海洋大学.

林羽，刘斌琼，2018. "互联网＋"助力农业发展 [J]. 农业开发与装备，203（11）：5、25.

刘克春，张明林，包丽，2011. 多元化非农经营战略对农业龙头企业产出绩效影响的实证分析——基于江西省农业龙头企业的经验数据 [J]. 中国农村经济（12）：25-34.

刘坤，2012. 生态农业观光园规划设计研究 [D]. 保定：河北农业大学.

刘梦琦，2013. 农业行政执法中存在的问题及对策研究 [J]. 山东省农业管理干部学院学报，30（1）：42-43、69.

刘鹏凌，万莹莹，吴文俊，等，2019. 农村产业融合发展评价体系及其应用 [J]. 山西农业大学学报（社会科学版），18（4）：7-13.

刘琪，2018. 引导工商资本下乡　推进农村一二三产业融合发展 [N]. 河南日报，2018-07-25（008）.

刘小英，2018. 农村产业融合发展现状问题及对策探讨 [J]. 南方农业（4）：66-68.

刘晓风，2014. 现代农业产业技术创新链案例研究 [M]. 北京：中国农业科学技术出版社.

陆雄文，2013. 管理学大辞典 [M]. 上海：上海辞书出版社.

鹿彦，2011. 循环经济发展：模式及实现路径研究 [D]. 济南：山东师范大学.

罗铃丽，2014. 福建省闽清县生态农业发展研究 [D]. 福州：福建农林大学.

吕岩威，刘洋，2017. 农村产业融合发展：实践模式、优劣比较与政策建议 [J]. 农村经济（12）：16 - 21.

马亮，MALiang，2008. 南通发展现代农业的目标选择与路径构想 [J]. 江苏工程职业技术学院学报，8（4）：71 - 75.

马仙萍，2014. 临朐县民营涉农企业发展研究 [D]. 泰安：山东农业大学.

马晓河，2015. 推进农村一二三产业深度融合发展 [J]. 黑龙江粮食（3）：9.

孟露露，2017. 一二三产业融合视角下发展现代农业 [J]. 农业经济（5）：3 - 5.

聂子龙，李浩，2003. 产业融合中的企业战略思考 [J]. 软科学，17（5）：80 - 83.

农业部农村经济研究中心组农业部农业产业化办公室，2017. 产业融合与主体联动——农业产业化经营新探索 [M]. 北京：中国农业出版社.

裴培，2017. 基于循环经济模式的土老憨生态农业发展模式研究 [D]. 宜昌：三峡大学.

裴培，赵建华，周向佐国，2017. 湖北宜都市柑橘农业循环经济研究——以湖北土老憨生态农业集团"农村产业融合"新模式为例 [J]. 价值工程，36（16）：1 - 2.

樵苏，2018. 2018 年度三农金融服务企业排行榜 [J]. 互联网周刊（24）：56 - 57.

秦瑞松，2015. 基于科技创新视角的黑龙江省低碳经济发展问题研究 [D]. 哈尔滨：哈尔滨工业大学.

邱建军，任天志，尹昌斌，等，2008. 生态农业标准体系及循环农业发展全国学术研讨会论文集 [M]. 北京：气象出版社.

邱卫林，邹晓明，2010. 实施绿色发展战略构建生态江西 [J]. 农业考古（3）：342 - 344.

尚倩倩，2012. 巴彦县耕地资源价值构成及定量测算 [D]. 哈尔滨：东北农业大学.

宋洪远，2000. 改革以来中国农业和农村经济政策的演变 [M]. 北京：中国经济出版社.

苏为华，2000. 多指标综合评价理论与方法问题研究 [D]. 厦门：厦门大学.

苏毅清，游玉婷，王志刚，2016. 农村产业融合发展：理论探讨、现状分析与对策建议 [J]. 中国软科学（8）：17 - 28.

谭明交，2016. 农村产业融合发展：理论与实证研究 [D]. 武汉：华中农业大学.

谭新伟，2018. 中国农村"农村产业融合"与日本"六次产业化"政策机制的比较研究 [D]. 保定：河北大学.

淘宝大学，2016. 互联网＋县域：一本书读懂县域电商 [M]. 北京：电子工业出版社.

滕堂伟，2008. 发展生态农业，促进石羊河流域可持续发展 [J]. 社科纵横（2）：
　　11－12.

汪方胜，2016. 美丽乡村建设应处理好的几个关系 [J]. 智能城市（6）：238.

王德芬，王玉堂，杨子江，等，2012. 我国渔业多功能性的研究与思考（连载二）
　　[J]. 中国水产（2）：9－14.

王乐君，寇广增，2017. 促进农村产业融合发展的若干思考 [J]. 农业经济问题，38
　　（6）：82－88.

王玲，2017. 江苏省农村产业融合水平测度与区域差异分析 [J]. 农业经济（6）：
　　21－22.

王南南，2018. 我国农村产业融合发展问题研究 [D]. 长春：东北师范大学.

王萍萍，2001. 农民收入与农业生产结构调整 [M]. 北京：中国统计出版社.

王贤巍，2013. 基于 SWOT 分析的宁波江北区都市农业发展策略研究 [D]. 杭州：
　　浙江农林大学.

王晓建，2018. 主成分分析法在评价农村产业融合发展的应用——以上海市金山区
　　为例 [J]. 农场经济管理（10）：38－40.

王昕坤，2007. 产业融合——农业产业化的新内涵 [J]. 农业现代化研究，28（3）：
　　303－306.

王秀峰，2006. 喀斯特地区农业可持续发展理论及其应用研究 [D]. 武汉：武汉理
　　工大学.

王秀琴，范克钧，2010. 宁南山区发展生态农业分析与探索 [J]. 宁夏农林科技
　　（5）：70－71.

王亚玮，2016. 合作社发展进程中的政府支持政策研究 [D]. 郑州：河南农业大学.

王征，黄南，2014. 产业融合：机理、走势与效应 [J]. 金陵科技学院学报（社会科
　　学版）（2）：6－10.

韦凤娇，2018. 汉代海昏侯国遗址保护研究 [D]. 北京：北京建筑大学.

吴颖惠，2016. 农业与二三产业融合发展研究 [D]. 太原：山西农业大学.

伍国勇，陆安霞，杨洋，2010. 喀斯特地区耕地多功能价值测度的实证分析 [J]. 贵
　　州农业科学，38（10）：222－224.

伍国勇，卢凤雏，2006. 农业多功能性与新农村建设战略对策分析 [J]. 安徽农业科
　　学，34（21）：5696－5697.

夏英，2018. 农村产业融合发展的模式、路径和对策分析 [J]. 农村经营管理（11）：
　　21－22.

夏英. 2018. 2017 年我国农民合作社发展现状、导向及态势 [J]. 中国农民合作社

（1）：10-11.

向从武，2018. 贫困地区农旅融合发展的现实困境及对策研究［J］. 农业经济（11）：35-37.

肖建中，2012. 现代农业与服务业融合发展研究［D］. 武汉：华中农业大学.

许力飞，2014. 我国城市生态文明建设评价指标体系研究［D］. 北京：中国地质大学.

杨琴，2017. 浅析罗平旅游观光农业发展［J］. 云南农业（10）：18-20.

杨艳丽，李永飞，2018. 农户增收视域下农村产业融合机理研究——以"以绥化市东禾联合社为例"［J］. 绥化学院学报，38（11）：53-55.

于东东，尤良震，陶春芳，等，2015. 皖南区域中医药健康旅游现状调查研究［J］. 亚太传统医药，11（13）：1-4.

于刃刚，2006. 产业融合论［M］. 北京：人民出版社.

袁梦，易小燕，陈印军，等，2017. 我国家庭农场发展的现状、问题及培育建议——基于农业部专项调查 34.3 万个样本数据［J］. 中国农业资源与区划，38（6）：184-188.

张红丽，2004. 新疆节水生态农业系统理论与制度创新研究［D］. 武汉：华中农业大学.

张洪胜，2018. "人工智能"种苹果是噱头还是颠覆性变革？［J］. 烟台果树，143（3）：58.

张继元，2014. 吉林省涉农企业成长环境问题研究［D］. 长春：吉林农业大学.

张明林，黄国勤，2002. 农业结构调整的经济学思考及分析［J］. 江西农业大学学报（2）：11-14.

张世云，龙文军，刘洋，2017. 我国家庭农场发展现状、问题和建议——基于对浙江省 223 个家庭农场主的问卷调查［J］. 农村经营管理（2）：27-29.

张淑辉，2014. 山西省农业科技创新的动力机制研究［D］. 北京：北京林业大学.

张天禹，2017. 农村"农村产业融合"组织模式研究［D］. 武汉：华中师范大学.

张轩铭，2018. 吉林省农村产业融合发展研究［D］. 长春：吉林农业大学.

张义博，2015. 农业现代化视野的产业融合互动及其路径找寻［J］. 改革（2）：98-107.

赵丹，2018. 黑龙江省农村产业融合发展研究［D］. 长春：吉林大学.

赵放，刘雨佳，2018. 农村三产融合发展的国际借鉴及对策［J］. 经济纵横（9）：122-128.

赵霞，韩一军，姜楠，2017. 农村产业融合：内涵界定、现实意义及驱动因素分析［J］. 农业经济问题，38（4）：49-57，111.

赵晓锋，张永辉，霍学喜，2012. 农业结构调整对农户家庭收入影响的实证分析 [J]. 中南财经政法大学学报，194 (5)：127 - 144.

郑春江，张含生，2008. 关于伊春市生态农业建设的思考 [J]. 黑龙江农业科学 (2)：98 - 99.

郑风田，崔海兴，程郁，2015. 产业融合需突破传统方式 [J]. 农业工程技术 (9)：39.

郑艳婷，王琳娟，王韶菲，2017. 生态农业合作社的现状、独特经验与问题——基于对沃翠源原生态农作物专业合作社的调研 [J]. 当代经济 (33)：47 - 49.

植草益，卢东斌，1988. 产业组织论 [M]. 北京：中国人民大学出版社.

周兵，2014. 生态农业：云南经济发展的一个新增长点 [J]. 云南社会主义学院学报 (1)：61 - 63.

周振华，2003. 产业融合：产业发展及经济增长的新动力 [J]. 中国工业经济 (4)：46 - 52.

朱惠玲，黄瑞，何颖，2019. 农村产业融合发展评价研究——以徐州为例 [J]. 科技经济导刊，27 (15)：193 - 194、142.

朱磊，2017. 旅游观光采摘园规划建设初探 [J]. 农业与技术，37 (2)：214 - 215.

壮任飞，马超，周明星，2013. 关于荆州市农民专业合作社发展状况的调查研究 [J]. 经济视角 (18)：111 - 113.

邹积文，2017. 牡丹江地区农业与二三产业融合发展研究 [D]. 长春：吉林大学.

Pennings J. M.，Puranam P.，2000. Market convergence & firm strategies：towards a systematic analysis [J]. Retrieved August.

Yoffie D. B.，1996. Competing in the age of digital convergence [J]. CALIF MAN-AGE REV，38 (4)：31 - 53.

图书在版编目（CIP）数据

农村产业融合发展 / 农业农村部乡村产业发展司组
编 . —北京：中国农业出版社，2022.1
（新时代乡村产业振兴干部读物系列）
ISBN 978 - 7 - 109 - 28886 - 7

Ⅰ.①农… Ⅱ.①农… Ⅲ.①农业产业－产业发展－
中国－干部教育－学习参考资料 Ⅳ.①F320.1

中国版本图书馆 CIP 数据核字（2021）第 217933 号

中国农业出版社出版
地址：北京市朝阳区麦子店街 18 号楼
邮编：100125
责任编辑：刘 伟 文字编辑：李 辉
版式设计：王 晨 责任校对：吴丽婷
印刷：中农印务有限公司
版次：2022 年 1 月第 1 版
印次：2022 年 1 月北京第 1 次印刷
发行：新华书店北京发行所
开本：700mm×1000mm 1/16
印张：14.25
字数：255 千字
定价：58.00 元
